老人服務與社區照顧

陳燕禎◎著

多元服務的觀點

Senior Service and
Community Care:
From the View of Multi-Services

自　序

　　老人服務與社區照顧已是高齡化國家發展社會福利政策的主流，近年來我國的社會工作也朝此方向努力，並以老人照顧產業市場的發展作為國家建設政策的重要焦點。面對今日我國人口老化速度急增和社會、家庭結構的轉變，老人照顧的責任已非家庭子女所能夠完全承擔，需要多元部門的協助，由國家建立完善的福利制度和社區提供照顧服務，協助家庭照顧老人等，才能因應紓解高齡化社會的老人照顧問題。尤其我國受到傳統孝道文化與養兒防老的觀念根深蒂固，影響至深，因此對「在地老化」、「居家養老」的照顧模式甚具期盼，因此如何運用多元的資源及在地社區的力量，以「在地人服務在地人」的理念做服務規劃，是當前老人服務的重要發展方向。

　　台灣過去對老人服務的提供，概以傳統家庭觀念或西方國家的知識經驗為基礎，並沒有關於本土化老人服務和社區照顧服務實務等較完整的知識和實務之建構，因此針對老人服務的需求與提供，也無法有較深入的傳承。基此，本書以台灣的老人服務需求和社區照顧方案為主軸，並以「多元的服務觀點」探討老人服務和社區照顧，提供社工界或照顧產業界對老人的需求和各類服務方案，如日間照顧、居家服務、喘息服務等，有更直接而深入的瞭解，希望在服務供需之間找到最好、最適的平衡點，規劃出更適合本土化的社區照顧方案，而這也是激發並策動筆者出版本書的主要動力。

　　本書融合理論和實務，以及政策與服務方案並用的方式，將目前國內的老人需求和社區服務的方案，逐一分析，並以本土的個案研究做為實例探討，這對於教授老人服務、老人事業和社區照顧的學生、實務工作者和產業界者而言，都是一本能全盤認識在中國孝道文化下的老人照顧的重要參考書籍。

　　本書分為十二章。第一章探討老人照顧產業政策之發展趨勢，以全面性瞭解老人照顧產業的政策和發展；第二章剖析我國在固有孝道文化下的老人照顧需求；第三章為本土化社區照顧與老人服務輸送，除了以本土觀點探討老人服務輸送，也以西方社區照顧觀點做為對照；第四章以家庭照顧資源變遷與老人服務出發，針對照顧問題進行分析與建構發展；第五章探討社區支持體系、資源的內涵、實務策略及發展之影響；第六章為老人照顧與社區資源整合，從社區照顧政策和實務運作策略上進行探討分析；第七章以社區照顧的老人日間照顧為主軸，以實務方案評估探討日間托老的現況、發展及問題；第八章為社區照顧的老人喘息照顧之實務工作與發展，以個案研究將喘息照顧方案進行之過程和結果評估進行實務剖析；第九章從實務工作探討長期照顧之問題及未來發展方向；第十章檢視老人受虐之問題及社會工作保護網路之建立；第十一章為老人福利需求與服務使用評估，以本土個案的老人服務需求進行分析，並提供多層面服務之建議；第十二章為老人長期照顧機構之社會工作，從老人機構的社會工作和照顧實務，探討機構的工作內容及社會工作的實施。

　　本書歷經多年的資料收集和研究心得才得以出版，這個過程雖艱苦又漫長，卻令人懷念。首先要感謝好友施麗紅一路走來的協助，她目前就讀東海大學社會工作博士班，服務老人機構多年，並具有社會工作師、照顧服務員等證照，百忙中幫忙撰寫第十二章老人長期照顧機構之社會工作發展，讓本書有更完整的結構呈現。還有長期以來一直鼓勵我的古允文教授，目前擔任國立台灣大學社會工作系主任，因為他對我的啟發，才讓我有一直向前的動力，是我要深深致謝的師長。再來要感謝研究助理林紫綾、潘姿淇和陳虹瑾、簡郁真等人，有她們的幫助，才有今日的成果。另外，還有諸多師長、好友的鼓勵、元智大學同事的支持，以及提供本書照片的機構、團體，對本書的出版都功不可沒。尤其感謝宋宏錢先生在出版過程中提供諸多寶貴的意見和協助。最後要感謝

我的家人，因為有您們在背後的支持和體諒，才能讓我專心寫作。由於筆者才疏學淺，書中內容難免仍有疏漏或不足之處，衷心期待師長們和社工界先進們能不吝指教，並惠予賜正。

陳燕禎

2009年9月21日於桃園元智大學

目　錄

自　序　i

 Chapter 1　老人照顧產業政策之發展趨勢　1

第一節　前言　2
第二節　台灣老人照顧之需求與期待　3
第三節　福利多元主義興起　5
第四節　我國照顧產業政策之發展脈絡和現況　8
第五節　尋找照顧產業政策的平衡點　15
第六節　台灣照顧政策產業化發展之省思　19
第七節　結論：以「人性」和「專業」為主軸的照顧產業　26
參考文獻　29

 Chapter 2　我國孝道文化與老人照顧　39

第一節　前言　40
第二節　中國文化下歷代的養老制度之檢視　41
第三節　家庭結構改變和老人照顧壓力　44
第四節　當前老人照顧政策：「家庭化」的影子　55
第五節　我國老人居家照顧服務的興起　62
第六節　孝道文化和老人照顧的出路　66
第七節　結論：新孝道文化，銀髮族的「金齡人生」　69
參考文獻　72

Chapter 3 本土化社區照顧與老人服務輸送 93

第一節 前言 94
第二節 新時代的社區概念 95
第三節 福利國家→福利社會→福利社區→社區照顧 97
第四節 社區照顧的新熱潮 99
第五節 台灣本土化社區照顧的歷史脈絡 103
第六節 社區照顧與老人服務之困境及省思 107
第七節 結論：建立緊密的社區關係結構 112
參考文獻 114

 Chapter 4 家庭照顧資源變遷與老人服務 117

第一節 前言 118
第二節 家戶結構和老人居住模式的轉變 119
第三節 老人生活需求問題與家庭照顧負擔 124
第四節 多元照顧政策方案的投入與發展 130
第五節 老人照顧服務問題分析 133
第六節 建構夥伴關係的照顧服務 138
第七節 結論：多元化老人服務是高齡化社會重要出路 141
參考文獻 142

Chapter 5　社區支持體系與老人照顧　147

第一節　前言　148
第二節　社會網絡與社會支持概念　148
第三節　社會支持與老人照顧管理　151
第四節　老人照顧資源分析　154
第五節　建構社會支持網絡的管理策略　157
第六節　社區照顧扎根：建立「夥伴關係」的支持系統　160
第七節　結論：有效建立社會支持系統　163
參考文獻　165

Chapter 6　老人照顧與社區資源整合　169

第一節　前言　170
第二節　福利多元主義與社會福利資源供給　171
第三節　從集體化照顧到社區化照顧的發展路徑　172
第四節　社區照顧：政府與民間的互動關係　173
第五節　優勢個案分析：「好鄰居」發展模式　175
第六節　社區照顧政策與資源整合問題與出路　178
第七節　結論：社區資源綠洲化　184
參考文獻　187

老人服務
與社區照顧

viii

Chapter 7　老人日間照顧之實務工作與發展　189

第一節　前言　190

第二節　老人日間照顧之發展與功能　191

第三節　老人日間照顧服務使用之障礙與類型　195

第四節　個案研究評估與實務分析　200

第五節　老人日間照顧在實務場域面臨之問題與省思　208

第六節　提供日間照顧服務之建議　212

第七節　結論：發展「混合型」的照顧團隊　215

參考文獻　218

Chapter 8　老人喘息照顧之實務工作與發展　221

第一節　前言　222

第二節　老人喘息照顧的定義　222

第三節　喘息照顧的功能與服務類型　224

第四節　個案研究之實務分析　229

第五節　喘息照顧之服務效果　242

第六節　喘息照顧服務之實務建議　246

第七節　結論：以專業自覺提升服務方案的品質　249

參考文獻　251

Chapter 9　老人長期照顧體系與發展實務　257

第一節　前言　258
第二節　長期照顧的意涵與準則　259
第三節　台灣長期照顧體系之發展　262
第四節　照顧服務產業與國家建設之融合　269
第五節　台灣長期照顧資源分析　274
第六節　台灣長期照顧制度發展之省思　278
第七節　結論：建立公私部門夥伴關係的服務輸送　282
參考文獻　284

 Chapter 10　老人社會工作與保護行動策略　293

第一節　前言　294
第二節　老人的權益與福利　295
第三節　發展「不分年齡，人人共融」的社會　297
第四節　家庭結構變遷，老人保護工作迫切　300
第五節　老人保護個案實例分享　303
第六節　建構完善老人保護網　308
第七節　專業社工介入老人保護網絡　309
第八節　社會工作專業應有的準備　312
第九節　結論：「專業」是老人照顧的唯一出路　314
參考文獻　315

 Chapter 11 老人福利需求與服務使用評估 317

第一節 前言 318

第二節 老人福利需求類型與福利內涵 318

第三節 個案研究之探討分析：以南投縣為例 324

第四節 老人福利需求與服務使用之建議 333

第五節 結論：依有限資源排定老人需求之優先順序 340

參考文獻 343

 Chapter 12 老人長期照顧機構之照顧服務 345

第一節 前言 346

第二節 老人長期照顧機構的現況 347

第三節 老人長期照顧的需求 350

第四節 老人長期照顧機構服務內容 352

第五節 老人長期照顧機構中的社會工作 358

第六節 結論 378

參考文獻 380

Chapter *1*

老人照顧產業政策之發展趨勢

- ■前　言
- ■台灣老人照顧之需求與期待
- ■福利多元主義興起
- ■我國照顧產業政策之發展脈絡和現況
- ■尋找照顧產業政策的平衡點
- ■台灣照顧政策產業化發展之省思
- ■結論：以「人性」和「專業」為主軸的照顧產業

第一節　前言

　　台灣老人照顧需求的迫切性和嚴重性，已成為當前社會政策的重要議題，尤其現階段的高齡化和少子化人口結構的衝擊，已經到了政府必須重新思考調整社會政策制定方向的時刻，特別是如何運用中高齡的人力來推動社區照顧產業政策的問題，是當前必須積極關切的公共政策之一。而為因應人口急速老化的照顧需求，行政院於2001年制定「照顧服務產業發展方案」，並納入「挑戰2008：國家發展重點計畫」之一，以中央政府的行政位階，推動照顧產業政策，希望藉此展開照顧產業的市場空間和解決高齡化社會的照顧問題，並藉由照顧服務產業化的推動方式，擴大國內勞動力需求，有效解決「中高齡失業」及「老人照顧」的雙重問題。由於台灣老人照顧產業已漸成形，且該政策的推展也一直備受社會各界期待與關注，因此老人照顧的供給，頓時之間成為社會福利市場相互競爭的一塊大餅。

　　由於當前照顧供給部門在各地區的服務輸送系統中，品質參差不齊，尚未建構一套專業的、標準的評估和管理機制，造成許多使用者、消費者的權益受損，致民眾對照顧產業政策抱持質疑態度，因此以付費使用居家照顧者之成長情況仍然有限，而提供或承辦照顧供給服務的民間團體單位也飽受績效壓力，故現階段如何在社會福利和照顧產業政策發展的行動中，媒合照顧產業供給和福利需求市場，以達成產官合作的服務模式，充分結合正式和非正式部門的供給資源協助照顧老人，成了當務之急。

　　本章以我國照顧服務福利及產業發展執行方案為基礎，剖析在老人照顧的需求和期待下，政府推動照顧產業政策之目標及定位，並針對照顧產業政策進行檢視，釐清照顧福利服務和產業發展方案的本質，進而思考在「福利需求化」與「照顧產業化」政策之間，是否能達到照顧需

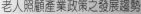
求、期待與照顧供給平衡發展之政策目的。

第二節　台灣老人照顧之需求與期待

一、人口「變老」，台灣勞動力進入緊縮階段

　　由於人口結構快速老化，至1993年，台灣已進入聯合國定義的「**高齡化社會**」（老年人口占總人口數的7%）。2008年底，65歲以上的老年人口數已突破全國總人口數的10.43%（2,402,220人）；預估到2056年時，老年人口將占總人口的39.5%，這個數據業已較原來所推估的數據還要來得高、來得快（內政部統計處，2009a；行政院經建會，2009a）。

　　台灣戰後嬰兒潮雖較國外約晚兩年，但這群戰後嬰兒潮人口將邁入60歲人關，換句話說，他們即將成為65歲以上的依賴人口。戰後嬰兒潮人口「變老」，使得台灣勞動力資源進入一個緊縮階段，加上出生率持續創新低，工作人口減少，預期會為社會經濟帶來莫大的威脅。根據行政院主計處最新人力資源調查年報指出，2007年台灣退休年齡的確已提早到56.2歲，呈現**未老先退**的人口狀況，高齡勞動力浪費的情況極為明顯（行政院主計處，2008）。

二、人口老化，照顧人力問題浮上檯面

　　行政院經建會人口推估報告指出，再過十年台灣工作人口將進入「緊縮期」，保守估計每年將減少15萬人，其中超過四成將是45歲以上的中高齡工作者（行政院經建會，2004a）。據估計目前15至64歲工作年齡人口將由2008年1,665.7萬人持續增加，至2015年達1,731.6萬人之高峰後開始減少，至2056年將降為1,061.0萬人，亦即工作年齡人口占總人口

比率將由2008年的72.6%，到2056年預估將降為52.3%（行政院經建會，2009a）。

勞動力的再運用是促進社會經濟發展所需的重要因素之一，並將成為一個全新而迫切的議題。國內研究曾推估至2010年時，全國需要長期照顧之人口總數約有348,254人，而長期照顧各類機構的入住率也將高達75.2%（行政院經建會，2006）。政府目前不僅面臨人口老化，以及人力資源不足的問題，未來更可能會發生對照顧失能者的衝擊效應。由於家庭結構變遷，家庭照顧人力和資源較傳統農業社會是更為緊縮和不足了，因此家庭老人照顧供給已出現新的模式，如花錢請外籍看護或購買居家服務代替子女照顧等，老人照顧人力不再侷限於親人，陌生人已進入親密的照顧系統中，擔任起重要的照顧職務。因此，照顧工作已進入新的人力資源需求時代。

三、使用者功能改善，增強「社會投入」力量

早期研究指出，發展社區照顧除可改善使用者的功能外，同時被期待能成為一種增強使用者的「社會投入」力量（Kane L. A. and Kane R. L. 1987）。所以社區照顧政策除了具有符合人性化需求和有社會資本概念的功能目標外，還能協助減輕家屬的照顧壓力和負擔，讓照顧家屬有喘息的機會，使其能安心就業，所以社區照顧政策的立意是建構一個「整體性」和「完善性」的福利服務輸送方案的設計規劃。政府近年來推動的社區照顧政策或照顧產業政策，都不外乎是希望結合民間資源，以及運用中高齡的人力資源，以「在地人照顧在地人」的社區情感來照顧老人，且運用民間志願部門和商業市場部門的多元力量提供資源，亦考驗著政策制定是否掌握了國內老人照顧的供需市場模式。

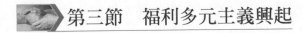 第三節　福利多元主義興起

一、福利多元主義之供給模式

　　新右派的興起，就是要形塑「小而強」的政府，因此許多社會福利方案就以契約外包、福利私有化、社區照顧等方式推展。新右派的福利照顧模式著稱於英國，英國首相柴契爾（Margaret Thatcher）夫人在1989年的社會福利白皮書中，將社會福利政策的方向引導至自由主義類型，以福利混合的多元部門為供給模式（黃源協，2000）。因為左右兩派幾乎都同意福利國家已「過度官僚化」（over-burcaucratic），無法再回應民眾的需求，其合法性危機必須改弦易轍，所以認為福利多元主義可解決福利國家政府的超載負荷（overload），以及財政、經濟惡化的問題（Johnson, 1987），因此國家不再是福利服務供給的主體，不再扮演「唯一」的福利服務供給者，它結合商業部門、志願部門和非正式部門（社區、家庭等），共同扮演服務供給角色，並採取福利供給者和購買者的角色分離，甚至原本必須由政府扮演的福利供給照顧角色也轉為購買者的角色，如政府向志願部門或商業市場購買貧困者所需要的福利服務和安置照顧，一方面減少由政府自己經營機構收容或福利輸送的龐大財政負擔，一方面也讓使用者在市場競爭的機制中有更多的選擇機會。

二、整合各部門資源，有計畫的福利服務輸送

　　福利國家以「分權化」（decentralization）、「民營化」（privatization）和「商業化」（commercialization）為現代福利供給的發展趨勢，而這種趨勢又符合新右派的思維（Gilbert and Terrell, 1998）。Johnson（1999）也認為服務輸送的發展趨勢，應加強市場與商業供給的角色。

其實當前我國的照顧產業政策就具有濃厚「福利混合經濟」（mixed economy of welfare）和「福利多元主義」（welfare pluralism）的意識型態，它是國家照顧角色的轉型途徑，也是一種政府再造和改革計畫，其重點之一就是要整合各部門的資源，建立有計畫的福利服務輸送。不過當政府部門將福利服務推向以市場為導向，自己退居「幕後」，由原本供給者的角色轉而為規範者的角色時，政府對於政策推動之成敗，反而負有更大的責任和使命，而不是責任的減輕或逃脫，因為政府財源仍處於最優先地位，即使志願部門的商業供給也有一部分經費來自政府補助或委託（賴兩陽，2002）。

三、政策「責信」時代與新管理主義興起

公民社會的可貴是立基於國家與社會之間的「信任」（trust）。政府須適時解決當前重要的社會問題和提供福利需求，尤其在可資運用的資源有限情況下，政府須設法培養特定人口解決問題的能力，並對社會弱勢者提供完善的照顧政策，和對特定其他人善盡照顧責任，且政府必須以主動的態度向納稅人民交代有限福利資源之分配使用。面對政策「責信」（accountability）的時代，以及社會福利**新管理**主義（new managerialism）的興起，成本、效率、效益、品質四大要素是做為檢驗政策品質的重要面向，所以現今政府對任何政策方案之提出，都必須經得起考驗、檢視和評估，其目的除在於瞭解社會問題的需求、社會資源的擁有、服務成本的投入和**成效性**（effectiveness）之外，還可以推估潛在事件大小、範圍、風險程度及重要性，找出政策執行之障礙、阻力等問題，將有限資源做最大的效益發揮，所以政策推動若能掌握其發展歷史脈絡，將可促使政策更具有整合性效果。

四、資源整合效益大，易獲社會認同與支持

政策整合性（integration）主要係指法定政策（enacted policy）與實際執行政策（implemented policy）間的媒合程度，因為整合效應對政策執行可產生縮小政策間隙、防止政策溢出、化解執行偏差、消除形式主義等效果（陳恒鈞，2002）。所以當政策能真正進入整合狀態時，就是資源使用的最大效益化，能獲得社會更多的認同與支持，更能帶動更多民間資源的投入。公民社會已來臨，社會力也愈來愈強，而福利服務邁向產業化、市場化也不可避免，因此人民對政策方案的執行監督將更形嚴峻，任何國家建設和社會政策方案的提出，都必須面對社會嚴厲的檢驗，尤其當國家對人民福利服務需求的改革，以產業化發展為目標，並納入國家重點發展計畫之際，嚴酷的檢驗和挑戰就在所難免。

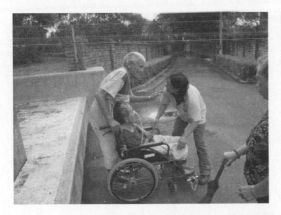 

偏遠地區的居家服務給老人更直接而溫馨的關懷
照片提供：桃園照顧服務協進會。

第四節　我國照顧產業政策之發展脈絡和現況

一、社區照顧政策的發展與歷史脈絡

　　我國自1965年便開始推展社區工作，四十多年來，基層社區的硬體建設多所斬獲，但社區的精神和互助情感，卻因工業化、都市化的蓬勃發展而逐漸消失，甚至產生嚴重的人際疏離和冷漠，因此當我國進入高齡化國家之後，老人照顧問題便浮上檯面。1996年政府推展「福利社區化」的社區照顧政策，及2001年制訂的照顧服務產業發展政策，就是希望結合民間社會的力量，共同發展照顧老人的資源體系，該政策方案以「老人」和「失能者」為主要對象（見**圖1-1**）。

　　2002年該政策旋即被納入「挑戰2008：國家發展重點計畫」，而為加強「福利」及「產業」之間的平衡發展，於2003年將政策名稱修正為**照顧服務福利及產業發展方案**，並延增實施時程至2007年12月31日止。從該政策五年的推動過程中也發現，社區照顧服務的實際輸送機制和照

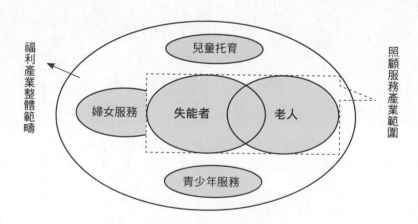

圖1-1　照顧服務產業範疇

資料來源：行政院經建會（2004b）。

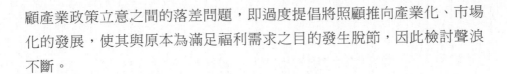

顧產業政策立意之間的落差問題，即過度提倡將照顧推向產業化、市場化的發展，使其與原本為滿足福利需求之目的發生脫節，因此檢討聲浪不斷。

二、福利服務與照顧產業方案之檢視

從「照顧服務福利及產業發展方案」政策推展期間，政府各部門在服務成果和執行檢討中，提出所遭遇之問題共有八項：

1. 各地方政府「照顧管理中心」功能尚待加強。
2. 各縣市照顧服務通報系統尚未整合完成。
3. 民眾自費購買居家服務時數之意願仍低。
4. 地方政府憂心中央補助經費無法長期連續提供。
5. 照顧服務業管理規範尚未研訂完成。
6. 外籍看護工人數未減反增。
7. 各界對「照顧服務福利及產業」觀念仍有誤解。
8. 開放小規模事業團體參與居家服務經營仍有限（見**附錄**1-1）。

由此觀之，雖然照顧產業政策之重點主要在於整合政府各部門之資源，但實際上整合機制卻仍未出現，資源仍多有所重疊浪費。而自政府推展照顧產業政策以來，發現在各服務措施中，以「居家服務」的方案成長最為明顯，以下就政府各部門之資源整合和居家服務績效發展加以分析：

(一)政府部門資源整合之分析

社區照顧服務除納入社區總體營造之外，行政院衛生署、退輔會、原民會及農委會等，亦積極輔導所屬相關機構辦理各項社區**外展服務**（outreach service），如退輔會於各榮民服務處協助辦理居家照顧之轉介

服務，統合榮民之家與榮民醫院之服務資源，為榮民（眷）提供多元化的照顧服務，並配合內政部的「照顧服務資訊管理系統」，連結長期照顧管理中心，辦理輔具資源的相關申請業務及評估機制。另為結合社區支援中心及長期照顧管理中心，運用志工人力建構社區照顧服務網絡，在原民會也補助各原住民鄉鎮成立「原住民家庭暨婦女服務中心」；農委會則輔導農會建置農村社區生活支援中心。

　　至於在「日間照顧服務」方案方面，為提高使用的「可近性」，內政部和交通部即在「日間照顧交通接送」方案方面，提供民間團體相關的補助及設備之協助；人力培訓方面，內政部、衛生署、勞委會、原民會及農委會曾共同協助辦理照顧服務人力培訓工作。此外，勞委會為配合照顧產業市場的「專業認證」，於2004年首次開辦照顧服務員職類丙級檢定，目前取得合格技術證照者已逾五千餘人。

　　從各部門之間的資源整合和專業證照的檢定開辦效益來看，該政策方案在某種程度上似乎已使部分中高齡失業問題獲得暫時舒緩，依統計顯示，從2002年開始，照顧服務員有1,631人，居家督導員有192人，合計1,823人，且逐年增加，至2007年照顧服務員已有3,898人，居家督導員有517人，合計4,415人（見**表1-1**），而當我們進一步檢視外籍看護人數的

表1-1　直轄市、縣（市）政府照顧服務員與居家服務督導員在職人數統計

單位：人

期別	照顧服務員	居家督導員	合計	較前一年度新增就業人數
2002年	1,631	192	1,823	--
2003年	2,303	296	2,599	776
2004年	2,815	339	3,154	555
2005年	3,616	428	4,044	890
2006年	3,641	439	4,080	36
2007年	3,898	517	4,415	335
合計	--	--	--	2,592

資料來源：行政院經建會（2009b）。上網檢索日期：2009年2月14日。

成長時，也發現未減反增現象（見**表1-2**，**圖1-2**），這意味著服務產業所增加的工作機會並未取代外籍看護人力的需求，似乎是整個照顧市場的需求增加，當然這需要再深入探討。

(二)居家服務數量快速成長

老人照顧產業中，「居家服務」一直是重要的發展主軸，內政部的「老人生活狀況調查報告」就指出，近六成五的50至64歲民眾認為，

表1-2　外籍看護人數歷年統計　　　　　　　　　　　　　　　　　　單位：人

年	1998	1999	2000	2001	2002	2003	2004	2005	2006	2007
外籍看護人數	41,844	67,063	98,508	103,780	113,755	115,724	128,223	141,752	151,391	159,702

資料來源：作者整理製作自行政院經建會（2008）。上網檢索日期：2009年1月14日。

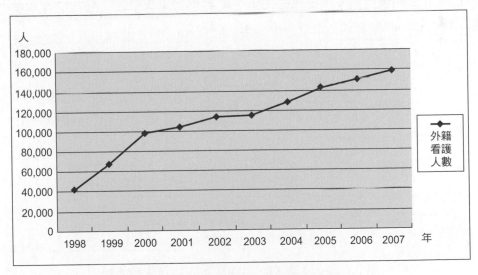

圖1-2　外籍看護工歷年僱用人數

資料來源：作者整理製作自行政院經建會（2008）。上網檢索日期：2009年1月14日。

「居家服務」是老年人「很需要」的一項重要福利措施，但同時受訪者也表示政府應加強這項福利措施之宣導（內政部統計處，2005）。故從近年政府所統計的老人福利服務成果中發現，居家服務的使用人數有極為明顯的成長（見**圖**1-3）。內政部除開辦低收入戶全額補助服務時數外，於2002年又實施「非中低收入戶失能老人及身心障礙者補助使用居家服務試辦計畫」，即將居家服務對象由原先的「低收入戶」和「中低收入戶」失能者，擴展至一般「非中低收入戶」的失能者，隨後又於2004年試辦「極重度失能者居家服務部分時數補助」，即由原先最高補助36小時提高到72小時的費用補助。

依內政部統計報告指出，2005年各縣市政府所提供的居家服務總時數較2004年成長18.49%，平均每月成長5.6%，顯示該政策方案已向外推展（行政院經建會，2006）。2007年居家服務的人數為19,559人，服務總時數為4,243,046小時，較2006年成長9.0%，2006年總自費比例18.15%，而2007年減少為17.97%。再以不同失能程度加以比較2006和2007年的使

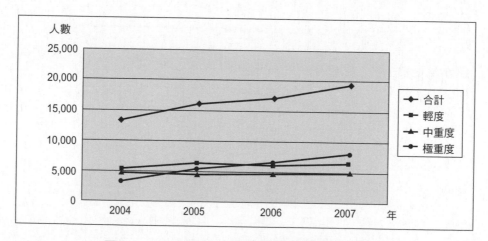

圖1-3 2004至2007年使用居家服務人數趨勢

資料來源：作者整理自行政院經建會（2009b）。照顧服務福利及產業發展方案第二期計畫總結報告。網址：http://www.cepd.gov.tw/。上網檢索日期：2009年2月19日。

用人數，發現2007年的使用人數比例以及極重度失能者成長幅度達15%
為最多（行政院經建會，2009b，見**表1-3**、**表1-4**），其原因可能是縣市
重視「極重度」免費居家服務的政策推廣所致。整體而言，自費購買的
比率下降，也可能與經濟因素有關，不過真正原因必須再進一步探討。

表1-3　2004至2007年使用居家服務時數付費情形

類別	使用時數（小時）			補助比例（%）			總自費比
補助程度	全額補助	部分補助	完全自費	全額補助	部分補助	完全自費	例（%）
2004年	1,590,182	272,427	233,414	75.87	13.00	11.14	24.14
2005年	2,861,947	479,418	169,442	81.52	13.66	4.83	18.49
2006年	3,136,937	547,377	148,518	81.84	14.28	3.87	18.15
2007年	3,183,531	604,467	158,895	82.03	14.23	3.74	17.97

資料來源：行政院經建會（2009b）。照顧服務福利及產業發展方案第二期計畫總結報告。網
　　　　　址：http://www.cepd.gov.tw/。上網檢索日期：2009年2月19日。

表1-4　2004至2007年使用居家服務人數與時數情形

年度	服務人數（人）						
	輕度	%	中重度	%	極重度	%	合計
2004	5,330	39.35	4,947	36.52	3,267	24.12	13,544
2005	6,217	38.28	4,611	28.40	5,410	33.32	16,238
2006	6,030	34.87	4,710	27.24	6,552	37.89	17,292
2007	6,413	32.79	5,046	25.80	8,100	41.41	19,559
年度	服務時數（時）						
	輕度	%	中重度	%	極重度	%	合計
2004	545,125	26.00	1,160,103	55.34	291,652	13.91	2,096,022
2005	668,543	19.04	1,076,635	30.66	1,765,628	50.29	3,510,807
2006	697,478	18.19	999,565	26.08	2,135,806	55.72	3,832,848
2007	705,925	16.63	1,011,531	23.84	2,525,590	59.52	4,243,046

資料來源：行政院經建會（2009b）。照顧服務福利及產業發展方案第二期計畫總
　　　　　結報告。網址：http://www.cepd.gov.tw/。上網檢索日期：2009年2月19
　　　　　日。

　　依2007年直轄市、縣（市）政府辦理照顧服務居家使用服務人數，以彰化縣、台北縣、高雄縣最多，連江縣最少。從2007年使用居家服務之極重度失能者，包括台中縣、基隆市、台南縣、台北縣、花蓮縣、新竹縣、桃園縣，及苗栗縣等八個縣市，極重度失能者比例均達五成以上；極重度失能者使用服務時數部分，則包括新竹縣、台北縣、高雄縣、桃園縣，及苗栗縣等五個縣市服務時數超過七成。比較2006、2007年各縣市居家服務資源使用情形，2007年極重度失能者服務人數、時數之比例，均較2006年之服務比例為高，顯見各縣市推展居家服務及服務資源分配，已趨向以「極重度失能者」為優先（行政院經建會，2009b）（見**附錄1-3**）。為有效運用照顧服務資源，培養服務使用者付費觀念，並配合「十年計畫」之推動，對於新申請服務使用者之居家服務補助標準，不再提供免費服務時數，全部轉為每小時均需部分負擔之補助制度。

　　以服務人數和地區進一步加以分析，發現在2007年時，其服務使用「人數」以身體失能程度為「極重度」占最多，服務「時數」也以「極重度」占最多（2006年為3,832,848小時；2007年為4,243,046小時）。各地方政府提供居家服務的成效，不論人數或時數均以「台北縣」占最高，其次分別為雲林縣和彰化縣（內政部統計處，2009b）（見**附錄1-2、附錄1-3**）。此外，各地方政府辦理「失能老人及身心障礙者補助使用居家服務計畫」的整體成果初步發現，彰化縣、南投縣、雲林縣、台北縣、高雄縣、台北市，提供服務人數達1,000人以上，並同時提供服務時數達2萬小時以上。從這些次級資料顯示，政策方案之成效和地方政府之財力是無多大關係的，因為彰化縣和南投縣在地方財政上都是屬於財政困難、資源匱乏之農業縣，但該地方政府對照顧產業政策之推動呈現明顯績效。總之，政策在向下移轉推展至各地方政府時，各地方政府的執行成效差距極大，這是否因當地生態環境和人口老化程度的反應，或是地方政府對中央政策的重視程度所影響，都值得再深入探討。

第五節　尋找照顧產業政策的平衡點

　　雖然隨著社會多元化的發展，社會問題在數量上已與日俱增，政府決策者由於必須在日理萬機的有限時間內做出決定，往往無法針對問題的結構性因素逐一詳細分析，因此泰半將焦點集中於短期內可立即見效的解決方案，此種做法，僅能「頭痛醫頭、腳痛醫腳」，有時還會加深問題的惡性循環，陷入更大的危機（吳定，2000）。故政府機關必須進行政策分析，選用正確的問題擬定方法，蒐集充分及正確的資訊來釐清問題的本質，因此照顧產業政策必須思考下列幾個問題：

一、照顧產業政策「向下移轉」或「向外移轉」之責任？

　　國家政策和社會需求在互動過程中應是被綑綁在一起的，政府和民間部門也應該建立起夥伴關係。雖然自福利多元化、私有化發展之後，表面上國家似乎在政策領域中退位，特別是在政策規劃的階段，但事實上國家在政策執行階段，仍藉由吸納社會利益不斷地實際掌握一切的過程（謝宗學等，2002）。以國家主導的政策去處理社會因素界定的問題，往往涉及某些「重分配」的目的取向，這在實質上是一種干預性與強制性的治理型態，尤其由地方政府和民間部門去配合中央政府政策的「向下移轉」型態，它是促成資源動員的一種策略，擁有極大的正當性（Nye, Zelikow, and King, 1997）。Hill（1974）也認為，政府向下移轉所增進的參與力量，已是地方政府的另一項傳統核心價值，而「福利私有化」的發展，此亦代表著國家將權威「向外」移轉給類似的非營利機構或商業部門，希望導致市場化（marketization）的結果，也就是將社會所產出的問題和需求，向外移轉處理以激勵個人的企業精神。故不論「向下移轉」或「向外移轉」的政府政策輸送，都附帶有某種程度的價值和

責任的轉向,而這也是政府避免政策失靈的做法之一,且政府亦應同時擔負起移轉時之責任。

二、照顧產業政策是否在走鋼索?

政策是應被放在陽光下檢視的,不管向外或向下移轉的發展型態,從政策判定者(政府)、政策供給執行者(業者)到政策使用者(消費者)之回應都應被評估和檢驗,這是一個三角鼎立關係,其軸心點是「老人」,三角形中的任何一方產生問題,都將造成結構面的失衡,然而現在的消費者卻是屬於弱勢的一方,其權益仍被遠遠拋在後面。雖然目前政策供給仍採取多元部門和多層次的提供方式,政策是由公部門的中央層級進行主導統整機制,政策的執行者則是以委託民間單位為主體,藉由民間非營利組織的資源來進行服務之供給輸送,但政府幾乎完全以契約外包的方式,讓民間的非營利部門承擔一切的執行責任,此時民間團體是否具有健全制度和專業知能,就直接影響政策方案推展之成敗。然而我們卻發現,政府若把責任交給第一線的民間團體或機構,將形成一種「不對等」的權利關係,如接受委託的民間團體若評鑑結果不佳時,就會被政府取消服務供給資格,乍看之下似乎合理,但我們卻要問,難道政府就不用負責和檢討嗎?只換掉執行單位就能解決問題嗎?恐怕政府需要有更多的「源頭管理」機制及「全盤規劃」,才是真正的解決之道,否則此政策將是走在鋼索上,隨時得面臨失衡的危險。

三、照顧產業政策是換湯不換藥?

目前社區照顧在政策面仍繼續維持照顧政策產業化的發展趨勢,並已延展第二期之計畫。不過,政策發展過程似乎已起了變化,即政府為避免過度「重經濟、輕福利」,強調將「福利」的觀念加注於「產業發

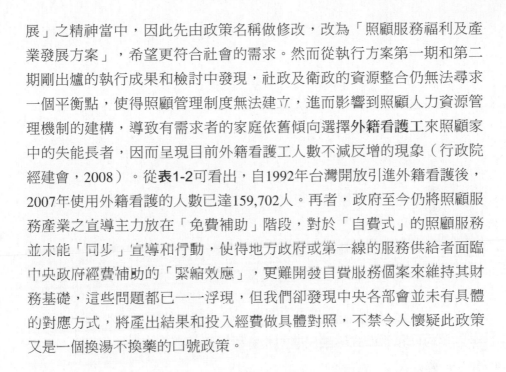

展」之精神當中，因此先由政策名稱做修改，改為「照顧服務福利及產業發展方案」，希望更符合社會的需求。然而從執行方案第一期和第二期剛出爐的執行成果和檢討中發現，社政及衛政的資源整合仍無法尋求一個平衡點，使得照顧管理制度無法建立，進而影響到照顧人力資源管理機制的建構，導致有需求者的家庭依舊傾向選擇**外籍看護**工來照顧家中的失能長者，因而呈現目前外籍看護工人數不減反增的現象（行政院經建會，2008）。從**表1-2**可看出，自1992年台灣開放引進外籍看護後，2007年使用外籍看護的人數已達159,702人。再者，政府至今仍將照顧服務產業之宣導主力放在「免費補助」階段，對於「自費式」的照顧服務並未能「同步」宣導和行動，使得地方政府或第一線的服務供給者面臨中央政府經費補助的「緊縮效應」，更難開發自費服務個案來維持其財務基礎，這些問題都已一一浮現，但我們卻發現中央各部會並未有具體的對應方式，將產出結果和投入經費做具體對照，不禁令人懷疑此政策又是一個換湯不換藥的口號政策。

四、難以回頭的產業供給者？

照顧產業政策明顯的目標就是要運用在地中高齡人力，以解決失業問題，因此當推動「民營化」和「契約外包」時，這些民間業者（非營利的社會福利機構或團體），實質上已成為擔負此政策方案之關鍵角色。民間機構或團體在政府部門的誘因架構下，紛紛參加社區照顧等相關照顧產業之方案招標，如居家服務、日間照顧、送餐服務、喘息服務等。由於此政策推展之初，政府部門要求「量」的突破（預期效益的數量），執行業者在政府的督促下，也積極開發社區服務之個案，故重視政策方案的地方政府自然在「數量」上有亮麗的成績，然而也發現經過個案「開發期」之後，社區中已有愈來愈多有需求的個案被發掘，個案量自然增加，但政府以經費不足為理由，提高申請福利資格門檻的策

略，作為減縮經費支出的因應措施，導致許多業者必須面對老人、家屬的抱怨。

此外，民間業者在此政策方案中，除必須面對政府方案招標或經費核撥之複雜關卡外，政府部門又往往以「年初」為作業審查期，造成執行單位在服務輸送過程中出現服務「空窗期」的狀況，使得業者因而處於方案執行「進退兩難」的窘境，若其繼續提供此作業審查期間的服務，恐須有自行先支付或吸收該期間經費支出之心理準備，造成許多民間機構團體的經營壓力。再者，許多受託單位原本就是為照顧中高齡者的就業問題，當其在面臨政府每年急速刪減方案補助時，往往又要回過頭來面對這些中高齡者或單親家庭「契約工」被裁員的局面。民間業者對於政策朝令夕改、經費驟減或政府相關作業不連續的狀況，多有怨言，但政策規劃者、決策者長期以來卻似乎聽不到這些民間業者的心聲，因此許多民間團體都認為加入社會服務或照顧服務行列是一條不歸路，只能期待政府的政策能有更完善性、延續性的財務準備規劃，且不要因人事的更迭，而喪失制度的延續發展。

五、既期待又怕受傷害的方案使用者？

我國社會福利政策向來以**殘補式福利**（residual welfare）為基礎，必須符合政府「規範性」的條件資格，才能使用，因此能獲得免費使用政府福利政策方案者，都必須經過相當嚴格的**資產調查**（means test），或通過各項福利方案規定之資格審查、評量等重要關卡，才能有相關的照顧服務。由於政府在社福經費補助上的縮減，使得原本已符合條件標準的使用者身分，竟然被審核人員「自動升格」，變成不符該方案規定之使用者，因此當使用者面臨這些突如其來的變化時，常使得原已稍獲安定之生活方式又變得複雜起來，讓使用服務方案的老人、家屬覺得心理更累，故長期下來，有需求的案主對政府所提供的協助方案，總是「既

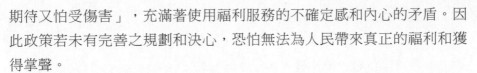

期待又怕受傷害」，充滿著使用福利服務的不確定感和內心的矛盾。因此政策若未有完善之規劃和決心，恐怕無法為人民帶來真正的福利和獲得掌聲。

　　社會福利政策規劃設計必須考慮：(1)前瞻性；(2)延續性；(3)可行性；(4)保護性；(5)權益性等五項特性。不同時代背景的社會政策之立法雖來自社會問題的湧現，但政策決定者仍須以**公共利益**為政策制定的重要考量基礎面，而非為少數特權者服務，尤其台灣目前社會政策的服務對象是以社會上不幸、特殊的弱勢人口群為主，這些弱勢或社會上最需幫助者往往都可能是聲音小而微弱，缺乏資訊或缺乏能力者，反之，許多非社會真正需要幫助者，卻能獲得不斷充權、發聲的能力，造成「會吵的小孩有糖吃」的現象，國家若只知滿足這些吵鬧者的聲音，而不以冷靜的態度思索，社會政策將失去「公平」、「正義」的原則和真正的精神，造成「**福利懶漢**」和「**奶媽國家**」的問題，政府不但無法將社會福利的經費及資源用在刀口上，將使得「真正有需要者」、「值得幫助者」被忽略，不僅失去國家以「所得移轉」的福利效果意義，也失去了社會政策照顧人民的本意。

第六節　台灣照顧政策產業化發展之省思

　　近一、二十年來各先進國家在長期照顧改革政策中，照顧模式的發展已朝向兩大趨勢策略（陳燕禎，2004）：(1)福利社區化；(2)機構小型化。推展社區照顧的模式就是要取代以往機構收容安置的模式，連結社區、鄰里及家庭的照顧資源，形成一個**強韌**（strong）的社區支持網或社區資源網，故強化血緣和地緣的關係網絡和資源，是發展社區照顧政策的意識主體。政府對老人福利方案，向來採取不介入家庭（私人）照顧的模式為主，所以將照顧推向產業化發展的政策，就是結合非正式照顧

資源的使用目的，故台灣面對老人照顧的大量需求時，推展照顧服務邁向「產業化」之政策，除必須反思上述問題外，作者亦提出下列幾點建議，以期創造政府、產業和人民多贏的局面。

一、縮短照顧供需市場之落差和缺口

面對高齡化的社會，既有老人照顧或長期照顧的需求問題，自然會有照顧的產業供給市場出現，尤其人口急速的老化和慢性疾病增多，已出現愈來愈多需要長期照顧的需求者，因此照顧產業政策的功能應在於連結照顧的需求與供給市場。過去我國對於長期照顧的看法，一向以照顧老人是「家庭責任」為主要意識型態，因此長期下來，明顯忽略對老人照顧之供給問題，故政府對長期失能者的資源，投入亦十分有限；其實，社區照顧政策就是建立在家庭主義的意識型態之上（Dalley, 1996）。所以，行政院社會福利推動委員會長期照顧制度規劃小組於2000年報告亦指出，長期照顧的需求人口雖然日益增加，但家庭人力資源逐漸縮小，同時對於居家服務之需求未顯著成長的原因，歸納出兩點：

1. 使用者方面：許多使用者不習慣外人照顧、不知有何適當服務可購買、付費意願不高、付費能力低落，致使服務需求未見成長。

2. 供給者方面：由於服務市場需求不振，影響投資意願，故產業投入照顧的資源有限，最重要的是法令規範未能鬆綁，致使福利供給市場未能蓬勃興盛。

現代社會中，許多家庭為了照顧家中長期失能父母，往往必須退出有酬的勞動市場、或改變工作型態、或提早退休等，才能應付照顧工作的壓力與負荷，進而影響其生活收入，造成家庭的負擔更為沉重。目前台灣由於未能看到照顧產業供給市場的普遍設立，因此發生供需之間的失調和落差，其因除來自中國傳統孝道文化的面子問題，影響照顧家屬

不敢使用之外，有很大部分因素是來自政府政策的規劃。

二、加強照顧產業的相關配套服務

我國社區長期照顧政策規劃的發展目標為：

1.70%為「社區式照顧」。
2.30%為「機構式照顧」。

政府的照顧產業政策方案，也是建構在以社區為基礎的「居家照顧」，並以服務貧困的「低收入戶」老人為「免費」照顧之出發點，再進而擴展至一般家庭的自費購買。國外早期研究文獻就指出，社區居家照顧之所以能快速發展，就是因應人口老化的趨勢和需求所致，其興起的理由為（Eustis and Fischer, 1991）：

1.醫院為了節省醫療成本。
2.政府為了節省長期照護的財政支出。
3.醫療科技的進步神速。
4.壽命的延長，有愈來愈多人需要長期性的照顧專業協助。

社區照顧服務除可提供老人同儕團體互相支持和社會互動，並發揮案主極大化的功能之外，還具有補充家屬實質解除全天候照顧的壓力，提供家屬所缺乏的專業護理照顧的顯性效果，以及避免不必要的機構化照顧的隱性效果（Huttman, 1985）。

居家照顧是整合社區照顧服務的照顧產業政策重要的基石，不僅能滿足失能老人留在熟悉環境的需求，也是因應政府推展下列兩項任務目標：

1.在地老化（aging in place）。
2.生活正常化（normalization）。

老人種菜找到晚年生活的自主、樂趣和成就

豆子貼畫的創意活動，可活絡老人手腦

照片提供：財團法人中華基督教福音信義傳道會，附設台中縣私立信義老人養護中心。

　　這兩個任務目標也是政府發展「老人安養政策」的重要措施之一，更是未來可預期的銀髮產業發展的重要主力市場。不過今日政府因未有全盤的相關配套措施的推出，如充分的人才培訓和教育的規定，導致老人居家照顧之服務提供，大部分還停留在「環境打掃」或「身體清潔」工作，其實照顧產業化的發展，是必須要進一步確保高齡者和失能者的尊嚴，支持其自主與自立，以及建構使用者信賴的體系和機制，才能促使老人在其活動範圍和能力內，享受到豐富的晚年生活樂趣與生命意義。

三、漸進式推廣「使用者付費」的觀念

　　國內研究指出，政府部門或其所屬村里鄰長普遍對照顧產業和福利方案的認識不足或不願配合推廣，因而造成民眾對社區照顧服務的認知有限和有誤。一般社區民眾對於政府推展照顧產業服務的理念並不清楚，如將提供社區照顧的居家服務員視為是政府派來的「**幫傭**」，甚至使用服務的家屬或老人還會以「命令」、「指使」的態度對待照顧服務員，使用者經常對居家服務員要求提供超出原本所訂定的服務契約的工

作內容。此外，由於該福利產業政策的理念未被普遍宣導，因此有許多民眾還會將居家服務員視為是詐騙集團（陳燕禎，2006）。雖然傳統中國的孝道文化認為照顧父母是家庭的**奉養觀念**，並且是一種「親力親為」的照顧模式，因而使得許多有能力購買服務的家庭不願使用此服務產業，也進而導致目前民眾對**使用者付費**的觀念未被普遍接受。再者，民眾仍多認為居家服務、日間照顧，或送餐服務都只是「短暫性」的服務供給而已，並無法提供有效性和連續性的照顧需求，或是受限於民眾的「刻板化」認知，以為孤苦無依的老人或無家庭者，才有資格使用政府或民間機構團體的照顧服務，不知已有使用者付費的機制。不過實際上，目前相關的社區照顧產業方案所訂定的自費價格並不實惠，使得許多有需求的家庭傾向僱用「外籍看護」，以「請一個看護，可照顧全家人小」的精打細算方式，造成福利選擇偏好，這也是在照顧產業政策推展下，僱用外籍看護工仍居高不下，且逐年上升的重要因素之一。

　　民眾申請僱用外籍看護除了考慮照顧成本較低的因素之外，目前社區的居家服務員、督導人員本身的專業度和經驗不足亦是原因之一。由於居家服務無法獲得家屬之信任和接納，加上政策的不穩定性，導致民眾的不安全感和不信任感而不敢使用，擔心接受服務後，若政府經費減縮，將於使用後無法解決服務延續的適應問題。由此觀之，其實照顧的提供方式並非一定要傳統的家人照顧模式，而是可以因照顧費用成本之低廉而轉變為另一種照顧模式，如轉變以申請「外勞看護」的模式。因此老人照顧工作若要邁向產業化，提高民眾購買服務時數之照顧模式，此政策勢必要回頭檢視目前照顧服務的費用和品質，建構一套公平合理的收費機制，否則以目前政府所規定1小時180元的居家服務收費標準而言，就供給產業來看，認為是辛勞的所得，但若以消費使用者來看，一個家庭若連續一個月都要24小時使用自費居家服務，費用則將近要花掉約13萬元，這並非是一般家庭所能承擔的經濟壓力，自然也就出現需求者傾向僱用支配性高、成本低的外籍看護，故如何訂定合理的照顧服務

費用，以及提供管理機制運轉，是突破當前推展照顧產業困境的重要關鍵之一。

四、提升照顧產業專業服務品質

「專業」能提升個人價值，擁有更高的專業知識、技能、道德、倫理觀念，並且是經營產業永續發展的活力源泉。照顧專業服務的呈現，始於事前完整評估處遇的個別化照顧計畫，所以照顧產業進入居家照顧服務系統的第一步，就是要建立一套完整的評估工具，如最基本的評估個案身心狀況和家庭狀況，在接案之後還需要進行定期的評估，以確定服務供給與需求之間的一致性。故專業表現最不能忽略的評估方式，就是要對工作人員的專業資格和人力配置情形進行評估檢驗，這些都必須符合政府規定的基本條件和規範，才能維持服務的品質，而這也是確保使用者的權益所在。依台灣長期照顧制度的給付模式，原則上只提供**實物給付**（service in kind）的福利服務。以下這三個服務類型是依老人的身心狀況相互銜接的服務輸送系統：

1.居家式照顧：居家復健、居家服務、緊急救援服務、居家護理、無障礙設施改善、居家喘息。
2.社區式照顧：日間照顧、家庭托顧、日間復健、照顧住宅。
3.機構式照顧：機構式收容、機構式喘息、機構式外展服務等三大類（吳淑瓊等人，2004；鄭文輝，2005）。

提供「實物使用」政策方案是必須具有高專業的處遇能力模式才能看見效益，如執行個案管理計畫，幫助案主解決嚴重而複雜的需求問題。雖然社區照顧的意涵為「去機構化」，但並不是排除所有的機構式照顧，它也發展「社區內」（in the community）的機構照顧，這也是照顧產業政策的發展重點之一。老人長期照顧是需要依身心功能和變化，

提供適當且專業的連續性供給服務設計,所以機構式照顧更需要具有醫療、護理、社工、營養、復健、科技等跨專業照顧團隊,才能呈現溫馨化、人性化的品質照顧。

　　總之,照顧產業政策以「社區化」、「地方化」作為服務輸送的基礎點,利用居住地理區域的「便利性」、「接近性」和地緣的「情感性」,應是最易被社區民眾所接受,只是目前這項服務供給尚處於「摸索階段」,供需雙方都還在彼此測試,民眾需要有更多專業的供給表現,才能媒合和接納,所以目前提供服務的專業知能、技巧有待加強,照顧品質須自我要求再升級。

五、建立照顧產業的溝通互動平台

　　對老人提供持續性的照顧政策方案,促進其獨立自主才是理想的目標模式(Evashwick, 1996)。因此,**照顧**(care)就是**溝通**(communication),照顧要邁向產業化,就要有好的溝通管道。從政策規劃到執行部門的上游到下游,由內到外的契約外包方式,都必須有允分的溝通,尤其應站在「以使用者為中心」的角度來切入、設計服務輸送方案,使用者才會有好的感受,民眾也才可能願意掏錢購買照顧服務,所以發展照顧產業所提供之服務產品,必須具有更多「專業性」的品質要求,並經得起考驗,達到「物超所值」的口碑,自然也就能「創造」出更多的照顧「需求」,所以產業化的專業供給和人性化的需求是密不可分,兩者既不相衝突,且具有連體關係,忽略其中之一,都將使方案發展遭受阻礙。

　　銀髮族的相關照顧服務產業已在國內興起,產業界更投入研發照顧老人的專屬健身器材、復健器材,甚至老人集體住宅、健康食品、養生食品等,因此政府除應盡速建構完善的照顧服務網絡,提供基本的照顧福利措施和資訊、資源之外,亦應透過與社會需求的互動網絡,形塑公民社會的自我責任意識,即決策者應要協助加強社群網絡成員有持續互

動和充分溝通之能力，並注重公共服務的提供和有效管理（Stoker, 1998; Denhardt and Denhardt, 2000）。這在國家政策與社會需求之間必須捨棄以往相互分離的單邊關係，轉而強調雙邊互動關係（Kooiman, 1993）。雙方彼此相互協調，結為夥伴關係，才能發揮資源整合之連動效應，在存異求同的原則下，方能以新的思維方式尋找出解決方案，進而透過有效的集體行動，共同解決社會問題（Mayntz, 1993），因此政府必須建構產官學的溝通互動平台，讓各方有平等對話的空間，才能有進一步向上推展的希望。

第七節　結論：以「人性」和「專業」為主軸的照顧產業

　　政策制定者、政策使用者和政策供給者是三角模型的關係，每一個角色都是重要的支撐點，所以它是一個整合的概念和實體架構，彼此相互影響。因此「福利」和「產業」的政策想要雙軌運行且平衡發展，就要在照顧產業市場中展現出專業品質和人性溫馨的事實成果，如此照顧產業市場才有可能具有開展的空間。從照顧產業政策的相關部門檢討報告中發現，雖然許多提供照顧產業供給服務單位，已發動社區志工協助有需求的個案參與各項活動，啟動社區照顧在地化的情感動能，但政策若無足夠周延性和持續性的準備，縱然有再多的在地資源投入，遲早也會被燒盡，徒勞無功，因此政府政策的配套措施和法令規範的鬆綁，都將影響照顧產業化發展的空間。

　　高齡化社會的老人照顧服務需求要以多元部門的市場導向為主，從由社區照顧轉變為由產業照顧的模式，主政者必須釐清福利服務和產業化發展的本質，才不會在兩者的矛盾中相互糾纏，無法前進。總之，國家對符合社會福利資格規範的弱勢者，仍必須擔負起基本照顧的責任，

且可透過多元部門的市場供給購買服務，扮演購買者角色，服務由政府買單，至於一般民眾則鼓勵透過市場化的供給，但必須規範產業以人性和專業為建構主軸，具備此兩項重點才能在照顧產業化發展過程中，創造永續資源，所以發展照顧產業政策千萬勿掉入「過度市場化」之迷思，而忽略基本福利的需求和照顧服務的核心價值。

現代人十大老化警訊

您老了嗎？由於現代人作息不規律，年輕人有提早衰老的現象，今天請自我檢測一下，您是不是有老化的危機。

現代人由於睡眠不依24小時生物時鐘規律，甚或壓力、失眠，造成很多人可能不到40歲就褪黑激素濃度減半，引起許多生理功能的雜亂，如自律神經失調、內分泌雜亂、免疫功能失調、抗自由基降低等老化現象。以下是十大老化警訊：

1. 睡不著、睡眠品質差、長期失眠。
2. 缺乏運動，稍微運動就氣喘。
3. 接觸過多電磁波。
4. 有抽菸、喝酒、吃檳榔的習慣。
5. 過度疲勞、容易疲倦、打瞌睡。
6. 經常熬夜、生物時鐘失序。
7. 壓力過大、情緒焦躁不安。
8. 常接觸農藥或污染。
9. 經常胡思亂想、用腦過度。
10. 愛喝可樂、咖啡等飲料或偏食。

資料來源：孫安迪（2006）。

問題與討論

一、福利多元主義可解決福利國家的什麼問題？供給模式為何？

二、我國照顧產業政策的發展歷史？主要的照顧對象為何？

三、在「照顧服務福利及產業發展方案」推展過程中，所遭遇的問題
有哪些？如何因應與改善？

四、社會福利政策規劃設計必須考慮哪些特性？

五、台灣面對老人照顧的大量需求時，推展照顧服務邁向「產業化」
政策，應如何創造政府、產業和人民多贏的局面？

 參考文獻

一、中文部分

內政部統計處（2005）。《老年人口推估》。台北：內政部統計處。

內政部統計處（2009b）。《現住人口按三段、六歲年齡組分》。台北：內政部統計處。

內政部統計處（2009a）。《老人福利服務成果》。台北：內政部統計處。

行政院主計處（2008）。《2007年受僱員工動向調查統計》。台北：行政院主計處。

行政院經建會（2004a）。《人口推估報告》。台北：行政院經濟建設委員會。

行政院經建會（2004b）。《照顧服務福利及產業發展方案第一期計畫執行情形總檢討報告》。台北：行政院經建會。

行政院經建會（2006）。《照顧服務福利及產業發展方案第二期計畫94年度執行檢討報告》。台北：行政院經建會。

行政院經建會（2008）。《歷年外籍看護工在台人數統計表》。台北：行政院經建會。

行政院經建會（2009a）。《中華民國台灣97年至145年人口推計》。台北：行政院經建會。

行政院經建會（2009b）。《照顧服務福利及產業發展方案：第二期計畫總結報告》。台北：行政院經建會。

吳定（2000）。《公共政策》。台北：華視教學部。

吳淑瓊、王正、呂寶靜、莊坤洋、張媚、戴玉慈、曹愛蘭（2004）。《建構長期照護體系先導計畫第三年計畫》。內政部2003年委託研究計畫。

孫安迪（2006）。〈現代人十大老化警訊〉，《中國時報》中部生活FUN輕鬆E1版（作者為台大主治醫師、台大生物免疫學博士）。

陳恒鈞（2002）。《治理互賴與政策執行》。台北：商鼎文化。

陳燕禎（2004）。〈台灣地區老人長期照護模式發展之探討〉，《全球華人孝親敬老研討會論文集》，頁130-144。香港：香港大學。

陳燕禎（2006）。《建構本土居家服務模式之研究》。彰化：財團法人彰化縣私立珍瑩老人福利機構研究發展計畫。

黃源協（2000）。《社區照顧：台灣與英國經驗的檢視》。台北：揚智。

鄭文輝（2005）。〈我國老人長期照護政策規劃與最新發展〉。南區「老年醫學與長期照護」醫師研習會，行政院衛生署主辦（2005年11月）。

賴兩陽（2002）。《社區工作與社會福利社區化》。台北：洪葉。

謝宗學、劉坤億、陳衍宏譯，Jon Pierre和B. Guy Peters原著（2002）。《治理、政治與國家》。台北：智勝文化。

二、英文部分

Dalley, G. (1996). *Ideologies of Caring*. London: Macmillan.

Denhardt, R. B. and Denhardt, J. V. (2000). 'The new public service: Serving rather than steering'. *Public Administration Review, 60(6)*, 549-559.

Eustis, N. N. and Fischer, L. R. (1991). 'Relationships between home care clients and their workers: Implications for quality of care'. *The Gerontologist, 31 (4)*, 447-456.

Evashwick, R. J. (1996). *The Continuum of Long Term Care an Integrated Systems Approach*. NY: Pelmar.

Gilbert, N. and Terrell, P. (1998). *Dimensions of Social Welfare Policy* (4th ed.). Boston: Allyn and Bacon.

Hill, D. (1974). *Democratic Theory and Local Government*. London: George Alien & Unwin.

Huttman, E. D. (1985). *Social Services for the Elderly*. NY: Macmillan.

Johnson, N. (1987). *The Welfare State in Transition*. Brighton: Wheatsheaf Books.

Johnson, N. (1999). *Mixed Economy of Welfare: A Comparative of Welfare*. London: Prentice Hall Europe.

Kane, R. A. and Kane, R. L. (1987). *Long-Term Care: Principles, Programs, and Policies*. NY: Springer.

Kooiman, J. (1993). 'Governance and governability: Using complexity, dynamics, and diversity'. In J. Kooiman (ed.), *Modern Governance: New Government-Society Interactions,* pp.35-48. Newbury Park, CA: Sage.

Mayntz, R. (1993). 'Governing failures and the problem of governability some comments on a theoretical paradigm'. In J. Kooiman (ed.), *Modern Governance: New Government-Society Interactions,* pp.9-20. Newbury Park, CA: Sage.

Nye, J. S., Zelikow, P. D. and King, D. C. (1997). *Why People Don't Trust Government.* Cambridge, Mass: Harvard University Press.

Stoker, G. (1998). 'Governance as theory: Five propositions'. *International Social Science Journal, 115(1),* 17-28.

附錄1-1　照顧服務福利及產業發展方案執行內容、目標和成效

政策目標	將照顧服務對象擴及一般失能者，及鼓勵非營利團體與民間企業共同投入，擴大相關勞力，以有效促進就業機會
相關主管單位	內政部、交通部、教育部、經濟部、衛生署、勞委會、原民會、農委會、退輔會、經建會、新聞局
實施期程	第一期：2002年1月-2004年12月 第二期：2005年1月-2007年12月
實施範圍	各直轄市與縣市
預算編列（不包含併入其他計畫辦理之經費）	第一期經費共計：31億7,145萬元 ■2002年：5億8,131萬元 ■2003年：11億1,296萬元 ■2004年：14億7,718萬元 第二期經費共計：34億9,696萬元 ■2005年：11億4,805萬元 ■2006年：11億8,155萬元 ■2007年：11億6,736萬元
服務經營者	接受各縣市照顧管理中心委託之非營利團體／組織及民間企業
服務提供者	本國人力
服務對象／服務項目	服務對象：中低收入失能者、一般失能國民 服務項目：機構照顧、社區照顧、居家服務
第一期（2002-2004年）具體願景與發展目標	1.預計三年內約可增加20,000個就業機會，其中外籍監護工將由103,000人縮減到86,500人，減少16,500人中將釋放出約5,500個國人就業機會 2.全日照護需求人數將由2,640人增加到6,500人，約可增加4,000個就業機會 3.短時間居家照顧服務市場，將可提供8,500個就業機會 4.隨著照護服務市場成熟後，除可促進更多就業機會外，並可充實福利內涵
第一期（2002-2004年）執行情形與成效	1.推動及輔導照顧管理中心之建立及運作 2.引進民間參與機制以充實多元化之照顧模式 3.全面提升機構照顧服務品質及評鑑制度 4.健全照顧服務人力培訓與建立認證制度 5.適度調整外籍看護工之引進政策 6.相關法規鬆綁及措施調整，排除民間參與障礙 7.加強溝通及宣導照顧服務產業

(續)附錄1-1　照顧服務福利及產業發展方案執行內容、目標和成效

第一期（2002-2004年）遭遇問題之檢討	各地方政府「照顧管理中心」功能尚待加強：服務資源重疊、行政指揮多元、經費及人力不足： 1.各縣市照顧服務通報系統尚未整合完成 2.民眾自費購買居家服務時數之意願仍低 3.地方政府憂心中央補助經費無法長期連續提供 4.照顧服務業管理規範尚未研訂完成 5.外籍看護工人數未減反增 6.各界對「照顧服務福利及產業」觀念仍有誤解 7.開放小規模事業團體參與居家服務經營仍有限制
第二期（2005-2007年）具體願景與發展目標	1.預計至2007年12月底，增加7,000個就業機會 2.生活輔具產值每年提高一成（2004年12月底生活輔具產值推估為1/5億元） 3.居家／社區照顧服務總時數： 　(1)第一年：每月增加3%，全年達310萬小時 　(2)第二年：每月增加2%，全年達414萬小時 　(3)第三年：每月增加1%，全年達491萬小時 　(4)自費使用時數比率：三年後提高30% 4.機構照顧：入住率三年提高至70%
第二期（2005-2007年）執行情形與成效	1.整合照顧服務資源，落實照顧服務管理機制 2.充實多元照顧服務支持體系，全面提升照顧服務品質 3.強化照顧服務人力培訓與工作保障，促進照顧服務專業化 4.適度調整外籍看護工之引進政策與審核機制 5.開發輔具及無障礙空間之使用與發展 6.充實與調整相關法令、措施與規範，促進福利及產業平衡發展 7.加強宣導工作，推廣照顧服務資源網絡
第二期（2005-2007年）檢討與建議	1.該計畫各工作項目部分，未達成預期目標及原因說明，分別為： 　(1)成立原住民家庭暨婦女服務中心至45所：已補助設立43家，但預算不足支應，無法設立至45家。 　(2)核發80名參加技術士技能檢定合格獎勵金之原住民婦女：2007年核發71名原住民婦女之照顧服務員丙級技術士證獎勵金，惟未達目標。 　(3)完成護理機構評鑑指標之訂定：為配合行政院2007年4月核定之「十年計畫」，2007年已完成評鑑指標草案之訂定，預定於2008年辦理試評及說明會後公告。 　(4)辦理台閩地區900家老人福利機構評鑑：因部分縣市政府辦理老人福利機構評鑑分三年完成，即2007年僅就轄內三分之一機構進行評鑑，致評鑑機構數未達預期目標。

(續)附錄1-1　照顧服務福利及產業發展方案執行內容、目標和成效

第二期（2005-2007年）檢討與建議	(5)「到宅評估輔助器具服務及復健訓練」提供700人受益：囿於輔具資源中心有十四個首次辦理，為提供及時與完整之服務，對案源之開發及專業人力調度做法較保守，且年度預算編列及補助額度並未增加，服務人數申請及核定不如預期。 2.在整體發展目標部分： (1)2007年居家服務時數雖較2004年成長2倍之多，惟2007年服務總時數較2006年平均每月增加不及1%（為0.89%），且民眾自費比例仍維持18%左右，成長情形未如預期。機構進住率原訂目標為70%，因2005年進住率已達74.2%，而調整96年度進住率為75.5%。 (2)惟衛生署計算方式由「進住率」修正為「占床率」，致機構式照顧計算方式不同。分別就內政部、退輔會、衛生署主管之機構式照顧之使用情形檢視，內政部安養護機構占床率雖較2005年成長1.2個百分點，惟仍有成長空間。 (3)衛生署主管之護理之家的2004、2005、2006年占床率有逐年降低之趨勢。 3.該計畫的未來：將由「十年計畫」持續推動多項工作項目業已配合「十年計畫」辦理，達成多項重要成果。且完成階段性任務，未來將由「十年計畫」持續推動，以完備我國長期照顧體系與資源發展。未納入「十年計畫」之工作項目，例如研議建立外籍看護工管理機制、建立醫院照顧服務員管理制度、持續辦理無障礙環境改善工作，以及輔具資源研究與發展等工作，原則分由勞委會、衛生署、內政部、交通部、經濟部、國科會等主管機關列入經常性辦理事項，並逕行列管。

資料來源：作者整理自行政院經建會（2009b）。

附錄1-2　各縣市照顧服務居家服務使用人數及人次

年份及區域別	照顧服務居家服務個案人數			照顧服務居家服務人次		
	合計	男	女	合計	男	女
2007	24,508	3,665	20,843	2,732,964	385,968	2,346,996
台灣省	21,613	3,369	18,244	2,375,880	353,414	2,022,466
台北縣	2,301	853	1,448	266,027	94,974	171,053
宜蘭縣	777	241	536	18,094	6,746	11,348
桃園縣	1,286	647	639	144,429	79,796	64,633
新竹縣	338	119	219	17,401	8,034	9,367
苗栗縣	554	123	431	62,871	14,526	48,345
台中縣	804	118	686	92,000	6,532	85,468
彰化縣	2,551	192	2,359	220,301	25,537	194,764
南投縣	1,567	229	1,338	135,802	14,220	121,582
雲林縣	1,937	150	1,787	205,210	21,367	183,843
嘉義縣	685	3	682	67,112	397	66,715
台南縣	715	69	646	132,715	6,331	126,384
高雄縣	1,541	145	1,396	222,635	24,962	197,673
屏東縣	1,239	69	1,170	188,825	8,666	180,159
台東縣	1,035	85	950	159,344	3,273	156,071
花蓮縣	1,099	37	1,062	90,062	3,794	86,268
澎湖縣	704	38	666	98,747	49	98,698
基隆市	201	4	197	15,625	108	15,517
新竹市	184	11	173	17,092	558	16,534
台中市	785	72	713	74,275	9,704	64,571
嘉義市	291	102	189	42,922	15,781	27,141
台南市	1,019	62	957	104,391	8,059	96,332
台北市	1,567	110	1,457	210,953	14,767	196,186
高雄市	1,080	151	929	134,892	15,388	119,504

（續）附錄1-2　各縣市照顧服務居家服務使用人數及人次

年份及區域別	照顧服務居家服務個案人數			照顧服務居家服務人次		
	合計	男	女	合計	男	女
福建省	248	35	213	11,239	2,399	8,840
金門縣	207	21	186	6,342	644	5,698
連江縣	41	14	27	4,897	1,755	3,142

資料來源：作者整理自內政部統計處：老人福利服務成果（2009a）。網址：http://www.moi.gov.tw/stat/。

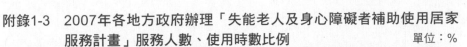
附錄1-3　2007年各地方政府辦理「失能老人及身心障礙者補助使用居家服務計畫」服務人數、使用時數比例　　　　單位：%

項目 縣市別	服務人數			服務時數		
	輕度失能 比例	中重度失能 比例	極重度失能 比例	輕度失能 比例	中重度失能 比例	極重度失能 比例
台北市	40.97	16.02	43.00	34.14	25.68	40.17
高雄市	36.73	23.45	39.82	19.30	23.96	56.74
台北縣	27.02	19.93	53.05	10.53	15.51	73.97
宜蘭縣	35.56	29.67	34.77	19.62	31.90	48.49
桃園縣	25.21	24.44	50.35	12.38	19.11	68.51
新竹縣	26.78	22.37	50.85	10.30	19.38	70.32
苗栗縣	27.88	22.12	50.00	12.19	19.15	68.66
台中縣	15.37	21.01	62.72	9.23	16.42	74.30
彰化縣	36.03	27.68	36.29	19.16	34.94	45.90
南投縣	45.35	34.17	20.47	26.75	39.63	33.62
雲林縣	30.22	33.66	36.12	13.59	28.96	57.45
嘉義縣	35.59	20.96	43.45	16.10	19.34	64.56
台南縣	21.70	25.19	53.12	11.93	20.97	67.10
高雄縣	24.13	26.13	49.74	8.47	18.13	73.41
屏東縣	39.75	17.92	42.33	18.06	16.01	65.94
台東縣	40.22	20.90	38.88	19.59	18.49	61.92
花蓮縣	16.28	30.85	52.87	7.28	23.29	69.43
澎湖縣	56.13	33.96	9.91	47.86	27.62	24.52
基隆市	17.77	24.38	57.85	8.53	16.13	75.34
新竹市	36.84	24.34	38.82	20.52	24.60	54.89
台中市	65.48	27.01	7.52	43.33	36.76	19.92
嘉義市	20.08	34.43	45.49	11.78	27.08	61.14
台南市	33.07	26.49	40.44	13.30	22.90	63.80
金門縣	42.65	36.97	20.38	21.64	42.70	35.67
連江縣	30.77	38.46	30.77	13.50	29.39	57.11
合　計	32.79	25.80	41.41	16.64	23.84	59.52

資料來源：作者整理自行政院經建會（2009b）。照顧服務福利及產業發展方案第二期計畫總結報告。網址：http://www.cepd.gov.tw/。上網檢索日期：2009年2月19日。

Chapter 2

我國孝道文化與老人照顧

■前　言

■中國文化下歷代的養老制度之檢視

■家庭結構改變和老人照顧壓力

■當前老人照顧政策:「家庭化」的影子

■我國老人居家照顧服務的興起

■孝道文化和老人照顧的出路

■結論:新孝道文化,銀髮族的「金齡人生」

第一節　前言

　　孝道（filial piety）是中國最古老的傳統文化，也是最重要的倫理價值，「百善孝為先」，孝道並不只是價值思維，它還是一種行為模式。「孝」的概念也是社會結構的產物，即個人對父母孝道態度和認同的強度，會影響個人照顧年長父母時所感受的壓力、負荷及角色衝突（利翠珊，2002，2006；許樹珍，1999；Finley, Robet, and Banahan, 1988）。在重視孝道的華人社會中，成年子女照顧老年父母應更能超越「**孝道焦慮**」（filial anxiety），如擔心、自責、悔恨、矛盾等複雜情緒（Cicirelli, 1981）。

　　隨著人類壽命的延長，老年人口增加已成為已開發國家一個普遍的現象，老人的安養與照顧是各國政府在擬定社會政策時的重要考慮，也被學者視為二十一世紀家庭研究的重要議題（Bengtson, 2001）。在華人社會裡普遍存在孝道的觀念，孝道文化對中國人而言，是讓年老父母免於被遺棄，也是維持家庭和睦，和家庭的向心力、凝聚力的重要因素。但當面對年老父母發生失能（disable）需**長期照顧**（long term care）時，除父母「**從自主到依賴的失落**」，尋求控制感外，成年子女內心也充滿複雜的心理感受。

　　傳統的孝道文化在社會結構變遷下，目前子女對父母的扶養態度和照顧模式，已呈現多元的照顧型態，國內的老人照顧模式已從傳統須由子女「親力親為」照顧父母的工作，轉變到「僱用陌生人」（如外籍看護）或「自費購買」居家服務的鐘點照顧或「自費」到安養院接受照顧等，整個照顧老人的工作已向多元化、市場化、產業化的方向發展，但目前因老人照顧服務的供需差距過大，致大部分老人照顧工作仍由「家庭」關係來承擔。在孝道文化下，家庭至今仍被老人認為是最理想的養老地方（行政院主計處，2006）。故要瞭解中國孝道文化，就須先檢視

中國歷代「敬老」的歷史傳承和發展脈絡。

 ## 第二節　中國文化下歷代的養老制度之檢視

一、中國文化對「老人」的定義

　　「老」在中文的象形文字，意指「像一老人戴髮傴僂扶杖貌，乃老之初文」。《文獻通考》的戶口記載：「晉以六十之歲以上為老，隋以六十為老，唐以五十為老，宋以六十為老」，其間差距為十歲。老人是「壽者」，故而歷代定義「老人」之年齡，雖未一致且有差距，但當時大都設定在60歲以上。至1980年，政府首次訂頒「老人福利法」，當時將老人的法定年齡訂為「年滿70歲以上」；1997年修正老人福利法時，政府表示為順應世界潮流，將老年法定年齡降至「年滿65歲以上」。2007年1月再度修正的老人福利法，仍定義法定年齡為「年滿65歲以上」。所以，目前我國老人法定年齡為「年滿65歲」。

　　由於中國傳統文化一直以來都崇尚孝道，歷代老人在不同時代，雖面臨不同的經濟、政治、社會環境之衝擊，由於老者的地位向來崇高，受人敬重，故古諺有云：「家有一老，如有一寶」。奉養年老父母是子女之「天職」，其「職」大致以孟子所提出的二類為主：

1.養口體：指物質方面的供給。

2.養志：指情緒方面的支持。

　　然而在今日社會變遷後之高齡化社會裡，已將老年人口稱之為**依賴人口**，瞬間成為經濟上的弱者，是家中成年子女的一大負擔，因此孝道之真義，在「**代間**」（intergenerational）各方面已產生很大的差異，無形之中也有了一道很深的鴻溝，令人感慨萬千。

二、我國歷代養老制度

　　中華民族的固有文化中，向來重視「弘揚敬老美德」的優良傳統，就此先回顧我國歷代的養老制度，藉以思考體會古代敬老、護老的文化內涵。

(一)周秦以前的敬老方式

　　周秦以前，社會福利或敬老以《禮運·大同篇》最為著稱：「大道之行也……故人不獨親其親……使『老有所終』……矜寡孤獨廢疾者，皆有所養。」意指要讓社會的老者安享天年，表現大和諧的大同思想。《周禮·司徒篇》有「保息六政，養萬民：一曰慈幼，二曰『養老』……」，將養老與慈幼並重。《孟子·梁惠王篇》更有「老吾老以及人之老」的倫理美德的提倡。所以「養老」是王道之始，仁政之一，故君主有一套養老、敬老、崇老的具體計畫者，自然受到人民愛戴。

(二)漢代、南北朝的敬老方式

　　漢文帝詔文中對於老者，不僅要省視訪問，賜以布帛酒肉，還要將此種養老政策制定成法律推行，即「八十以上者，賜米一石，肉二十斤，酒五斗，九十歲以上又賜帛二疋，絮三斤及賜物……」等。至於南北朝的敬老方式，則以仲春行養老之禮，授老人板職和賜黃帽鳩杖，對老人的尊重可見一斑。

(三)隋唐時代的敬老方式

　　唐代的敬老養老是上承漢代及五代制度，實施的敬老儀式是對於告老返鄉的仕官，發給半俸，讓其可在家裡逍遙自在、頤養天年的一種養老退休制度。

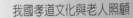
(四)宋元時代的敬養老人方式

宋代的敬老禮節雖簡化了，但京師（中央政府）開始設置「居老院」，收容鰥寡孤獨者；各州縣（地方政府）設「**安濟坊**」，以收養貧病者；另設置有「**福田院**」與「**漏澤園**」，以安養老幼殘疾無依者，其經費由政府發放。范仲淹曾創立「義莊、義田」，設置「養老堂、育嬰堂」等，讓親族中的鰥寡孤獨貧病者，皆可居住其堂內，帶動民間社會興辦養老福利設施的風氣。

(五)明清時代的養老方式

明清時代，除官中行養老之禮，並賜80、90歲的老者酒肉、爵位，讓老人不必為五斗米折腰，以提高老人的社會地位，而且訂立養老制度，對於家中有70歲以上的老人，有孩子殘疾者，由政府給予救助和照顧，即養老方式已出現「身心障礙者」福利。另外，明洪武三年，下令大下各府州縣要普設「**惠民藥局**」，讓老人可以看病治療，又設收容貧困的「**棲流所**」、「**養濟院**」，由政府供給照顧（徐立忠，1989）。從歷代敬老養老的制度和措施中，「養老之禮」乃因社會人情濃厚，敬老尊賢是一種明人倫、施行社會教化的精神所在，是安定社會的倫理道德教育，而「老者安之」更是促使家庭發揮功能的根本因素。

受到傳統孝道觀念與家庭倫理的影響，在老人照顧的問題上，社會對成年子女的期待，往往超過對政府社會福利政策的期待。上一代「養兒防老」的觀念，已為子女設下了一生的發展責任；成年以後進入婚姻，延續家族香火，承擔家族永續的責任，確保家庭中老有所終、幼有所養；而今日老年人則在老年之後一方面必須適應新的生活，另一方面也須面對工商業社會中的子女共同的生活壓力，所以老人總有那份「時空轉換，時不我與」的巨大衝擊和無奈。基此我們必須反思，我國已處在一個高齡化的社會，老人的居住、地位情形變得如何？被照顧的情形

又如何？政府或家庭對老人照顧的思維模式和做法又如何？這些都是本章要探討的重點。

第三節　家庭結構改變和老人照顧壓力

一、人口結構的變化和人口老化

　　台灣人口從1984年起生育率（fertility）就低於替代水準，根據內政部的人口統計，截至2008年底，65歲以上的老年人口數已達到2,402,220人，並占全國總人口數的10.43%；平均餘命，兩性合計達78.6歲（男性為75.5歲；女性81.7歲），且百歲以上之人瑞，至2008年共計有1,873人，與1996年時的百歲人瑞數（440人）相較，成長了近5倍（內政部統計處，2009c）。65歲以上的老人人口不斷上升，而0至14歲的幼年人口又持續降低，處在低出生率又低死亡率的「雙低效應」下，在世界各國老化指數的比較資料中，台灣在亞洲地區僅次於日本，這在在都凸顯我國老人照顧資源的問題所在（內政部統計處，2009c；行政院經建會，2009）（見**表**2-1、**圖**2-1、**圖**2-2）。更嚴重的是，在台灣有些鄉鎮的老年人口早已高達17%以上（例如2007年的南投縣集集鎮65歲以上的老年人口數已高達19.15%）（南投縣政府主計處，2009），成為「老老人鄉」的景況（陳燕禎，2006a），農村家庭扶養老人之照顧壓力和衝擊，更可想而知。

二、家庭結構與老人居住方式的轉變

　　目前台灣的家戶人口數從1966年的平均每戶人口數的5.6人，至1990年時下降為4.1人，至2000年降到3.33人，2005年底則降為3.12人，2007

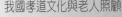
表2-1 台灣未來老年人口結構

年	65歲以上人口			65-74歲人口		75歲以上人口	
	人數（千人）	占總人口（%）	老化指數	人數（千人）	占65歲以上人口（%）	人數（千人）	占75歲以上人口（%）
2008	2,397	10.4	61.4	1,366	56.9%	1,031	43.0%
2009	2,456	10.7	64.9	1,383	56.3%	1,071	43.6%
2020	3,845	16.3	131.6	2,344	61.0%	1,498	39.0%
2030	5,708	24.3	219.2	3,225	56.5%	2,483	43.5%
2040	6,902	30.7	316.2	3,185	46.1%	3,715	53.8%
2050	7,689	37.3	448.1	3,409	45.1%	4,218	57.9%
2056	7,616	39.5	492.8	3,070	40.3%	4,546	59.7%

資料來源：作者整理自行政院經建會（2009）。

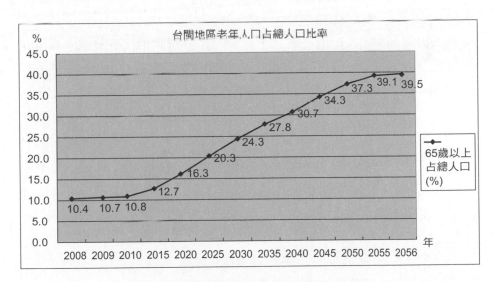

圖2-1 台閩地區老年人口占總人口比率

註：統計期間由2008年推估至2056年。

資料來源：作者整理自行政院經建會（2009）。

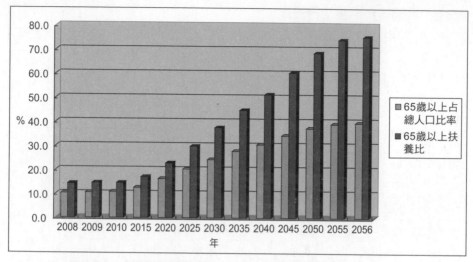

圖2-2　台灣未來65歲以上人口比例及65歲以上扶養比

資料來源：作者整理繪製自行政院經建會（2009）。

年底則再降為3.06人，以此觀之，台灣的家戶規模正在持續縮小當中。大型家戶快速減少並呈現負成長，小型家戶的單人戶（1人）和雙人戶（2人）則快速增加，其中變化最大的是「單人戶」的快速成長，單人戶的成長率已達110.7%，雙人戶的成長率也高達80.3%（行政院主計處，2000，2008）（**表2-2**）。而單人戶中的貧窮率以年長者明顯較高，而老人單人戶（尤其是女性）中又以「喪偶」為多數，故應加強社會政策以支持老人單人戶的經濟弱勢。故從整體家戶人數的縮減說明了家庭照護資源的改變，國家的人口政策和老人照顧政策都面臨必須重新調整的階段。

　　由於「三代同堂」的問題一直是國內各界討論「老人養老問題」時的重要焦點，而不論是居住安排、生活照顧或是老人失能後的長期照護，許多的研究顯示三代同堂是多數老人們最佳的理想生活居住方式（胡幼慧、周雅容，1996）。然而許多老年人居住現況的調查發現，多

表2-2　台灣家戶組成的變遷

	1990年		2000年		2008年	
	戶數	%	戶數	%	戶數	%
1人	664,571	13.4	1,400,105	21.6	2,111,331	27.58
2人	625,879	12.7	1,128,513	17.4	1,400,960	18.30
3人	722,694	14.6	1,147,293	17.7	1,370,466	17.90
4人	1,061,688	21.5	1,319,213	20.4	1,333,355	17.42
5人	918,329	18.6	766,705	11.9	737,138	9.63
6-9人	866,293	17.5	653,616	10.1	701,867	9.17
10人以上	83,803	1.7	56,385	0.9		
每戶平均人口數	4.1		3.4		3.1	

資料來源：作者整理自行政院主計處「台閩地區戶口及住宅普查初步綜合報告」
（2000年），及內政部戶政司「各縣市戶數結構表」（2009年）。網
址：http://www.ris.gov.tw。

代同堂的比例逐漸降低，而獨居與僅夫妻同住的比例有增加的趨勢，也
有研究顯示，老年夫婦愈來愈傾向相互依存的模式（林松齡，1993）。
由於受到傳統文化崇尚多代同堂觀念的影響，現代的老年人仍有很高的
意願和子女共居，依據最近官方公布的資料顯示，老年人目前有 61.06%

兒童熱情的擁抱拉近了彼此的距離，也貼近了老人的心
照片提供：新竹市東區老人文康中心。

與子女共同居住，其次為僅配偶同住及老人獨居（見**表2-3**）。所以，老人仍以與子女共同居住為最多的居住方式，然而獨居和兩老同居的比率增加是值得重視的老人家庭照顧問題。

另外，居住老人機構比率的攀升更值得關注。老人住進照顧機構的比率急速攀高，一則來自老年人口大量增加而造成機構照顧的市場化需求，二則也表達家庭照顧人力及資源不足的需求問題。由於中國社會失能老人向來與子女同住，被視為社會福利之隱含資產，能透過家庭結構之功能，解決諸多老人問題及社會問題，然而當老人發生長期失能時，家人在照顧所付出的心力，恐怕已非孝道的文化壓力就可以解決的。

三、「棄養」、「虐待」或「忽視」年老父母事件，層出不窮

變遷中的台灣家庭的老人照顧問題，如家庭人口結構的轉變、家庭照顧的變遷、老人的經濟安全及子女的奉養態度，都將決定老人的生活

表2-3　台灣地區老人居住方式　　　　　　　　　　　　　　　　單位：%

年別	獨居	僅與配偶同住	與子女同住	僅與孫子同住	與親朋同住	安療養機構	其他
1986	11.6	14.0	70.2	--	3.0	0.8	0.4
1987	11.5	13.4	71.0	--	3.0	0.6	0.5
1988	13.7	15.0	67.9	--	2.4	0.4	0.6
1989	12.9	18.2	66.7	--	2.2	0.9	0.2
1991	18.7	18.7	62.9	--	2.4	1.2	0.2
1993	18.7	18.6	62.2	--	2.5	1.0	0.1
1996	12.3	20.6	64.3	1.4		0.9	0.5
2002	8.5	19.5	61.7	2.0	0.6	7.5	0.2
2005	13.66	22.2	61.06	--	0.76	2.26	0.05

註：與子女同住者含二代、三代、四代家庭中之子女，或更年長父母同住情形。

資料來源：內政部統計處歷年老人狀況調查報告（2006b）。上網檢索日期：2009年1月14日。

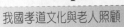

品質和自主尊嚴。目前台灣照顧老人的模式在經濟壓力和孝道文化規範的束縛下，子女奉養父母的態度已改變，從昔日老人靠「家族力量」，到「成年子女奉養」，到目前期待「政府奉養」及「靠自己老本」的轉變。父母不但已不再是子女的**隱含資產**，反倒可能是子女事業發展的障礙，如果父母身心健康，或許還要成為成年子女的幫手，才能獲得與子女共居，若是虛弱臥床的父母，則大部分成為子女肩膀上的重擔，所以社會上已出現「**家有一老，必有一倒**」的現象，因此「**棄養**」、「**虐待**」或「**忽視**」父母的事件層出不窮，老人告子女不孝的司法案件也越來越多（見**表10-2**，第309頁）。

遭兒打斷腿　癌婦爬出家門找孫

　　患口腔癌的婦人張賢遭長子打斷雙腿，次子去年底入獄，留下她和念國小的孫子相依為命，有時孫子晚歸，她從家裡爬到馬路尋孫，多次差點被車撞上。社會局因此將孫子安排寄養，留她獨自過年，警方特別送白米慰問。

　　「這年真難過，剩我一人，我想我孫……」70多歲的張賢紅著眼，拿粥的手微微發抖，冰冷的鐵皮屋裡，到處都是東西發霉和久未清洗的臭味。

　　她老淚縱橫地向慰問她的員警哭訴，原本家中經濟還過得去，但先生早逝，長子有精神病，次子又吸毒敗光家產，連家人住的透天厝都拿去變賣買毒，一家人只好搬到新竹市東大路上無人居住的空地，搭鐵皮屋居住。

　　有天次子突然帶一名男孩回家說，「這是我在外面生的！」要她照顧，雖然生活清苦，她仍全心照顧孫子，但隔代教養，就讀小二的孫子不喜歡上學，常逃學曉家，讓她很苦惱。

去年初，長子情緒突然失控，出手把她雙腿打斷，無法行走，食衣住行都靠孫子照料，偶爾次子返家，會塞錢給她，生活勉強過得去。

去年底，次子因毒品案入獄服刑，孫子有時貪玩到晚上十點都不回家，張賢只好從家中「爬」到數十公尺外的大馬路找孫子，多次差點被車撞上，新竹市南寮派出所長張立承有次巡邏發現，「怎麼有老婦人在地上爬？」才知道她的悲慘故事。

經張立承協助，將張賢患病的長子強制送醫，並通報市府社會處為孫子安排寄養家庭，同時為張賢添購行走輔助器。年節時，警友站也會同員警特地送白米、油等民生物資到張家，希望幫助張賢過得好一點。

「她住的是違建，自己又有癌症，家裡又臭又亂，一個人真可憐。」張立承表示，張賢的兒子半年後才會出獄，在這之前急需外界伸出援手。

資料來源：張念慈（2009）。《聯合報‧A8社會新聞》。2009年2月29日報導。

四、老人生活需求和照顧期待

傳統中國社會裡，政府並不介入家庭提供相關的老人照顧服務，家庭生活遂成為老年人生活的依賴重心和最重要的支持來源。由於國情及傳統孝道觀念的影響，社會上大多數人仍覺得若將年老父母送至安養中心接受照顧，是「不孝」的行為，一般家庭照顧老人必須已照顧到焦頭爛額、心力交瘁，或家中已無人力照顧，或老人家居生活不便，子女又沒有專業給予照顧等因素時，才會在「萬不得已」的情形下，將他們失能的父母送至**老人養護機構**或**護理之家**（nursing home）接受照顧（卓

春英，2001；陳燕禎，2004），
故成年子女對老人的照顧是一
種親子間「給與取」的反轉。
Becker研究發現，其實老人們普
遍希望自己是一個獨立自主的個
體，他們對自己控制力的覺察，
也是預測老人生活適應的重要變
項，台灣鍾思嘉、黃國彥等人所
做的研究也發現，當老人愈能處
理個人的生活事件，他們對生活
的滿意度也會高（引自邱清榮，
1997）。

在台灣照顧老人最多的地
方既不是醫院，也不是養老院，
而是**家庭**，所以家庭照顧的壓力
（stress）和**負擔**（burden）自然
也最大。從社會學的角度來看，

中學生的關懷及照顧，老人享受天倫之樂

照片提供：財團法人中華基督教福音信義
　　　　　傳道會，附設台中縣私立信義
　　　　　老人養護中心。

自古以來，「家庭」就具有滿足人類基本需求的功能，提供經濟生活與
情感的依附，這通常也是老年人最需要的支持，所以「家」才一直是老
人最渴望的養老場所之選擇，也是中國孝道文化下最理想的養老地方，
故老人的照顧責任應由家人來承擔，此觀念亦不容許挑戰，只是在面臨
高齡化和少子化社會的同時，對老人的照顧責任到底應該由誰來承擔，
是家族？抑或是子女？還是老人自己？還是政府？抑或是社會大眾的責
任？這些都是值得進一步深入探討的問題。

五、子女奉養父母的態度轉變與照顧壓力

　　柯瓊芳（2002）曾就歐盟各國老人奉養態度進行比較分析，發現子女奉養意願已降低，政府也在養老政策上扮演更積極主動的地位。研究指出，許多家庭表示無論在何種福利制度下，都希望養老金由「政府」來負擔（Gelissen, 2001）。台灣地區老年人口的急速增加，低死亡率所帶來的潛在效應，使得老人醫療費用大幅成長，研究指出平均餘命的增加，可能伴隨殘障率的上升，使得非致命性的慢性疾病狀態時間增長（Olshansky et al., 1991），這對個人家庭和社會都將形成龐大的經濟壓力與照顧負擔，所以台灣地區老人殘障的機率雖然呈現「壓縮」的型態，但老人人口仍呈現**活躍的平均壽命**（active-life expectancy）（陳寬政、陳昭榮、涂肇慶，1993）。

　　台灣子女通常在面對父母長期失能時，也不願將父母直接送至機構養護，而多以**兒女輪流照顧**或**申請外勞看護**為主（陳燕禎，1994，2005）。有時成年子女為了遷就工作機會，雖可能無法與父母同居或就近提供生活照顧，但仍能提供經濟支柱或僱請他人代勞（Hashimoto et al., 1992; Lee et al., 1994）。不過這種照顧模式在成年子女身上也出現一種「矛盾」的心理現象，它反映出中國孝道文化下的壓力與傳統道德的束縛，亦即他們希望可以卸下照顧父母的責任，但卻又經不起社會世俗眼光的要求，於是在經濟能力許可甚或經濟壓力之下，選擇以「經濟支援」來替代對父母的每日晨昏定省的照顧盡孝方式，所以「付錢照顧」已成為子女的一種盡孝行為的新模式。所以儘管有研究指出，老人留在自己家裡照顧的花費遠比在機構的照顧費用低（Boaz and Mullet, 1991），但成年子女最後仍以選擇「付錢請他人代勞照顧父母」為多，就此國內也有實證研究指出，願意提供年老父母經濟支柱的比例大於願意與之同住（章玉華，1994；伊慶春、陳玉華，1998）。這在亞洲長壽國家的日本，政府厚生省（社會福利）部門調查也發現，有逾九成

的中年人（30至49歲）認為，成年子女須與臥病在床的父母同住，並負起照料的責任，但真正得到子女照護的老人卻只有一半左右（Maeda and Shimizu, 1992）。研究孝道的葉光輝（1997）指出，台灣民眾的孝道觀念會受到四種因素：威權、情感、交換、宗教的作用，而在社會變遷的過程中有所消長；他並以傳宗、繼志、奉養等三個假設性的孝道困境情境為測量工具，指出五種孝道的因應模式，並發現在「奉養服侍」的困境下，39%的成年人會採取「自我犧牲」的模式因應（葉光輝，1995）。可見照顧與奉養年老父母，往往與成年子女的個人利益有所衝突，使他們必須在困境中有所妥協。

日本的研究也發現，育齡婦女認為與65歲以上的父母同住是「好習俗、好文化」或「天職」的比例已急速下降（Ogawa and Retherford, 1997）。故現代老人也應「自覺」（self-awareness），做好自我的生涯規劃和加強自我照顧能力。尤其現今成年子女在生活與工作壓力下，還期待父母能發揮協助家庭的「好幫手」角色，例如以「顧家」或「顧孫子」的價值來回應子女的需求。總之，昔日由子女親自侍奉照顧年老父母的方式，已改變為子女「付錢請人照顧」的模式，以付錢的方式來表示盡孝的行為，即**保護性照顧**（protective caregiving）概念，子女會小心維護其自尊（Bower, 1987）。亦即失能老人不願前往機構安養，或擔心子女怕被鄰居親友指責時，就會僱用「外勞看護」，孝道文化已經用「轉型」方式予以回應。此外，隨著平均壽命增加，老年人與成年子女相處的時間亦隨之延長，彼此均成為對方主要的情感慰藉和支持來源。不過，在我國傳統社會中，**代間**（intergenerational）以一般物質上的支持、生活事務的幫助或資訊上的傳達較常見，但在情感上的宣洩或抒發，則較難發現（林如萍，1998），可見我國傳統文化的保守和人際關係的含蓄，也在家庭成員之間的互動關係上出現。

我們對老人夠瞭解嗎？

　　對許多成年人來說，他們可以想像一個兒童、少年可能或經歷的問題，因為他們當年都是這樣走過來的。相對地，許多尚未進入老人階段的人對於「老」的事實難以想像，或是不能瞭解老了又生病可能產生的結果又是什麼。

　　在老人機構服務時，常會有機會接待來參訪的人員或家屬，有一次來訪的親友見到一位老奶奶，不到一分鐘就傷心落淚，當場把筆者嚇了一跳，瞭解原因之後才知道，原來是那位家屬（媳婦）已經很久未看見老奶奶，覺得她轉變太大（因為小腦萎縮導致的退化），自己都快認不得了！更重要的是她想到自己未來如果也是如此，該如何是好？老人的晚景都是如此淒涼嗎？

　　此外，我們也常有老師帶著小學生、國中生、高中生來拜訪老人家，設想周到的老師會事先向孩子說明老年人的狀況，教導孩子如何與老人接觸與互動；但也有許多都是來到現場直接與老人互動，身為工作人員的我常常看到孩子驚惶的眼神，他們的眼神似乎在告訴我們，為何這裡的阿公阿媽，和我家的不同？他們為何會流口水？為什麼問候她卻不回答？為何回答一些我都聽不懂的話？為何老是走來走去？他們心中有太多的為什麼。當然，站在社會工作者的立場，看到這樣的現象，也會在一旁協助引導孩子與老人互動，並會告知其原因。但我們更希望透過教育的過程，讓每個人對於老化有正確的認識與瞭解，避免造成對「老人」的恐懼與歧視！

資料來源：作者實務案例整理。

第四節　當前老人照顧政策：「家庭化」的影子

一、我國老人福利相關法律層面的理念

我國於1980年訂頒的老人福利法，第一條即開宗明義指出其理念為：「『**弘揚敬老美德**』，維護老人健康，安定老人生活，保障老人權益，增進老人福利。」而政府為因應孝道文化的轉變，在1997年首次修正老人福利法時，也特別加列老人保護法條。2007年老人福利法的修法重點有較大變動，重視老人尊嚴性、族群性、權益性、保護性、在地性、全人性、連續性等服務特色。例如將原本第一條的「弘揚敬老美德」字句刪除，增加「尊嚴」二字，其法條如下（見**附錄2-1**）：

> 第一條　「為維護老人尊嚴與健康，安定老人生活，保障老人權益，增進老人福利，特制定本法。」

此次修法還有下列重點：(1)由重視不同族群需求的專家學者委員會組成，加入原住民委員代表（第九條）；(2)定期性老人需求調查（第十條）、老人經濟層面的法律保護，鼓勵將財產交付信託（第十四條）；(3)重視老人照顧服務的完善性和連續性，必須提供「全人照顧」、「在地老化」、「多元連續服務」（第十六條）；(4)僱主對於老人員工不得有就業歧視（第二十九條）；(5)重視中低收入老人修繕住屋和租屋補助（第二十九條）；(6)將老人福利機構簡便分類，如從原本五個類型機構改三個類型（第三十四條）；(7)協助失能老人之家庭照顧者和結合民間資源提供服務訓練等（第三十一條）；(8)保護老人機構住民的權益，如應訂定書面契約、應投保公共意外責任保險及具有履行營運之擔保能力（第三十八、三十九條）以及強化相關罰責等。

此外，我國民法的親屬篇對照顧工作的規定雖經多次修正，但仍

強烈存在「家庭化」的影子（許雅惠，2000），家庭始終脫離不了照顧老人的扶養責任，老人福利法的立意精神和條文內容，仍偏向消極的作為。究其緣由，不外乎傳統社會文化將親屬倫理間相互照顧義務視為天經地義，認為「**互惠式照顧**」理所當然，且深植在人民心中，法律的規定只不過是將此種傳統文化的普遍思維明文化而已，國家所需的負擔層次和照顧責任也就隱居背後，所以「國」（state）和「家」（family）之間對老人問題和照顧的需求是脫節的，傳統孝道文化也就成了國家推卸照顧老人的冠冕堂皇藉口。

在中國傳統孝道文化和儒家的影響下，法律上依舊存在以「血緣關係」作為照顧老人的第一責任和義務，而且台灣法律中定義的「家」，非僅指實際共同居住者而已，嚴格上是指具有血緣關係者，故今日在法律層面的實際情況是，目前尚無法正視家庭所處的照顧壓力和環境。

二、大量的老年人口，需要居家照顧

根據吳淑瓊、張明正（1997）早期的研究調查，台灣老人日常生活活動功能有障礙的人數，應有30萬人，且推估至2035年功能障礙之失能老人將增為130萬人。高森永（2004）也曾針對台灣長期照顧服務供需現況進行研究及推估，指出在2004年需長期照顧之失能人口約占2.27%，而到2046年將成長3倍，約占全人口的6.7%。目前政府或民間提供長期照顧的供給量明顯不足，機構式或社區式照顧，僅占17%，故實際上老人照顧絕大部分仍回歸到「由家庭獨力承擔」。又根據鄭文輝等人（2003）之研究，目前長期照護經費每年所需約180億元；十年後約成長為247億元；二十年後則約需336億元，然使用機構式服務和僱用外籍看護工的比例約只占二到三成，剩下的約七到八成需接受長期照顧的失能者則由家庭等非正式資源照顧，而且有能力且願意付費購買居家式服務者仍然有限，不到5%（吳淑瓊、莊坤洋、陳亮汝，2004），而就長期照顧十年

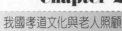

計畫：大溫暖社會福利套案之旗艦計畫相關資料，推估長期照顧服務總需求人口數（2007至2020年），65歲以上失能老人的人口數將急速上升（內政部，2009；見**表2-4**），故發展照顧產業已勢在必行，且應加速推動，也唯有如此，才可能邁向政府推展「生活正常化」及「服務在地化」的社區照顧政策。

　　此外，社區照顧政策的目的之一，是要將照顧責任放在家庭，雖然當前的家庭照顧也大都落在女性身上，然而時代變遷，從2008年台灣社會女性投入工作職場的勞動參與率調查報告中顯示，女性的勞動參與率已占49.72%（行政院主計處，2009，見**表2-5**），基此，必須認清老人照顧工作已非等同於女性的工作和責任，它是全民的責任，政府必須制定

表2-4　長期照顧服務總需求人口數之推估（2007至2020年）

需求人口	2007年		2010年		2015年		2020年	
	單項人口數	累計	單項人口數	累計	單項人口數	累計	單項人口數	累計
65歲以上ADL一項以上失能	227,595	227,595	249,607	249,607	301,990	301,990	370,256	370,256
65歲以上僅ADL失能且獨居	6,042	233,637	6,670	256,277	8,093	310,083	9,798	380,054
55歲以上至64歲ADL一項以上失能之山地原住民	757	234,394	926	257,203	1,154	311,238	1,246	381,300
50歲以上至64歲ADL一項以上失能之身心障礙者	11,117	245,511	13,121	270,324	15,947	327,185	16,830	398,130

註：1.以2006年6月主計處全國各年齡層現籍人口數，及經建會2006年公布的2010至2020年全國各年齡層人口數（中推估）作為估算基礎。

　　2.2007至2020年各年度以及各類失能人口數，請參見長期照顧服務需求人口推估表。

　　3.ADL：Activities of Daily Living（工具性日常生活功能）

資料來源：內政部（2009）。我國長期照顧十年計畫：大溫暖社會福利套案之旗艦計畫。網址：http://www.dgbas.gov.tw。上網檢索日期：2009年2月19日。

表2-5　勞動力參與率按年齡及教育程度區分　　　　　　　單位：%

項目別	1988年	1993年	1998年	2003年	2007年	2008年
總　　計	59.11	58.59	57.84	57.13	58.14	58.25
男　性	73.67	72.42	70.22	67.53	67.12	67.00
女　性	44.52	44.68	45.57	46.88	49.35	49.72

資料來源：行政院主計處（2009）。「人力運用調查統計分析」。網址：http://
　　　　　www.dgbas.gov.tw。上網檢索日期：2009年2月19日。

「照顧國家化」的政策方向，才能因應問題。

　　二十年來女性參與勞動的成長大於男性，而且已婚女性參與勞動
的比率更是大幅成長，故女性主義興起，若仍要接受傳統的家庭老人的
照顧工作，將會產生照顧的實質衝突問題和緊張關係，因此最後的受害
者，不只是現在的老人本身，未來即將成為老人的下一代，似乎也可預
期其複製的照顧結果。利翠珊（1999，2002）一系列的研究探討發現，
已婚女性在自我、情感與角色間，會產生許多兩難的情況，因而對父母
及公婆均會產生想要又擔心的「愛憎矛盾」、想給又為難的「罪疚矛
盾」，以及徘徊在不同家系之間的「抗拒矛盾」。

　　我國老年人口的增加，子女數的減少，使得長期照顧需求急增，加
上目前國內養老退休制度保障不足之下，有必要規劃更完整的老人福利
制度，政策、立法到服務方案的一貫執行，提供多層次的老人福利服務
架構，才能確實因應當前異質性高的老人照顧需求。所以政府當局要有
面對問題的魄力和承擔，才能建構多元有效又可行的老人照顧服務輸送
體系。

三、政府以「殘補式」福利為照顧基礎

　　台灣社會福利服務供給向來依「身分認定」，即必須經過相當嚴格
的資產調查（mean-tests），通過後才能接受政府提供的照顧，非以人民

的**需求為導向**（need-led），致社會上許多需要照顧的**邊緣戶**、**邊緣人**，往往因身分認定困難，被排除在社會福利服務之外，而隨著國內經濟不景氣，這種邊緣戶越來越多，形成了所謂的**新貧階級**。

就內政部統計處2009年公布的資料，2008年領取政府「『中低』老人生活津貼」的人數共有125,973人，核付金額為78億5641萬餘元（內政部統計處，2009b）。而通過嚴格調查的中低收入戶身分認定中，以老人因未婚或喪偶膝下無子、無財產者為多，他們極易掉入**貧窮線**中，其中不乏早期從大陸撤退來台的老兵，未取得國家榮民身分者，他們是目前最易被忽略的一群貧苦老人。

目前政府雖已對某些家庭提供居家服務支持與協助，以**照顧產業化**作為國家的政策目標，且行政院也曾提出「**大溫暖**」計畫，斥資1,760億元，解決高齡化、少子化、國民健康等十二項問題。隨後，馬英九政府於2008年5月20日上台後，再提出「**馬上關懷**」政策，希望更快速的協助需要急難救助之個案，將中央權力下放至地方政府的鄉鎮公所，甚至里長等基層單位都可以進行審核，以掌握當代社會福利服務輸送的時效。其針對貧富差距、人口老化、少子化、國民健康四大議題，提出十二項計畫如下：

1. 計畫目的：在於達成城鄉／貧富差距的縮小、老人安養制度的建立、有利生育與養育環境的營造、出生率下滑趨勢的減緩、多元文化社會的建構、國民健康的促進、醫療保健制度的穩健發展，以及人力資本的提升，使弱勢者由以往消極的福利依賴者，轉變為積極的勞動參與者，提升人民的生命尊嚴，俾利國家經濟發展與社會安定。

2. 計畫總體願景：在於實現邁向繁榮、公義、永續的美麗台灣。

3. 計畫總目標：是為了營造關懷的公義社會，藉由縮小城鄉／貧富差距、普及照顧體系策略，達成生命尊嚴的提升，具體落實目標如下：

(1)失業率維持在4.0%以下。

(2)婦女勞動參與率提高到50%以上。

(3)所得五分位差倍數縮小至6倍以下。

(4)社會福利支出回應社會經濟變遷的趨勢。

(5)減緩生育率的下降速度。

(6)減緩人口老化的速度。

(7)普及健全的失能者照顧體系。

(8)降低家庭生育、養育、教育子女的負擔。

(9)豐富多元文化社會，包容人類多樣價值。

(10)提升弱勢國民人力資本，降低社會排除風險。

(11)促進國民健康。

(12)健全全民健康保險財務。

4.規劃策略：大溫暖社會福利套案涵蓋四大規劃策略與十二項重點計畫（**表2-6**）：

(1)縮小城鄉／貧富差距：含四項重點計畫，弱勢家庭脫困計畫、促進弱勢者就業計畫、提升弱勢人力資源計畫、提升社會福利資源運用效能計畫。

(2)強化老人安養：含三項重點計畫：建構長期照顧體系十年計畫，推動國民年金制度計畫，設立人口、健康及社會保障研究中心計畫。

(3)因應少子化：含三項重點計畫，普及嬰幼兒照顧體系計畫、完善國民教育與照顧體系計畫、移民照顧輔導計畫。

(4)促進國民健康：含二項重點計畫：建構全人照顧體系計畫，全民健康保險制度改革計畫。

當前許多的福利服務仍限制於**選擇性**（selective）或**規範性**（normative）為福利服務的目標人口，必須通過高門檻的**資產調查者**

表2-6　大溫暖社會福利套案涵蓋四大規劃策略與十二項重點計畫

規劃策略	十二項重點計畫
縮小城鄉／貧富差距	弱勢家庭脫困計畫
	促進弱勢者就業計畫
	提升弱勢人力資源計畫
	提升社會福利資源運用效能計畫
強化老人安養	建構長期照顧體系十年計畫
	推動國民年金制度計畫
	設立人口、健康及社會保障研究中心計畫
因應少子女化	普及嬰幼兒照顧體系計畫
	完善國民教育與照顧體系計畫
	移民照顧輔導計畫
促進國民健康	建構全人照顧體系計畫
	全民健康保險制度改革計畫

資料來源：行政院（2009）。「2015年經濟發展願景三年衝刺計畫：社會福利套
案」。網址：http://www.ey.gov.tw。上網檢索日期：2009年2月19日。

（低收入戶、中低收入戶和身心障礙者等調查），才能成為服務的對
象，尚無法普遍推展至一般家庭的服務提供。原因是：一方面擔心造成
福利資源濫用與誤用；一方面又擔心形成「福利依賴文化」，造成「福
利懶漢」。雖然「善門難開」，但今日社會福利政策不能再是「會哭的
才有奶喝」的「奶媽國家」，不能再否認這些家庭變遷的事實和人口老
化帶來的衝擊，若只一味地「頭痛醫頭，腳痛醫腳」，或將責任推給家
庭、社區、市場或孝道文化去解決，反而使家庭在無力承擔下加速解
組，老人照顧的問題就會變得更加嚴重，而找不到溫馨照顧方式的出路
和未來。

第五節　我國老人居家照顧服務的興起

一、老人長期照顧模式的變遷

　　壽命的延長本來是一件令人愉悅的事，然而問題是，長壽未必會帶來「長健」（Crimmins, 2001）的生活品質。西方福利國家由於人口老化的程度和速度相當嚴重，許多福利體制國家多已面臨財政困難的情形，故利用社區照顧政策的推展來解決財政的負擔；在政策上，近十幾年來對於長期照護發展以「去機構化」（deinstitutionalization）、「正常化」（normalization），作為老人照顧政策的目標，已不再提倡將老人集中於「機構內照顧」（institutional care），而是鼓勵以「在地老化」（aging in place）的社區照顧模式來取代。我國長期照護政策目標規劃亦是以「社區式」照顧為主（占70%），而「機構式」照顧為輔（占30%），其中需社區式長期照護人數愈來愈高（行政院衛生署，1997）。可見居家照顧仍是大多數病患及家庭的選擇，亦成為社區長期照顧系統的基礎；加上家庭照顧有許多優點，除了提供病患更人性化的照護外，亦可吸收長期照顧龐大的照護經費，其成本效益佳，顯示社區化居家照顧已成為未來長期照顧的重要發展趨勢。

　　台灣老人的照顧，向來主張「家族照顧模式」，進入工業社會之後，雖未大幅改變傳統的照顧模式，但已開始出現「老人自我照顧模式」和「夫妻相依為命模式」，即老人身體尚未失去健康功能時，多採取「自我照顧或配偶相互照顧」的模式，至於無子女者則是由「機構照顧」。然而我國長期照顧政策趨勢，是將病人持續地由機構送返社區中的家庭，由家庭扮演重要的角色，家庭中的成員往往必須面臨許多壓力與改變，需要提供二十四小時全年無休的照顧，導致身、心上的痛苦，此實非一般人所能負擔，因此急需多元、多樣的老人照顧服務介入和協助。

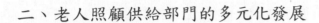

二、老人照顧供給部門的多元化發展

對老人長期照顧制度發展的原則，除正式部門推展的社區照顧政策，以在地老化與社區正常化之社區、居家式服務優先於機構式服務原則外，並應整合非正式的部門等多元力量。目前台灣的非營利組織（non profit organizations）規模和勢力已漸形成，尤其由非營利機構經營老人照顧服務產業或安養機構，已成為社會新興的競爭行業。台灣老年人口急速擴增，研究中發現，國內多年來推展的居家服務，在民眾「自費購買」時數的部分已不斷增加，成為新的服務人口群，由「中高齡者來陪伴高齡者」，以「在地人照顧在地人」的安排，漸受歡迎（陳燕禎，2006b）。因此台灣在面臨家庭結構和人力資源的變遷，為解決眾多家庭老人的照顧問題，居家照顧服務邁向商業化、市場化的發展，經過市場的探測，未來是可期的，而且這是非營利市場競爭的一塊大餅。當然要有老人照顧的市場，就先要有「藍海策略」，以專業和團隊供給來滿足需求。

為因應國內人口老化及民眾對各項福利需求日益增加，行政院於2001年即擬訂「照顧服務產業發展方案」，該方案又於2002年經過修正並納入「挑戰2008：國家發展重點計畫」之一，作為未來六年發展照顧產業之指導方針之一，也是政府為有效解決當前勞動市場所面臨的結構性問題而來。政府方面在照顧產業政策的配套方案，以社區照顧為基礎，以服務貧困老人為居家照顧的出發點，進而再擴展至鼓勵一般家庭自費購買。研究指出居家照顧的快速發展，就是因應這些趨勢所致（Eustis and Fischer, 1991）。因此居家服務不僅能滿足失能者居留在熟悉環境的需求，也可因應政府推展「在地老化」（aging in place）潮流和節省資源的具體做法，而且可預期的是，居家照顧服務（home care service）除將成為政府推展「老人安養政策」的重要配套方案外，也是民間部門提供服務的重心。

三、本土化居家照顧服務的發展模式

從台灣居家服務實證研究資料發現，台灣推展居家服務的發展模式，是隨著時間脈絡而有不同的轉變（陳燕禎，2006c）。國內推展居家服務過程中的發展脈絡和模式，可分為四個階段、五個面向來觀之。

(一)第一階段：初創、摸索階段

在此階段，在居家服務的管理機制方面仍未建構完善的制度，而使用服務之家屬及老人之互動關係尚在摸索階段，是處於**陌生關係**。其運作模式是**以供給者、評估者為中心**，家屬要求的工作內容則以「居家環境之清潔、打掃」的比例最高；供給者及需求者之互動關係也保持在彼此探索和適應的階段，故在此階段，只要召募專業人力及建立管理制度，便能顯示其績效。

(二)第二階段：發展期

發展階段參與此服務方案的非營利團體和機構愈來愈多，就政府而言，已進入契約外包的競爭狀況，故每個受託單位便因此更加努力發揮，以凸顯其專業內涵。在服務輸送之重點，已轉向針對「老人之身體清潔和照顧」為主，是以照顧者為中心的運作模式，居家服務員和家屬、老人之互動關係已經情同朋友；在此階段，提供居家服務的團隊已有定期的在職訓練及教育，累積有居家服務員和督導員的工作經驗與專業知能技巧。

(三)第三階段：轉型期

因政府照顧產業政策之積極推展，居家服務實施計畫之補助已由低收入戶及中低收入戶擴展至部分符合資格的一般家庭的補助，此政策轉變之背後目的，即是鼓勵居家服務邁向產業化發展，故此階段可稱之

為轉型期。居家服務的輸送重點已到提供「案主社會、心理需求之滿足」，如陪同聊天、散步等；在兩者的關係上，也因服務重點之改變而使得關係變得更為親密，且進入情同家人的關係層次。其運作模式主要是以「使用者（老人）需求為中心」的模式，此階段進入居家照顧服務的專業證照時期，呈現市場競爭的能力，因此漸獲得一般家庭及老人的青睞、接納，故此階段的居家服務發展，是以朝著第四階段的照顧產業化、市場化，全人全程的專業優質服務為目標。

目前台灣所推展的居家服務，正處於第二階段及第三階段之間，此一階段將面臨更多的問題，如使用居家服務之老人和家屬為「消費者」，其自費購買居家服務，自然對服務的要求及期待會更多、更高，唯有以專業照顧團隊為中心的方式，為老人提供量身訂作的個別化服務計畫（ISP），才有可能在市場上占有一席之地。此時對於老人的需求也將是以全人全程的照顧為重點，至於供給者和需求者的關係，則必須更為緊密而專業，以及要具備有「強連結」的溝通和服務，才能深獲顧客的心，而這也正是我國居家服務產業化時代的重要目標策略。

台灣居家服務推展的最早源頭是由民間團體所舉辦，由他們發動並拉開居家服務的發展歷史。因此老人居家服務照顧系統，若要全面性的發展，就必須以一套全方位服務和專業評估標準的管理模式進行，除居家服務員的專業知能之充實外，還須運用科技整合（inter-disciplinary approach）的力量，才能跳脫殘補式福利（residual welfare）的居家照顧模式，推展至一般家庭付費購買，如參考日本以

老人在自家附近，一起做運動，和樂融融
照片提供：彰化縣政府。

一點突破，**逐步擴張**的方式為具體性作為（蔡啟源，2001），讓所有居家失能的老人、家人，以及服務供給者三方都能獲得最佳的利益（陳燕禎，2006c），確實改善居家老人的生活環境及生活品質。

第六節　孝道文化和老人照顧的出路

　　政府已明顯意識到人口老化帶來的社會衝擊，特別是對家庭照顧資源的變遷如何維持更是費盡心力，因此積極引進民間參與機制，以充實多元化的照顧產業政策目標，並聚焦在推動社區服務輸送，且已創造出一個多元部門提供照顧老人的局面，因此積極結合照顧資源，鼓勵發展老人照顧是當務之急，**你養我小，我養你老的「互惠照顧期待」**（reciprocal filial caregiving expectation）不是一個口號，而是一個有真正完善規劃的「顧老」、「護老」社會策略，故其出路與建議如下：

一、推展「新三代同堂」的老人居住模式

　　由台灣目前家庭組成的情況發展來看，原有傳統**養兒防老**的觀念已漸漸消失，因此獨居老人的問題愈來愈嚴重。政府政策與民間機構方面，皆積極以獎勵（表揚三代同堂之家庭）或其他優惠福利措施（如優惠購屋貸款、優先配置國宅等），來鼓勵社會大眾與老年人共同居住，以達到照顧老人的目的，並弘揚孝道文化的功能。但在實際居住空間逐漸變得狹窄下，三代同堂的成員都需要更多的忍耐，家庭成員愈多，關係就愈複雜。在國內研究中（胡幼慧，1995）提及**三代同鄰**的概念，受訪的中年人對未來老年居住安排的期望，以選擇「三代同鄰」的比例最高，「三代同鄰」觀念已漸漸成為台灣老年人考量居住的一種新方式，且有愈來愈多的人認為，理想的老年居住安排是住在自己家中，同時可

以享受社區照顧專業團隊來協助照顧老人（Arango and Delgado, 1995）。

　　新三代同堂是一種修正式的大家庭形式（modified extended family），採取以**地理接近性**為基礎的居住安排方式，只要子女和老人同住同一公寓內，或住在鄰近的街道，或同住於一個社區內，就是新三代同堂的概念，此種居住模式的理念是，一來可就近相互照顧，二來又可以克服中國文化下長期的婆媳問題或孫子的管教問題等。當然「三代同鄰」的居住模式在實際執行上會遇到經濟問題，如缺乏經濟資源者難以維持兩個住宅的需求，在這樣的情境下，立即凸顯出國家實施國民年金制度之重要性。就此，國民年金制度於2008年10月上路，雖然只是一個起步，但對於高齡化國家的老人照顧問題卻已跨出新的里程碑。

二、發展「全方位」的社區老人照顧服務

　　政府推展社區照顧政策的目的，不外乎就是要運用「社區」和「家庭」的非正式照顧資源來擔負照顧老人的責任。老人照顧不論中外，均以「在地老化」為老人安養的夢想，將老人留在熟悉的社區給予照顧，提供人性化、多元化與連續性的照顧服務，並建立專業照顧團隊和需求評估機制等專業照顧。人老的時候最怕生病時沒有人照顧，更不希望被家人忽略或遺棄，尤其是居住在鄉下地區的傳統型老人，更堅持和兒子同住，即使是自己已經失能，需要長期照顧時，但對於居住在養老院的照顧型態懷有恐懼感和排斥心，因此堅持住在自己社區的老家，才可以擁有自己的生活習慣、社會網絡和享有自主性的自由自在，亦即能擁有自我獨立感，也就是說可以「維持獨立的生活方式」，是老人留在社區老家的最大動力（Ruthanna, Alan, Gloria, Elaine, and Rashmi, 1997; Forbes and Hoffart, 1998），以達到在社區照顧（care in the community）到由社區照顧（care by the community），再到與社區一起照顧（care with the community）的理想目標。

三、推展「自費購買」的老人居家照顧服務

在中國文化下的台灣，大部分老人經歷失能後也以住在自己家裡為第一優先的期待（謝美娥，2002），子女也覺得「家」是最應該照顧老人的場所，而且大部分的老人「理想中」也希望能與家人同住。所以「以住家為中心」的社會服務模式，不管在現在或未來都將是大部分老人的基本需求，如美國大多數的老人還是選擇留在家中接受居家照顧，因為它能使老人保有私有住處及自我的自由，且又能維持自尊。目前居家照顧服務是以「機構照顧」為基石，而向外推展的「**外展服務**」（outreach）之一，包括日間照顧、送餐服務、居家關懷問安等，它以社區照顧中的「**在地情緣**」為服務情感之支持網絡，使老人照顧服務達到永續經營的境界。故面對未來老齡社會，老人居家照顧服務的市場化發展勢在必行，所以更要重視「**專業服務**」之表現，才能具有照顧產業市場競爭發展的立足點。居家照顧服務將是中國孝道焦慮下的一個照顧轉型的出口，除協助解決現代家庭照顧老人的困境外，藉此讓失能老人擁有和平常人一樣的正常生活，是具有社區歸屬感和居家安全感的照顧服務。

四、從老人安養到照顧居住型態應趨向更多元化發展

目前國內的老人居住已有「**全齡房屋**」設計（適合0至100歲居住）和六所俱全（有所養、有所樂、有所醫、有所學、有所用、有所終）的老人公寓。老人居住的規劃最寶貴的，是要讓老人保有**熟悉環境**和**滿足歸屬感**的居住需求，以達到**在地終老**（aging in place）的在地養老目標。老人居住設計以最低度的干擾，提供最安全、舒適和人性的居住環境，尤其**科技**的介入，使未來的老人擁有更多**自主、參與、尊嚴**的自我照顧的便利生活，藉由生活科技化或輔具人性化，操作使用輕便化的輔具已

成為高齡化社會的重要支持需求。即使人愈活愈老，輪椅輔具的使用機會愈來愈多，但因有銀髮產業的科技介入，將使老人和照顧者有更多的**便利性**和**獨立性**的自我實現機會。

五、積極倡導老人社會工作的「充權」理念

不論社會及家庭結構如何變遷，養兒防老的觀念至今在一般人心中仍根深柢固，即使大部分老人經歷身體失能後，仍以住在自己家裡為第一選擇，這表示老人的健康問題尚不嚴重，在子女照顧下，仍可維持居家的生活，而且老人本身若擁有資源，則其自我掌控力越大，越能決定被照顧的品質（謝美娥，2004）。今日講究正式照顧和非正式照顧夥伴關係的時代，提倡「充權」（empowerment）觀念，可讓社會工作者更瞭解案主（老人）能力，以及瞭解由家庭關係和功能所顯現出來的傳統文化家庭內涵，以找到更有效、更好的方式協助家庭照顧老人。我國自1997年正式頒布社會工作師法後，表示「助人專業」的時代已邁入新的里程碑，老人的「充權」理念和照顧服務的「責信」（accountability）自然成為社會工作的主流價值，因此必須積極倡導和實踐，讓此專業服務理念更發揚光大。

第七節　結論：新孝道文化，銀髮族的「金齡人生」

由子女奉養父母一直是中國儒家文化下「理所當然」之事，然而演變至今日社會看到孝道文化的改變，許多老人被照顧的事實，已經對傳統的孝道文化產生「不以為然」的心理，尤其想到長壽社會導致長期照顧的問題，不禁令人「毛骨悚然」。中國歷代傳統的孝道文化和敬老方式，是一種社會結構的產物，它帶給家庭的壓力模式，在現今社會變遷和家庭結構改變下，因兩性分工與家庭功能逐漸喪失，因此老人照顧

模式已有所轉變，由家人照顧模式、到外勞看護模式、到自費購買居家服務、到由國家提供老年年金的照顧模式。因此唯有政府掌握當前家庭老人照顧需求，建構一套完善的家庭政策，老人才有可能留在自己的社區，在自己的老家被照顧。

儒家孝道文化的真諦，應是一種父母與子女間發自內心的親密情感和互動關係，而非是共居的形式表現或凡事不假他人之手的傳統盡孝方式。快速高齡化的台灣，仍應秉持儒家的孝道文化，即使家庭照顧者也應有「充權」觀念，不應容許政府再以孝道文化作為逃避照顧老人的責任藉口，因為家庭所能負擔照顧老人的能力和照顧資源已大不如前，政府政策不能老是每逢選舉，才關心老人的照顧問題，並以**喊價式**或**賄賂式**的老人津貼作為老人的福利政策，這樣除帶來國家財政的危機，更導致我國建構長期照顧保險方案的更多阻力，政府應以更積極負責的態度建立我國的老人照顧政策，以保障更多老人的基本生活。

在國民平均壽命大增之下，每個人都應有自我老年規劃的責任。老年人要走過傳統社會「老而無用」，或「依賴」或「控制」子女的時代，老年期並非是人生的「句點」，它是人生的另一個「分號」，另一個新生活，退休後有更多事可以放手去做，去追求，去實現，如擔任志工服務社會，再創人生的社會資本，並形塑社會的新孝道文化。人的壽命不再是短暫的進入老年期，還可以有許多的閃亮日子可以去實現自我夢想，所以**C型人生**已出現，每位長者都應善加規劃，讓自己過著**金齡人生**的燦爛生活。傳統孝道文化下，除秉持孝道文化的意涵，更應具備新時代的孝道行動，政府不能再以孝道美德為藉口而撤出應負的照顧責任，應制定家庭政策，積極協助家庭照顧者，減少子女的孝道文化焦慮和壓力，讓老人獲得有尊嚴、有品質的實質照顧。

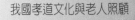

與老人交談、互動，使老人充滿愉悅，個個笑開懷

照片提供：財團法人南投縣私立南投仁愛之家。

問題與討論

一、老人照顧模式大致可分為哪些？您會如何選擇？為什麼？

二、台灣以何種方式的福利做為照顧基礎？如何篩選符合福利服務的
人口？它可能造成哪些問題？

三、台灣的居家服務在推展過程的發展脈絡和模式可分為哪些階段及
面向？

四、何謂新三代同堂？如果您進入老年之後，您希望什麼樣的居住方
式？為什麼？

五、您將如何規劃自己的老年生活？您期待的銀髮族「金齡人生」應
是何種圖像？

參考文獻

一、中文部分

內政部（2009）。《我國長期照顧十年計畫：大溫暖社會福利套案之旗艦計畫》。台北：內政部社會司。

內政部戶政司（2009）。《各縣市戶數結構表》。台北：內政部戶政司。

內政部社會司（2005）。《老人福利服務成果統計報表》。台北：內政部社會司。

內政部統計處（2005）。《老年人口推估》。台北：內政部統計處。

內政部統計處（2006a）。《老年人口推估》。台北：內政部統計處。

內政部統計處（2006b）。《歷年老人狀況調查報告》。台北：內政部統計處。

內政部統計處（2008a）。《歷年單齡人口數》。台北：內政部統計處。

內政部統計處（2008b）。《現住人口按三段、六歲年齡組分》。台北：內政部統計處。

內政部統計處（2009a）。《老人福利服務》。台北：內政部統計處。

內政部統計處（2009b）。《中低收入老人生活津貼》。台北：內政部統計處。

內政部統計處（2009c）。《主要國家65歲以上人口占總人口比率》。台北：內政部統計處。

伊慶春、陳玉華（1998）。〈奉養方式與未來奉養態度之關聯〉，《人口學刊》，第19期，頁1-32。

行政院主計處（2000）。《中華民國89年戶口及住宅普查統計分析》。台北：行政院主計處。

行政院主計處（2006）。《2005年老人狀況調查結果摘要分析老人居住安排概況》。台北：行政院主計處。

行政院主計處（2006）。《中低收入老人生活津貼金額及受益人數統計》。台北：行政院主計處。

行政院主計處（2006）。《老人居住安排概況》。台北：行政院主計處。

行政院經建會（2008）。《就業市場情勢月報》，2008年第1期。台北：行政院經建會。

行政院經建會（2009）。《中華民國台灣地區民國97年至145年人口推計》。台北：行政院經建會。

行政院衛生署（1997）。《衛生政策白皮書：跨世紀衛生建設》。台北：行政院衛生署。

行政院主計處（2009）。《人力運用調查統計分析》。台北：行政院主計處。

行政院全球資訊網（2009）。《社會福利套案》。台北：行政院全球資訊網。

利翠珊（1999）。〈已婚女性家庭系統的交會：親情與角色的兩難〉，《中華心理衛生學刊》，第12卷第3期，頁1-21。

利翠珊（2002）。〈婆媳與母女：不同世代女性家庭經驗的觀點差異〉，《女學學誌：婦女與性別研究》，第13期（新刊1號），頁179-218。

利翠珊（2006）。《成年子女的照顧意願與照顧關係：成年子女代間的照顧經驗：性別與婚姻的考量（1/2）》。行政院國家科學委員會專題研究計畫。

吳淑瓊、張明正（1997）。《台灣老人健康照護之現況分析》。台北：台灣大學公共衛生研究所暨衛生研究中心、台灣省家庭計畫研究所。

吳淑瓊、莊坤洋、陳亮汝（2004）。〈建構長期照護體系先導計畫：實驗社區介入前的照護需求與自負費用〉，《台灣衛誌》，第23卷第3期，頁209-220。

卓春英（2001）。《頤養天年：台灣家庭老人照顧的變遷》。台北：巨流。

林如萍（1998）。〈農家代間情感之研究：老年父母與其最親密的成年子女〉，《中華家政學刊》，第27期，頁68-83。

林松齡（1993）。〈老人社會支持來源與老人社會需求：兼論四個社會支持模式〉，收錄於王國羽主編，《社會安全問題之探討》，頁205-290。嘉義：中正大學社福系。

邱清榮（1997）。《我國老年婦女自主性之初探：以台北市居住於社區中的老年婦女為例》。台北：政治大學社會學研究所碩士論文，未出版。

南投縣政府主計處（2009）。《南投縣96年人口統計分析》。南投：南投縣政府主計處。

柯瓊芳（2002）。〈誰來照顧老人？歐盟各國奉養態度的比較分析〉，《人口學刊》，第24期，頁1-32。

胡幼慧（1995）。《三代同堂：迷思與陷阱》。台北：巨流。

胡幼慧、周雅容 (1996)。〈婦女與三代同堂：老年婦女的經濟依賴與居住困境探

索〉，《婦女與兩性學刊》，第7期，頁27-57。

徐立忠（1989）。《老人問題與對策》。台北：桂冠。

高森永（2004）。《我國長期照顧服務供需現況與初步推估》。內政部委託研究
　　計畫。

張念慈（2009）。〈遭兒打斷腿　癌婦爬出家門找孫〉，《聯合報》，2009年2月
　　2日，A8版社會新聞。

許雅惠（2000）。〈家庭政策之兩難：從傳統意識型態出發〉，《社會政策與社
　　會工作學刊》，第4卷第1期，頁237-289。

許樹珍（1999）。《中國家庭之孝道觀與子女照顧父母之經驗》。行政院國家科
　　學委員會專題研究計畫研究成果報告。

陳寬政、陳昭榮、涂肇慶（1993）。〈老年殘障與醫療費用〉。載於王國羽主
　　編，《社會安全課題之探討》。嘉義：中正大學社會福利研究所。

陳燕禎（1994）。〈老人福利服務之供需問題與展望〉，發表於全國社會福利會
　　議之「邁向二十一世紀社會福利之規劃與整合會議」，內政部主辦。

陳燕禎（2004）。〈台灣地區老人長期照顧模式發展之探討〉，發表於全球華人
　　孝親敬老研討會，香港大學等主辦。

陳燕禎（2005）。〈社區老人照顧支持體系及政策探討〉，《社區發展季刊》，
　　第110期，頁158-175。

陳燕禎（2006a）。〈我國老人照顧資源變遷之初探〉，《社區發展季刊》，第
　　110期，頁158-175。

陳燕禎（2006b）。《南投縣95年度老人生活狀況及福利需求調查》。南投縣政府
　　委託研究。

陳燕禎（2006c）。〈建構本土居家服務模式之研究〉。財團法人彰化縣私立珍瑩
　　老人福利機構95年研究發展計畫。

陳燕禎（2008）。《老人福利理論與實務：本土的觀點》（三刷）。台北：雙葉
　　書廊。

章玉華（1994）。〈變遷社會中的家戶組成與奉養態度：台灣的例子〉，《台灣
　　大學社會學刊》，第23期，頁1-34。

葉光輝（1995）。〈孝道困境的消解模式及相關因素〉，《民族學研究所集
　　刊》，第79期，頁87-110。

葉光輝（1997）。〈台灣民眾之孝道觀點的變遷情形〉，載於張笠雲、呂玉瑕、
　　王甫昌主編，《90年代的台灣社會：台灣變遷基本調查研究系列二》（下
　　冊），頁71-214。南港：中研院社會學研究所。

蔡啓源（2001）。〈老人之社區性照顧：兼介紹日本「寄合之家」〉，《社區發
　　展》，第96期，頁190-201。

鄭文輝、吳淑瓊、林志鴻（2003）。《長期照護費估算之研究》。內政部委託研
　　究計畫。

謝美娥（2002）。〈失能老人與成年子女照顧者對失能老人遷居的歷程與解釋：
　　從家庭到機構〉，《社會政策與社會工作學刊》，第6卷第2期，頁7-63。

謝美娥（2004）。〈失能老人的資源、居住安排、居住決定的掌控力與生活品
　　質：一個量化的初探〉，《社會政策與社會工作學刊》，第8卷第1期，頁
　　1-48。

二、英文部分

Arango, J. and Delgado, M. (1995). 'Spain: Family policies as social policies'. In H.
　　Moors and R. Palomba (eds.), *Population, Family and Welfare: A Comparative
　　Survey of European Attitudes, 1*, pp. 197-220. New York: Oxford University Press.

Bengtson, V. (2001). 'Beyond nuclear family: The increasing importance
　　multigenerational bonds'. *Journal of Marriage and the Family, 63*: 1-16.

Boaz, R. F. and Mullet, C. F. (1991). 'Why do some caregivers of disabled and frail
　　elderly quit?' *Health Care Financing Review, 13(2)*: 41-47.

Bower, B. J. (1987). 'Intergenerational caregiving: Adult caregiving and their parents'.
　　Advances and Nursing Science, 9(2): 20-31.

Cicirelli, V. (1981). *Helping Elderly Parents: The Role of Adult Children*. Boston: Auburn
　　House.

Crimmins, E. (2001). *Americans Living Longer. Not Necessarity Healthier Lives*.
　　Population Reference Bureau.

Eustis, Nancy N. and Fischer, Lucy Rose (1991). 'Relationships between home care
　　clients and their workers: Implications for quality of care'. *The Gerontologist, 31 (4)*:
　　447-456.

Finley, N. J., Robet , E. and Banahan III, B. F.(1988). 'Motivators and inhibitors of attitudes of filial obligation towards aging parents'. *Gerontologist, 28(1)*: 73-78.

Forbes, S. A. and Hoffart, N. (1998). 'Elders' decision making regarding the use of long-term care services: A precarious balance'. *Qualitative Health Research, 8(6)*: 736-752.

Gelissen, J. (2001). 'Old-age pensions: Individual or collective responsibility? An investigation of public opinion across European welfare states'. *European Societies, 3(4)*: 495-523.

Hashimoto, A., Kendig, H. L. and Copperd, L. C. (1992). 'Family support to the elderly international perspective'. In H. Kendig et al. (eds.), *Family Support for the Elderly: The International Experience*, pp. 293-308. U.S.A.: Oxford Medical Publication.

Lee, Y., Parish, W. L. and Willis, R. J. (1994). 'Sons, daughters, and intergenerational support in Taiwan'. *American Journal of Sociology, 99(4)*: 1,010-1,041.

Maeda, D. and Shimizu, Y. (1992). 'Family support for elderly people in Japan'. In H. Kendig et al. (eds), *Family Support for the Elderly: The International Experiences*, pp. 235-249. U.S.A.: Oxford Medical Publication.

Ogawa, N. and Retherford, R. D. (1997). 'Shifting costs of caring for the elderly back to families in Japan: Will it work?' *Population and Development Review, 23(1)*: 59-94.

Olshansky, S., Bruce, Jay, Carnes, A., Cassel, C. K., and Brody, J. A. (1991). 'Trading off longer life for worsening health: The expansion of morbidity hypothesis'. *Journal of Aging and Health, 3*: 194-216.

Ruthanna, M., Alan, S., Gloria, V. D., Elaine, P., and Rashmi, G. (1997). 'Perceived risks to independent living: The views of older, community-dwelling adults'. *The Gerontologist, 37(6)*: 729-736.

附錄2-1　老人福利法

中華民國六十九年一月二十六日總統台統（16）義字第〇五六一號令公布
中華民國八十六年六月十八日總統華總（16）義字第八六〇〇一四一三八〇號令修正公布
中華民國八十九年五月三日總統華總一義字第八九〇〇一一〇一五〇號令修正公布
中華民國九十一年六月二十六日總統華總一義字第〇九一〇〇一二五一八〇號令
修正公布第十三條之一及第九條條文
中華民國九十六年一月三十一日華總一義字第〇九六〇〇〇一二八七一號總統令修正公布

第一章　總則

第一條　為維護老人尊嚴與健康，安定老人生活，保障老人權益，增進
　　　　老人福利，特制定本法。

第二條　本法所稱老人，指年滿六十五歲以上之人。

第三條　本法所稱主管機關：在中央為內政部；在直轄市為直轄市政
　　　　府；在縣（市）為縣（市）政府。

　　　　本法所定事項，涉及各目的事業主管機關職掌者，由各目的事
　　　　業主管機關辦理。

　　　　前二項主管機關及各目的事業主管機關權責劃分如下：

　　　　一、主管機關：主管老人權益保障之規劃、推動及監督等事
　　　　　　項。

　　　　二、衛生主管機關：主管老人預防保健、心理衛生、醫療、復
　　　　　　健與連續性照護之規劃、推動及監督等事項。

　　　　三、教育主管機關：主管老人教育、老人服務之人才培育與高
　　　　　　齡化社會教育之規劃、推動及監督等事項。

　　　　四、勞工主管機關：主管老人就業免於歧視、支援員工照顧老
　　　　　　人家屬與照顧服務員技能檢定之規劃、推動及監督等事
　　　　　　項。

五、建設、工務、住宅主管機關：主管老人住宅建築管理、公共設施與建築物無障礙生活環境等相關事宜之規劃、推動及監督等事項。

六、交通主管機關：主管老人搭乘大眾運輸工具之規劃、推動及監督等事項。

七、保險、信託主管機關：主管本法相關保險、信託措施之規劃、推動及監督等事項。

八、警政主管機關：主管本法相關警政、老人保護措施之規劃、推動及監督等事項。

九、其他措施由各相關目的事業主管機關依職權規劃辦理。

第四條　下列事項，由中央主管機關掌理：

一、全國性老人福利政策、法規與方案之規劃、釐定及宣導事項。

二、對直轄市、縣（市）政府執行老人福利之監督及協調事項。

三、中央老人福利經費之分配及補助事項。

四、老人福利服務之發展、獎助及評鑑之規劃事項。

五、老人福利專業人員訓練之規劃事項。

六、國際老人福利業務之聯繫、交流及合作事項。

七、老人保護業務之規劃事項。

八、老人住宅業務之規劃事項。

九、中央或全國性老人福利機構之設立、監督及輔導事項。

十、其他全國性老人福利之策劃及督導事項。

第五條　下列事項，由直轄市、縣（市）主管機關掌理：

一、直轄市、縣（市）老人福利政策、自治法規與方案之規劃、釐定、宣導及執行事項。

二、中央老人福利政策、法規及方案之執行事項。

三、直轄市、縣（市）老人福利經費之分配及補助事項。

四、老人福利專業人員訓練之執行事項。

五、老人保護業務之執行事項。

六、老人住宅之興建、監督及輔導事項。

七、直轄市、縣（市）老人福利機構之輔導設立、監督檢查及評鑑獎勵事項。

八、其他直轄市、縣（市）老人福利之策劃及督導事項。

第六條　各級政府老人福利之經費來源如下：

一、按年編列之老人福利預算。

二、社會福利基金。

三、私人或團體捐贈。

四、其他收入。

第七條　主管機關應置專責人員辦理本法規定相關事宜；其人數應依業務增減而調整之。

　　　　老人福利相關業務應遴用專業人員辦理。

第八條　主管機關及各目的事業主管機關應各本其職掌，對老人提供服務及照顧。提供原住民老人服務及照顧者，應優先遴用原住民或熟諳原住民文化之人。

　　　　前項對老人提供之服務及照顧，得結合民間資源，以補助、委託或其他方式為之；其補助、委託對象、項目、基準及其他應遵行事項之辦法，由主管機關及各目的事業主管機關定之。

第九條　主管機關應邀集老人代表、老人福利相關學者或專家、民間相關機構、團體代表及各目的事業主管機關代表，參與整合、諮詢、協調與推動老人權益及福利相關事宜；其中老人代表、老人福利相關學者或專家及民間相關機構、團體代表，不得少於二分之一，且老人代表不得少於五分之一，並應有原住民老人代表或熟諳原住民文化之專家學者至少一人。

前項之民間機構、團體代表由各該轄區內立案之民間機構、團體互推後由主管機關遴聘之。

第十條　主管機關應至少每五年舉辦老人生活狀況調查，出版統計報告。

第二章　經濟安全

第十一條　老人經濟安全保障，採生活津貼、特別照顧津貼、年金保險制度方式，逐步規劃實施。

前項年金保險之實施，依相關社會保險法律規定辦理。

第十二條　中低收入老人未接受收容安置者，得申請發給生活津貼。

前項領有生活津貼，且其失能程度經評估為重度以上，實際由家人照顧者，照顧者得向直轄市、縣（市）主管機關申請發給特別照顧津貼。

前二項津貼請領資格、條件、程序、金額及其他相關事項之辦法，由中央主管機關定之；申請應檢附之文件、審核作業等事項之規定，由直轄市、縣（市）主管機關定之。

領取生活津貼及特別照顧津貼之權利，不得扣押、讓與或供擔保。

不符合請領資格而領取津貼者，其領得之津貼，由直轄市、縣（市）主管機關以書面命本人或其繼承人自事實發生之日起六十日內繳還；屆期未繳還者，依法移送行政執行。

第十三條　對於心神喪失或精神耗弱致不能處理自己事務之老人，法院得因主管機關之聲請，宣告禁治產。

前項所定得聲請禁治產之機關，得向就禁治產之聲請曾為裁判之地方法院，提起撤銷禁治產宣告之訴；於禁治產之原因消滅後，得聲請撤銷禁治產。

禁治產宣告確定前，主管機關為保護老人之身體及財產，得聲請法院為必要之處分。

第十四條　為保護老人之財產安全，直轄市、縣（市）主管機關應鼓勵
　　　　　其將財產交付信託。

　　　　　無法定扶養義務人之老人經法院宣告禁治產者，其財產得交
　　　　　付與經中央目的事業主管機關許可之信託業代為管理、處
　　　　　分。

第十五條　直轄市、縣（市）主管機關對於有接受長期照顧服務必要之
　　　　　失能老人，應依老人與其家庭之經濟狀況及老人之失能程度
　　　　　提供經費補助。

　　　　　前項補助對象、基準及其他應遵行事項之辦法，由中央主管
　　　　　機關定之。

第三章　服務措施

第十六條　老人照顧服務應依全人照顧、在地老化及多元連續服務原則
　　　　　規劃辦理。

　　　　　直轄市、縣（市）主管機關應依前項原則，並針對老人需
　　　　　求，提供居家式、社區式或機構式服務，並建構妥善照顧管
　　　　　理機制辦理之。

第十七條　為協助失能之居家老人得到所需之連續性照顧，直轄市、縣
　　　　　（市）主管機關應自行或結合民間資源提供下列居家式服
　　　　　務：

　　　　　一、醫護服務。

　　　　　二、復健服務。

　　　　　三、身體照顧。

　　　　　四、家務服務。

　　　　　五、關懷訪視服務。

　　　　　六、電話問安服務。

　　　　　七、餐飲服務。

　　　　　八、緊急救援服務。

九、住家環境改善服務。

十、其他相關之居家式服務。

第十八條　為提高家庭照顧老人之意願及能力，提升老人在社區生活之
自主性，直轄市、縣（市）主管機關應自行或結合民間資源
提供下列社區式服務：

一、保健服務。

二、醫護服務。

三、復健服務。

四、輔具服務。

五、心理諮商服務。

六、日間照顧服務。

七、餐飲服務。

八、家庭托顧服務。

九、教育服務。

十、法律服務。

十一、交通服務。

十二、退休準備服務。

十三、休閒服務。

十四、資訊提供及轉介服務。

十五、其他相關之社區式服務。

第十九條　為滿足居住機構之老人多元需求，主管機關應輔導老人福利
機構依老人需求提供下列機構式服務：

一、住宿服務。

二、醫護服務。

三、復健服務。

四、生活照顧服務。

五、膳食服務。

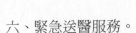

六、緊急送醫服務。

七、社交活動服務。

八、家屬教育服務。

九、日間照顧服務。

十、其他相關之機構式服務。

前項機構式服務應以結合家庭及社區生活為原則，並得支援居家式或社區式服務。

第二十條 前三條所定居家式服務、社區式服務與機構式服務提供者資格要件及服務之準則，由中央主管機關會同中央各目的事業主管機關定之。

前項服務之提供，於一定項目，應由專業人員為之；其一定項目、專業人員之訓練、資格取得及其他應遵行事項之辦法，由中央主管機關定之。

第二十一條 直轄市、縣（市）主管機關應定期舉辦老人健康檢查及保健服務，並依健康檢查結果及老人意願，提供追蹤服務。

前項保健服務、追蹤服務、健康檢查項目及方式之準則，由中央主管機關會同中央衛生主管機關定之。

第二十二條 老人或其法定扶養義務人就老人參加全民健康保險之保險費、部分負擔費用或保險給付未涵蓋之醫療費用無力負擔者，直轄市、縣（市）主管機關應予補助。

前項補助之對象、項目、基準及其他相關事項之辦法，由中央主管機關定之。

第二十三條 為協助老人維持獨立生活之能力，直轄市、縣（市）主管機關應辦理下列服務：

一、專業人員之評估及諮詢。

二、提供有關輔具之資訊。

三、協助老人取得生活輔具。

中央主管機關得視需要獎勵研發老人生活所需之各項輔具、用品及生活設施設備。

第二十四條　無扶養義務之人或扶養義務之人無扶養能力之老人死亡時，當地主管機關或其入住機構應為其辦理喪葬；所需費用，由其遺產負擔之，無遺產者，由當地主管機關負擔之。

第二十五條　老人搭乘國內公、民營水、陸、空大眾運輸工具、進入康樂場所及參觀文教設施，應予以半價優待。

第二十六條　主管機關應協調目的事業主管機關提供或鼓勵民間提供下列各項老人教育措施：

一、製播老人相關之廣播電視節目及編印出版品。

二、研發適合老人學習之教材。

三、提供社會教育學習活動。

四、提供退休準備教育。

第二十七條　主管機關應自行或結合民間資源，辦理下列事項：

一、鼓勵老人組織社會團體，從事休閒活動。

二、舉行老人休閒、體育活動。

三、設置休閒活動設施。

第二十八條　主管機關應協調各目的事業主管機關鼓勵老人參與志願服務。

第二十九條　僱主對於老人員工不得予以就業歧視。

第三十條　有法定扶養義務之人應善盡扶養老人之責，主管機關得自行或結合民間提供相關資訊及協助。

第三十一條　為協助失能老人之家庭照顧者，直轄市、縣（市）主管機關應自行或結合民間資源提供下列服務：

一、臨時或短期喘息照顧服務。

二、照顧者訓練及研習。

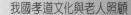
三、照顧者個人諮商及支援團體。

四、資訊提供及協助照顧者獲得服務。

五、其他有助於提升家庭照顧者能力及其生活品質之服務。

第三十二條　直轄市、縣（市）主管機關應協助中低收入老人修繕住屋或提供租屋補助。

前項協助修繕住屋或租屋補助之對象、補助項目與內容及其他相關事項之規定，由直轄市、縣（市）主管機關定之。但其他法律有特別規定者，從其規定。

第三十三條　直轄市、縣（市）主管機關應推動適合老人安居之住宅。

前項住宅設施應以小規模、融入社區及多機能之原則規劃辦理，並符合住宅或其他相關法令規定。

第四章　福利機構

第三十四條　主管機關應依老人需要自行或結合民間資源辦理下列老人福利機構：

一、長期照顧機構。

二、安養機構。

三、其他老人福利機構。

前項老人福利機構之規模、面積、設施、人員配置及業務範圍等事項之標準，由中央主管機關會同中央目的事業主管機關定之。

第一項各類機構所需之醫療或護理服務，應依醫療法、護理人員法或其他醫事專門職業法等規定辦理。

第一項各類機構得單獨或綜合辦理，並得就其所提供之設施或服務收取費用，以協助其自給自足；其收費規定，應報由當地直轄市、縣（市）主管機關核定。

第三十五條　私立老人福利機構之名稱，應依前條第一項規定標明其業

務性質，並應冠以私立二字。

公設民營機構名稱不冠以公立或私立。但應於名稱前冠以所屬行政區域名稱。

第三十六條　私人或團體設立老人福利機構，應向直轄市、縣（市）主管機關申請設立許可。

經許可設立私立老人福利機構者，應於三個月內辦理財團法人登記。但小型設立且不對外募捐、不接受補助及不享受租稅減免者，得免辦財團法人登記。

未於前項期間辦理財團法人登記，而有正當理由者，得申請當地主管機關核准延長一次，期間不得超過三個月；屆期不辦理者，原許可失其效力。

第一項申請設立之許可要件、申請程序、審核期限、撤銷與廢止許可、自行停業與歇業、擴充與遷移、督導管理及其他相關事項之辦法，由中央主管機關定之。

第二項小型設立之規模、面積、設施、人員配置等設立標準，由中央主管機關會同中央目的事業主管機關定之。

第三十七條　老人福利機構不得兼營營利行為或利用其事業為任何不當之宣傳。

主管機關對老人福利機構應予輔導、監督、檢查、評鑑及獎勵。

老人福利機構對前項檢查不得規避、妨礙或拒絕，並應提供必要之協助。

第二項評鑑對象、項目、方式及獎勵方式等事項之辦法，由主管機關定之。

第三十八條　老人福利機構應與入住者或其家屬訂定書面契約，明定其權利義務關係。

前項書面契約之格式、內容，中央主管機關應訂定定型化

契約範本及其應記載及不得記載事項。

老人福利機構應將中央主管機關訂定之定型化契約書範本公開並印製於收據憑證交付入住者，除另有約定外，視為已依第一項規定與入住者訂約。

第三十九條　老人福利機構應投保公共意外責任保險及具有履行營運之擔保能力，以保障老人權益。

前項應投保之保險範圍及金額，由中央主管機關會商中央目的事業主管機關定之。

第一項履行營運之擔保能力，其認定標準由所在地直轄市、縣（市）主管機關定之。

第四十條　政府及老人福利機構接受私人或團體之捐贈，應妥善管理及運用；其屬現金者，應設專戶儲存，專作增進老人福利之用。但捐贈者有指定用途者，應專款專用。

前項所受之捐贈，應辦理公開徵信。

第五章　保護措施

第四十一條　老人因直系血親卑親屬或依契約對其有扶養義務之人有疏忽、虐待、遺棄等情事，致有生命、身體、健康或自由之危難，直轄市、縣（市）主管機關得依老人申請或職權予以適當短期保護及安置。老人如欲對之提出告訴或請求損害賠償時，主管機關應協助之。

前項保護及安置，直轄市、縣（市）主管機關得依職權或依老人申請免除之。

第一項老人保護及安置所需之費用，由直轄市、縣（市）主管機關先行支付者，直轄市、縣（市）主管機關得檢具費用單據影本及計算書，通知老人之直系血親卑親屬或依契約有扶養義務者於三十日內償還；逾期未償還者，得移送法院強制執行。

第四十二條　老人因無人扶養，致有生命、身體之危難或生活陷於困境者，直轄市、縣（市）主管機關應依老人之申請或依職權，予以適當安置。

第四十三條　醫事人員、社會工作人員、村（里）長與村（里）幹事、警察人員、司法人員及其他執行老人福利業務之相關人員，於執行職務時知悉老人有疑似第四十一條第一項或第四十二條之情況者，應通報當地直轄市、縣（市）主管機關。

前項通報人之身分資料應予保密。

直轄市、縣（市）主管機關接獲通報後，必要時得進行訪視調查。進行訪視調查時，得請求警察、醫療或其他相關機關（構）協助，被請求之機關（構）應予配合。

第四十四條　為發揮老人保護功能，應以直轄市、縣（市）為單位，並結合警政、衛生、社政、民政及民間力量，建立老人保護體系，並定期召開老人保護聯繫會報。

第六章　罰則

第四十五條　設立老人福利機構未依第三十六條第一項規定申請設立許可，或應辦理財團法人登記而未依第三十六條第二項及第三項規定期限辦理者，處其負責人新台幣六萬元以上三十萬元以下罰鍰及公告其姓名，並限期令其改善。

於前項限期改善期間，不得增加收容老人，違者另處其負責人新台幣六萬元以上三十萬元以下罰鍰，並得按次連續處罰。

經依第一項規定限期令其改善，屆期未改善者，再處其負責人新台幣十萬元以上五十萬元以下罰鍰，並令於一個月內對於其收容之老人予以轉介安置；其無法辦理時，由主管機關協助之，負責人應予配合。不予配合者，強制實施

之，並處新台幣二十萬元以上一百萬元以下罰鍰。

第四十六條　老人福利機構有下列情形之一者，主管機關應限期令其於
一個月內改善；屆期未改善者，處新台幣三萬元以上十五
萬元以下罰鍰，並得按次連續處罰：

一、收費規定未依第三十四條第四項規定報主管機關核
可，或違反收費規定超收費用。

二、擴充、遷移、停業或歇業未依中央主管機關依第
三十六條第四項規定所定辦法辦理。

三、財務收支處理未依中央主管機關依第三十六條第四項
規定所定辦法辦理。

四、違反第三十七條第二項規定，規避、妨礙或拒絕主管
機關之檢查。

五、違反第三十八條規定，未與入住者或其家屬訂定書面
契約或將不得記載事項納入契約。

六、未依第三十九條規定投保公共意外責任保險或未具履
行營運之擔保能力。

七、違反第四十條第二項規定，接受捐贈未公開徵信。

第四十七條　主管機關依第三十七條第二項規定對老人福利機構為輔
導、監督、檢查及評鑑，發現有下列情形之一時，應限期
令其改善；屆期未改善者，處新台幣五萬元以上二十五萬
元以下罰鍰，並再限期令其改善：

一、業務經營方針與設立目的或捐助章程不符。

二、違反原許可設立之標準。

三、財產總額已無法達成目的事業或對於業務、財務為不
實之陳報。

第四十八條　老人福利機構有下列情形之一者，處新台幣六萬元以上
三十萬元以下罰鍰，再限期令其改善：

一、虐待、妨害老人身心健康或發現老人受虐事實未向直轄市、縣（市）主管機關通報。

二、提供不安全之設施設備或供給不衛生之餐飲，經主管機關查明屬實者。

三、經主管機關評鑑為丙等或丁等或有其他重大情事，足以影響老人身心健康者。

第四十九條　老人福利機構於主管機關依第四十六條至第四十八條規定限期令其改善期間，不得增加收容老人，違者另處新台幣六萬元以上三十萬元以下罰鍰，並得按次連續處罰。

經主管機關依第四十七條及第四十八條規定再限期令其改善，屆期仍未改善者，得令其停辦一個月以上一年以下，並公告其名稱。停辦期限屆滿仍未改善或令其停辦而拒不遵守者，應廢止其許可，其屬法人者，得予解散。

第五十條　私立老人福利機構停辦、停業、歇業、解散、經撤銷或廢止許可時，對於其收容之老人應即予以適當之安置；其無法安置時，由主管機關協助安置，機構應予配合；不予配合者，強制實施之，並處新台幣六萬元以上三十萬元以下罰鍰；必要時，得予接管。

前項接管之實施程序、期限與受接管機構經營權及財產管理權之限制等事項之辦法，由中央主管機關定之。

第一項停辦之私立老人福利機構於停辦原因消失後，得檢附相關資料及文件向原設立許可機關申請復業。

第五十一條　依法令或契約有扶養照顧義務而對老人有下列行為之一者，處新台幣三萬元以上十五萬元以下罰鍰，並公告其姓名；涉及刑責者，應移送司法機關偵辦：

一、遺棄。

二、妨害自由。

　　三、傷害。

　　四、身心虐待。

　　五、留置無生活自理能力之老人獨處於易發生危險或傷害
　　　　之環境。

　　六、留置老人於機構後棄之不理，經機構通知限期處理，
　　　　無正當理由仍不處理者。

第五十二條　老人之扶養人或其他實際照顧老人之人違反前條情節嚴重
　　　　　　者，主管機關應對其施以四小時以上二十小時以下之家庭
　　　　　　教育及輔導。

　　　　　　前項家庭教育及輔導，如有正當理由，得申請原處罰之主
　　　　　　管機關同意後延期參加。

　　　　　　不接受第一項家庭教育及輔導或時數不足者，處新台幣
　　　　　　一千二百元以上六千元以下罰鍰，經再通知仍不接受者，
　　　　　　得按次處罰至其參加為止。

第七章　附則

第五十三條　本法修正施行前已許可立案之老人福利機構，其設立要件
　　　　　　與本法及所授權法規規定不相符合者，應於中央主管機
　　　　　　關公告指定之期限內改善；屆期未改善者，依本法規定處
　　　　　　理。

　　　　　　主管機關應積極輔導安養機構轉型為老人長期照顧機構或
　　　　　　社區式服務設施。

第五十四條　本法施行細則，由中央主管機關定之。

第五十五條　本法自公布日施行。

Chapter 3

本土化社區照顧與老人服務輸送

■前　言

■新時代的社區概念

■福利國家→福利社會→福利社區→社區照顧

■社區照顧的新熱潮

■台灣本土化社區照顧的歷史脈絡

■社區照顧與老人服務之困境及省思

■結論：建立緊密的社區關係結構

第一節　前言

全球化是一個相當複雜的問題，全球化在社會生活層面帶來社會照顧需求的增加，無可避免地促成政府對**社區照顧**政策的重視（George and Wilding, 2002）。全球化對每個國家的影響是不同的，在台灣很謹慎把握全球化帶來的機會，然而也必須對全球化帶來的社會生活入侵現象具有共存共榮的深刻認識，才能享受其成果。目前台灣的社區工作已顯現出全球化與本土化之間的反應和拉鋸戰，在此浪潮之下，可說「既期待又怕受傷害」。昔日傳統社區或鄰里之間的緊密情感和信任互動，在全球化經濟、政治、文化與社會等長期的衝擊下已漸消失，現今社區呈現出來的互動關係已轉變成較為**異化、疏離**（alienation）的社會互動模式。然而台灣地方對全球化的反應是選擇性的，也是適應性的，而且當國家有效扮演照顧人民的角色能量降低（Rodrik, 1997），以及對社會福利之給付資格規定愈來愈嚴格時（Daly, 1997），有些地方已呈現內部動力，以「本土化」、「地方化」、「在地化」來回應全球化的經濟、社會和文化的入侵與同化，並以實際行動和參與，來獲取自我社區的安全需求。

當前與社區有關的全球化的文獻中，對**本土化**或**地方化**一詞仍較少被社區用來作為關心的實體，且將居民生活最為迫切的照顧問題，放在全球化之下去做檢視的討論更屬少數，因此本章將探討在一片全球化的浪潮下，台灣的社會福利積極營造**在地情緣、在地老化**或**社區家園**的理念，到底對社區居民的生活照顧提供了哪些服務，尤其在高齡化來臨，老人人口大量增加之際，對本土化社區照顧服務的需求和發展，社區老人的照顧服務的實踐模式都是必須進行探討的，台灣建構一個有計畫性、前瞻性的社會福利政策是當務之急。

第二節　新時代的社區概念

一、新時代的社區的定義

社區（community）一詞是由一群早期社會學家，如孔德（A. Comte）、馬克斯（K. Marx）、杜尼斯（F. Tönnies）、韋伯（M. Weber）、涂爾幹（E. Durkheim）和齊美爾（G. Simmel）等所極力耕耘的社會學基本概念，但社會學者對其爭議仍未有定論，且各方定義甚多（Bell and Newby, 1978）。其定義主要是以人際關係群（set of relationships）作為範圍，認為社區是著重於小規模的親屬、鄰里之社區互動關係，以社區的認同感、歸屬感作為共同的核心價值，而這個部分迄今在社區工作實務中，仍是最困難、最難達成的目標。社會學者中以杜尼斯對社區有獨特的見解和詮釋，他認為社區關係是維護社會生活之穩定和生活意義不可或缺的重要因素（李天賞，2005），其流失是無法由支離破碎或市場經濟中較沒有人性的互動聯繫去獲得補償的，所以當社區居民的社區責任感若匱乏，居民無法激發情感認同時，將很難處理所面臨的生活危機，且易變成一個毫無生機的形式社區，故早期杜尼斯（1887）所提到「社區」概念的意涵，放到國內發展過程來看，仍是極為實際的社會學策略。

全球經濟中的社區所探討的問題聚焦在建構有效和有資源的社區結構，以提供工人和家庭在經濟上、社會上和心理上有壓力者的「安全保障」，尤其當全球化後，外籍配偶或外籍勞工的流動，多元人口已聚集在一起，這個聚集的結果正是今日多數國家所要面對的最大、最複雜的問題和挑戰（李天賞，2005）。因此如何在全球化的經濟、文化和人口的結合下，產生「社會融合」（social inclusion）的效果，建構一個多元服務的社區照顧網絡，形成緊密的互動關係，讓居住在同一地理區域

下不受國籍、膚色、語言、文化的差異影響，而能呈現出社區支持的情感，讓生活變得更有意義是極為重要的。

二、全球化的社區照顧理念

社區照顧的理念若擴而充之，其實就是一個**地球村**（global village）的概念，地球就是一個村落，它是一個不受限於任何村莊、都市、社會或國家等地域限制的社區概念，把社會視為一種共同象徵的想像群體，是一個具有共同血液和情感的擴大經濟、社會及互助網。今日全球化的理念推展也正是有意透過社會的文化交流，而產生全球性的整合趨勢。當然贊成全球化者認為它可以拉近人與人之間的距離感，減少國家之間的誤會和衝突，創造一個無國界的全球村；然而反對者則認為這是西方霸權國家進行另一種經濟和文化的侵入，所以全球化是一體兩面的認知，它像是一個槓桿，要如何掌握全球化的機會又不失互助的認同情感，是對現代公民社會的一個挑戰。

1990年代以來全球帶來的衝擊現象，已由原來經濟生產方式的改變，進而迅速擴展對全球政治、社會、文化的整合，而且當時全球化整合的困境和限制，已在目前**網際網路**（internet）的急速發展下一一被克服了，在**網路虛擬世界**（cyber world）的互動社會裡，已沒有國界和地域疆界，全球中的任何角落或任何人皆可經由網路相互溝通、交換資訊，「溝通無距離」、「天涯若比鄰」的「虛擬社區」就出現在我們日常生活中，全球網路可讓幾百萬人同時進行交流，也同時受到影響。所以在知識主宰的**後現代社會**（post-modernization）裡，掌握了網路科學的國家必能領導世界，只是網路互動的虛擬世界若是一個無情感的互動內涵，也將帶來另一個隱憂，即可能產生「比鄰若天涯」的互動模式，人與人之間的溝通不再是面對面的真誠情感，而是一張張虛擬「面具」，或以另一個轉人格化的虛擬性格來和他人溝通，即全球化、e化溝通模式將使

志工辦理「在地米食文化」園遊會，增加社區
老人互動的機會

照片提供：財團法人中華基督教福音信義傳道
會附設台中縣私立信義老人養護中
心。

創造不同的表演機會，讓銀髮族老人展現自我

照片提供：財團法人中華基督教福音信義傳道
會，附設台中縣私立信義老人養護
中心。

社區互動呈現「異化」模式。

　　全球化並非要全盤西化，它是可以在傳統與西化之間尋找一個平
衡點，這一個平衡槓桿是具有無障礙的溝通，是具有故鄉的情感互動關
係，否則縱然在全球化的領導下，亦將失去基礎的支撐力。所以全球化
到社區化是連成一線，其目的就是要創造更迅速、更開闊的互動關係，
在無國界的社區移動和交流中，相互照顧和真誠關懷。

 **第三節　福利國家→福利社會→福利社區→社區
照顧**

一、社區工作的核心價值：凝聚力

　　社區在社會工作實務上可簡單界定為：由鄰里組成的，即指一群

人居住於同一地理區位上,使用相同的公共設施,並具有社區情感意識、認同感的互動居民。因此,社區關係的發展與促進需要有熱心熱情的社區領袖來帶動,才能慢慢獲得社區居民的認同和參與,建構出社區生活的安全天堂。所以,社區工作的核心價值一直是以**社區凝聚力**為中心,這也正是社區關懷的重要資源和動力來源,因為唯有建構此種具有凝聚力的社區網絡,才能形成對社區公共事務和人文照顧的關心,才能對受到破壞的地方,挺身維護和積極參與,故「社區化」是要以「公共性」、「公共化」為內涵,它不只在乎國民所得的提高,更在乎人民生活品質的真正提升,它更是一個動態的過程,是一個轉化的力量,是必須動員社區居民的集體智慧、資源來經營的。

二、照顧社區化的發展:自助互助

公共性或社區性若以「照顧」(care)觀點出發,照顧社區化的實質內容乃為動員社區居民的力量和資源連結,以**在社區照顧**(care in the community)發展到**由社區照顧**(care by the community),再到**與社區一起照顧**(care with the community)的發展結構,建構一個「自助互助」的理念基礎,結合正式照顧和非正式照顧之資源網絡,讓社區中需要照顧的弱勢家庭或個人,仍然保有生活在自己熟悉的社區被照顧的機會,因而它是**在地老化**(aging in place),也是一個**去機構化**(deinstitutionalization)的照顧需求概念,故「福利社區」就是由「福利國家」轉化至「福利社會」再落實於「社區」扎根的照顧模式,以建構社區關係的照顧網絡為基礎,提供各種對居民的服務供給,滿足居民的生活需求,這也是政府推動「福利社區化」背後隱含的真正意義,說穿了就是欲藉由社區居民自動、自主、自發、自治的力量,讓高齡化地區,需要被照顧的老人,仍然擁有在地生活的「正常化」模式,這也是許多老年人的共同願望。不過,發展社區照顧政策,並非是要排斥所有

「機構式」的照顧模式，而是希望在社區中，依照老人身心狀況，提供不同的照顧模式，當老年人需要使用機構照顧服務時，機構也能朝向「社區化」、「小型化」的目標，創造一個專業又「似家」的雙重滿足。社區照顧的落實已不只是一種意識型態的實體理念，它更是一種計畫和方案的設計與管理的措施（賴兩陽，2000），在此理念下，社會福利的潮流發展，除了必須針對在地社區的弱勢家庭設計專業的服務方案，優先給予協助外，更要擴及一般社區大眾，政府方面更要突破表面數字的績效迷思，要求實質情感和凝聚力的事實表現，才能建構符合在地文化需求的社區照顧模式。

第四節　社區照顧的新熱潮

　　全球化社會福利的發展，從量到質的成長與速度已不同於往昔的概念，不同國家、政府和個人對於它所產生的影響反應迴異。儘管全球化下的國家治理模式各有不同，但這種由全球化帶來劇烈的變革卻是全方位的（楊佰漵，2002），尤其全球化帶來在地生活或家庭照顧壓力的尖銳化，使社會照顧的需求更為增加。「照顧」（care）的安全需求是每個人的福利需求，全球性的社會政策也希望能確保公民的福利（林萬億、周淑美，2004）。經濟合作暨發展組織（OECD, 1999）指出了「全球化」對社會福利保障體系的衝擊和影響，且在此保障體系下的壓力亦有相當程度的增加，如老年人口數量的急增、單親家庭增加、高失業率等都是影響的關鍵因素。台灣自1986年解嚴後，民間部門的力量蓬勃興盛，社會團體數量快速成長，也因而帶動地方自主意識的抬頭，尤其政府社區總體營造的號召力量，以及「生命共同體」、「認同共同體」的理念，更促使「社區熱潮」的氛圍逐漸擴大，故檢視西方社區照顧的模式，是瞭解台灣社區照顧發展狀況的一個重要課題。

一、西方社區照顧服務的模式發展

西方社區照顧服務的發展，Rothman（1979）曾提出著名的三個社區工作模式：

1.地方發展模式（locality development model）。
2.社會計畫模式（social planning model）。
3.社會行動模式（social action model）。

Popple（1995）則以多元的社區工作取向，擴大社區工作的範圍，將社區工作觀點擴充至九個模式，其中以建構社區網絡，並發展志願服務為優先，以此來照顧社區老人、身心障礙者及兒童等。不論傳統的三個模式或擴大的九個模式，其目的都是希望激發社區情感，以社區居民的「自主、自治」力量來關懷自己社區的居民，追求最佳的生活品質。所以，英國社區照顧政策有三個主要原則：

1.適時、適切的提供服務給最需要者。
2.被幫助者應有選擇權及表達意見的對話空間。
3.人們應盡可能在自己家中或附近地理區域就能取得照顧服務。

此外，社區照顧還可將醫院或護理之家的全天候照顧床位，留給確實有需要且無其他替代照顧方式者，以發揮醫療資源的最大效益，這在國內則以社區照顧模式呈現社會福利社區化之基礎（陳燕禎，1997；黃源協，1998，2000；周月清，2000；賴兩陽，2002）。故「在地」、「便利」的社區照顧服務模式已成為高齡化社會的福利供給模式。

二、福利多元部門供給的盛行

近年來西方福利國家發展出福利多元主義（welfare pluralism），民

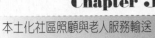

營化（privatization）、**委託外包**（contract out）和**外展服務**（outreach service）等政策，國內的社會福利之推動也受到這股潮流的影響，因此長久以來，社區工作一向以「國家」主導的介入方式也已轉變，尤其在公民社會時代，人民的力量需「自覺」，激發更多的「社會力」，才能建構出適合本土的福利需求模式。目前在福利服務的輸送部門中，政府部門已不再是唯一的供給部門，民間的志願部門、社區（家庭）部門甚至商業部門都已是服務供給者，因此如何將此四大部門的力量加以整合，即將正式和非正式照顧資源網絡，以既分工又協調的方式運用，才能彰顯社會福利更多的效益。

把愛送到家，傾聽老人心聲

照片提供：財團法人彰化縣珍瑩老人養護中心。

三、社會福利社區化的運作

社會福利社區化的基礎既以落實「社區照顧」為核心，其主要內涵當然是為發掘、整合和運用社區的各方資源，並以結合健康照顧和生活照顧為目標，希望以預防性的健康營造及整合性服務方案（如日間照護、居家服務、喘息照護、送餐服務、居家關懷）來達到社區關懷的目的。施教裕（1999）曾以服務的概念提出「在社區內服務」（service in the community）、「由社區來服務」（service by the community）、「為

社區而服務」（service for the community）、「使社區能服務」（service of the community）等四項工作，來整合落實福利社區化的內涵和工作方式。因此，社區照顧政策本質上就必須是一個非常「本土化」的實踐模式，必須具有地方的歷史、文化、經濟和社區情感的延續性，以及社區部門的社會力，才能將社區居民的權利、義務和社會角色激發出來，並將社區的相關福利服務整合。

由此觀之，西方福利國家的服務輸送採取福利多元主義的供給模式的目的應有二：(1)滿足不同地區和不同對象的選擇需求：依老人身心狀況之需求，使用社區照顧服務方案（居家服務、餐食服務、問安服務、喘息服務等），是一項很重要的社會支持性的福利服務；(2)啟動社區互助和家庭照顧的力量：其理念和意涵就是要啟動社區互助和家庭照顧的供給力量（Ashworth and Baker, 2000），因此福利多元主義和社區照顧政策，才會成為高齡化國家社會政策的重要主流。

如何背負這沉重的照顧重擔：老人貧窮與性別

女性較男性長壽，幾乎是目前存在世界各國的一個事實，台灣地區也是如此，內政部公布2008年兩性的平均壽命已達78.54歲，其中女性的平均壽命82.01歲，男性75.49歲。百歲人瑞共計1,075人，女性人數為759人，男性人數為316人，女性為男性的2.4倍。（內政部統計處，2009）。若以現在住在機構的老人為例，從筆者所服務的老人機構發現，整體老人平均年齡為82歲，女性人數約為男性的3倍，年齡最大的為100歲，且90歲以上的老人全為女性，在過去她們所從事的工作大都是家庭主婦，要不就是務農協助者的工作角色。顯見居住機構的老人以女性較多、較長壽，且過去缺乏正式工作的狀況。

一般人提到「老」，就會聯想到「貧」、「病」，但就目前住

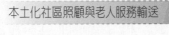
在機構的老人來說,他們如何解決經濟(養護費用)的問題呢?有一半以上的人是由子女共同分擔照顧費用(大部分是兒子),且這些長者平均生育的子女數在五至六位之間,有的甚至高達十至十二位;因此,每位子女所需負擔的照顧費用比例可能較低。反觀二十年之後,台灣的老人人口比例高達20%,這些老年人本身所生育的子女數相對減少許多(平均數可能不到兩位),加上人類平均壽命延長,可能出現四代同堂的比例頗高(應該說是工作人口須負擔他們的父母、祖父母、孩子的照顧費用),這些老人或許需要住到機構或是在家裡被照顧,試想,以兩個工作人力如何背負這沉重的照顧重擔?

　　台灣社會的老化現象正加速進行,以現在少子化的時代,如何有能力可以照顧日漸增加的老年人口?而是否老人住在家裡而不去住在機構,這個經濟的問題就能獲得解決呢?我們多麼期待每位老人可以留在家中安享天年,而盡可能減低對機構式照顧服務的使用,但事實上無論是居家或是機構照顧,老人以及家屬本身都需花費照顧成本,看看我們的社會準備好各種不同的照顧服務了嗎?老化社會的照顧問題,或許更確切的反應在老年女性的照顧事實與需要。

資料來源:作者實例整理,並參考自內政部統計資料。

 ## 第五節　台灣本土化社區照顧的歷史脈絡

　　由於西方福利國家人口老化的程度和速度都相當嚴重,許多福利體制國家也面臨財政困難的情形,因此提出以積極推展福利混合經濟、福利多元主義和社區照顧政策來解決財政的負擔,並以離開醫院的**去機構化(deinstitutionalization)**、**正常化(normalization)**作為老人照顧政策的目標,而觀此社區照顧政策的目的,就是要運用「民間」、「社區」

和「家庭」的照顧資源,並要求同時負起社區養老的照顧責任。然而隨著老人長期照顧人口的快速增加,及福利服務需求意識的不斷上升,服務需求和服務供給之間若不謹慎評估其效果,將在現實環境中產生**照顧鴻溝**(care gap)(Payne, 1997)。故為解決人口老化和家庭照顧的壓力,必須就政府提出的社區照顧政策和老人福利方案的投入情形進行檢視,才能慮及問題的出處與出路。

一、由社區工作到社區照顧政策發展

社區照顧政策是希望結合社會福利與社區工作兩大領域,做為政府和民間共同推動照顧社區居民的核心工作,而此兩大領域的交集核心也就是社區照顧。台灣的社區工作歷史,在面臨全球化、人口結構變遷和**擴散效應**(diffusion effect)衝擊之下,確實必須針對社會結構的改變,重新思考社區工作本土化的功能建構。自1965年,政府即開始推動社區工作,迄今已逾四十年之久,而1991年,台灣引進**社區照顧**(community care)的概念,於是政府社會福利政策乃逐漸轉型,以因應人口結構的轉變和照顧需求。

台灣社區照顧政策的發展,約略可分為四個階段:

(一)第一階段:萌芽期(1986至1990年)

此時期以1965年的「民生主義現階段社會政策」為起點,而後提出的政策重點多是強調以社區發展為名的系列工作,社會福利扮演著社區發展的附屬角色之一。

(二)第二階段:形成期(1991至1995年)

從1992年的「台灣省現階段社區發展工作實施方案」,就明定以「社區」為中心,建立社會福利服務體系,成立老人長壽、長青俱樂

部，建立硬體的老人活動中心、社區活動中心等，並輔導民間林立的小型老人福利機構合法化。1994年行政院頒訂的「社會福利政策綱領」指出：「加強社區老人安療養設施，結合社區資源建立居家照顧服務網絡……」，以及「結合區域內相關老人機構，提供居家服務、居家護理、托老，以及文康休閒等措施」，許多服務項目均已涵括了社區照顧的範疇。1995年的全國社區發展會議，正式提出「福利社區化」之概念，開啟社區照顧的新里程碑。

(三)第三階段：實驗期（1996至2000年）

自1996年內政部核定的「推動社會福利社區化實施要點」，更充分強調社區照顧與家庭和社區的資源網絡在提供老人照顧上具有相輔相成的重要性。1998年政府面對老人問題的照顧壓力，乃訂頒「老人安養服務方案」，明確主張以社區照顧的方式提供老人照顧服務，並承諾每一鄉鎮、區里普設社區居家服務支援中心，以提供老人居家服務。而行政院衛生署於1999年就編列經費，補助地方政府辦理「失能者長期照顧『暫托』（respite care）服務計畫」，以協助支持家庭照顧老人，紓解家屬之身心壓力，也藉此維持家庭照顧的功能。2000年時，政府為進行全國長期照護供需與資源評估，「建構長期照護體系先導計畫」乃應運而生。

(四)第四階段：照顧產業期（2001年起）

2001年行政院衛生署制訂的「新世紀健康照護計畫」，積極推展**居家護理**及**居家服務**整合模式，尤其是在山地鄉與離島地區，以擴大服務功能。近年來，由於國內面臨失業率居高不下的難題，當時政府為拚經濟，提出多項振興經濟方案，其中一項即行政院於2001年制定「照顧服務產業發展方案」，並納入「挑戰2008：國家發展重點計畫」之一，於2002年1月31日又核定的「照顧服務福利及產業發展方案」，將照顧工作

健康促進活動帶領社區老人活絡筋骨、跳健康操

照片提供：財團法人南投縣私立南投仁愛之家。

推向產業化發展，希望藉由照顧服務產業化的推動方式，同時解決中高齡失業以及老人照顧的問題，以穩定社區、家庭的照顧系統和功能。行政院於2005年又訂定「健康社區六星計畫」。在「健康社區六星計畫」的「社福醫療」面向中，為發展社區照顧服務之策略，建立以「社區照顧關懷據點實施計畫」及「長期照顧服務社區化計畫」兩項計畫為主，共同推動「失能老人及身心障礙者補助使用居家服務計畫」，服務項目包含家務及日常生活照顧服務及身體照顧服務，有效減輕家庭照顧之負擔，滿足失能者居家安養之需求，而2006年又推出「大溫暖套案」，也以社區照顧關懷為中心，希望結合社區照護人力，以**在地人服務在地人**，落實在地社區老化之目標。而2008年新政府的社會福利主要推出「馬上關懷」，也是以基層社區里鄰為中心的福利措施方案，以及實施全民式的**國民年金政策**，希望面對高齡化社會需求，建構全民基本生活保障的社會安全網。

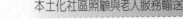

二、老人照顧朝向「產業化」、「市場化」方向前進

今日因社區照顧的經驗及觀念欠缺，且人力與設備不足，故「政府」仍扮演主動、主導的地位和角色，政府試圖以經費補助方式，帶動民間團體和社區力量的回應和參與，希望推動「在地化」的居家服務，解決老人的諸多問題。近年來，政府投入社區照顧工作方案的經費，包括中央相關部會及地方政府等共高達數十億元至上百億元，方案目標大致雷同，但福利措施因缺乏整合，造成各部門所提供之老人照顧服務，呈現服務片斷性、不連續性，且其服務對象或多所重疊，真正有需求者或救助資格不符的「社會邊緣人」，則無法取得資格使用福利。近年來積極鼓勵非營利部門，以邁向產業化、商業化發展路徑前進，這除了反映政府運用民間社會資源和以福利多元主義的市場理念，建構社會福利政策外，更協助在地人就業之目的。目前政府推展社區照顧的老人福利服務項目之成果，以「居家服務」的成效最為顯著（內政部統計處，2009），見**圖3-1**。

政府推展照顧產業化政策方案，就是希望老人照顧工作能朝「產業化」、「市場化」的方向前進。不過，台灣自推展照顧產業政策和方案後，從中央到地方政府以及執行單位，至今都處於各自摸索的狀況，且未針對方案執行的經驗及結果進行專業的檢視和評估，因此造成許多社會資源未能發揮整合之效益，甚至還發現資源被濫用和誤用的情形。

第六節　社區照顧與老人服務之困境及省思

台灣自引進西方福利國家的混合經濟模式和福利多元主義之後，政府政策轉變以「公設民營」、「契約外包」、「方案委託」為發展取向，希望供給模式能打破以往將政府視為唯一的供給角色，代之以多元

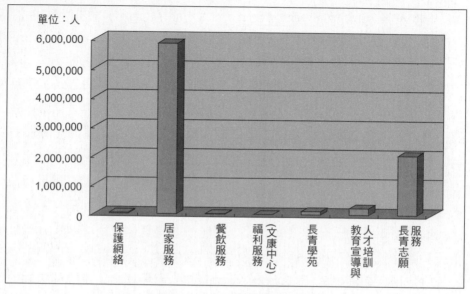

圖3-1　老人福利服務成果

資料來源：作者整理製作自內政部統計處（2009）。

部門為供給市場，包括志願部門、商業部門，以及社區（家庭）等多部門的共同力量來輸送服務，目前以運用民間志願部門為發展主軸，以建構照顧資源的服務網絡，然而社區照顧政策未見明顯解決相關的照顧需求問題，究其原因有以下幾點：

一、欠缺「由下而上」的社會動員力

　　政府要推展社區照顧政策，就要建構一個完善的社區照顧網絡，在正式和非正式照顧者之間必須要能發展出**夥伴關係**（partnership relation）。但目前台灣的社區或志願部門所提供的服務，仍以政府出資的經費為主要來源，在財務上依賴政府的補助而生存，若政府抽離補助經費，這些民間志願部門的服務方案即面臨「停辦」或「結束」的局

面。即使解嚴後的民間慈善團體快速且大量增加，真正具有足夠財務自主的民間團體仍是少之又少，至今尚無法充分展現志願部門的財務能自主性的發展，因此對各類社會福利服務方案的持續性、整合性服務，還有待周全的規劃，才能確實照顧和保護案主所需。公民社會已來臨，公民社會就是要發展志願部門的社會力，藉由由下而上的社區發展模式，才能扭轉以往由上而下由政府主導的模式，並依每個社區的生態文化、不同照顧需求，而有不同的發展模式，所以社區照顧應具個別化的草根模式，才有永續發展的動力，否則在全球化的福利浪潮下，「由上而下」的福利模式都將曇花一現，掉入福利口號的政策，甚至名為由社區來照顧，卻使老人淪為被社區遺棄的現象。

二、社區照顧機制仍以「行政者」為中心

台灣目前雖已有成立照顧團隊來運作之概念，但形式面多於實質面，一則照顧團隊的專業人力不夠完整，二則照顧團隊對案主參與或使能（enable）有限。而促使案主的使能，在社會工作服務是相當重要的處遇目標，即社區照顧應以案主的需求為服務核心，激發案主的潛能，使案主的能力能被激發。然而在實務工作中常發現，在服務運作機制上仍以「行政者」或「負責人」為核心，而非以使用者、家庭照顧者或專業者為核心，致整體服務結果的呈現是零碎的服務輸送。所以，社區照顧政策服務方案，迄今仍然對專業的理念認知不足，服務供給的工作者專業的訓練教育多未納入經常性運作計畫，即使政府主導的社區照顧服務方案，亦未有能力要求設置專業社會工作人員，多由委辦單位憑著愛心，以「**邊做邊學**」的方式累積經驗，特別是站在第一線的社區照顧服務人員，雖然熱心、愛心有餘，但卻常產生專業理念、技巧不足的衝突困境。2005年政府推展照顧服務人員的「丙級檢定考試」，作為服務品質的規範和控制，不過員工的在職訓練、教育仍無法與國際高標準接

軌，因此社區照顧服務也未得到掌聲，所以照顧要邁向照顧產業化、市場化的發展還有一段很長的路要走。

三、社會福利的資訊通路和溝通平台不足

目前除辦理此方案單位的內部管理制度尚未建立之外，服務資訊的取得仍屬於單向、單點的方式，只能「靠機緣」才有機會進入使用服務供給系統，而目前政府為老人所開辦的服務方案及選擇的空間還是極為有限，仍有許多真正的需求者被限制在福利資訊系統的科層體制裡，而這一群人又往往是最不容易取得訊息者，這也正是今日社會福利服務輸送過程中必須面對的最大問題。此外，此方案的效果雖然明顯，但必須留意服務的制度結構、專業人員的理念和對老人的態度是否會阻礙老人進入社區服務系統的機會。實務工作上發現，目前政府為社區開辦的各種服務方案，仍讓許多有真正需求的人仍被限制在有限和難以接近的科層體制中，其獲得資訊溝通平台及選擇的空間極為有限，因此如能以「整合性服務」方式介入，將能使社區照顧方案的使用效益發揮到最大效果，讓有需求者獲得更多元的選擇機會。

四、「在地志工」的人力資源有待開發

許多社區照顧關懷據點，因動員和結合社區資源才能展開，方案執行時雖發動志工參與，協助推展各項活動及服務，但這樣還不夠，應以更有組織、有計畫的運用志工人力，成立志工團隊，才能延續本土化服務之功能。目前社區照顧關懷中心大都依靠社區志工的協助，但應進一步將志工群納入組織結構，確實辦好志工訓練、管理與教育，以照顧團隊的模式出現，才能引發更多有組織性的自發力量參與，形成真正「由社區照顧」的發展模式，展現在地志工的人力資源。

衛局退休人員　組志工生力軍

　　全國志工召募正風起雲湧，台中縣政府社會局13日舉辦嘉年華會前夕，全國首見由退休衛生人員組成的協會已在台中縣成軍，二百二十名會員中，已有二十五名志工，衛生局前疾病管制課長李淼龍獲選為理事長。

　　他說，衛生退休人員的醫療專長與豐富經驗可以提供民眾更多的服務，安心養老之餘，貢獻公益是生命中很大的收穫。

　　李淼龍說，台中縣衛生局歷年來，都曾為退休人員舉辦聯誼活動，80、90歲的前輩至今都還年年見面，維持經驗的傳承，台中縣所成立的全國第一個由退休衛生人員組成的協會，是以「聯誼退休人員感情，參與台中縣衛生局舉辦之公共衛生保健服務，促進社會和諧，營造身心健康」為宗旨，在經驗十足的團隊加入下，對於民眾衛生保健服務將有極大助益。

　　目前擔任衛生退休人員志工的人數已有二十五人，本身也才退休不久的李淼龍說，退休公務人員是社區寶貴的人力資源，尤其公教人員發生退休潮，符合55專案或低於55歲志願退休者爭相申請退休，以台灣目前的經濟景氣，再找一份工作並不容易，何況政府照顧退休公教人員福利超越美國，幾乎每個人都可以安心養老。

　　協會成立以來，二十五名志工攜手展開人生另一階段的旅程，老同事們抱著服務的心情，共同追求全新體驗且優質的生活，以前沒有時間做或沒錢做的事一一體驗，衛生局哪裡需要人都可以見到他們的身影，因為是熟悉的領域，做起來駕輕就熟，不少人甚至比以前領薪水時還要認真。

資料來源：曾秀英（2005）。《中國時報・中部焦點地方教育C1版》，2005年11月8日報導。

第七節　結論：建立緊密的社區關係結構

　　社區老人照顧要成功，其發展過程的投入是辛苦、坎坷的，更難以用明顯的數字呈現績效。由於台灣社區政策的推展，長期以來國家一直扮演著主導地位，故其所扮演的角色和介入的方式資源，也決定地方社區照顧方案的發展和成功與否。因此由此實務的社區家園照顧方案觀之，社區居民未具有充分自發力量，仍以台灣傳統社區工作的「由上而下」主導模式在發展，雖已有「在社區照顧」的服務供給，但「由社區照顧」的力量並未形成。日間照顧方案是一個多樣化、多元化的服務方式，它提供一個符合社區居民生態、文化和生活需求的照顧服務，進而凝聚和建立居民的認同情感。「建構一個屬於自己的社區家園」是該服務方案的主要目標，它讓許多居住在社區的長輩藉由參與日間照顧服務活動來學習新知識，擁有自我健康生活的理念，進而自助自發地服務自己的在地社區。

　　杜尼斯（Tönnies）的社區概念，是強調建立一個具有「**緊密社會關係**」的結構，要人們加強情感聯繫和提升社區的規範力量，這也是當前全球社會所欠缺和需要面對的一個目標。台灣社會在面臨全球化的經濟、社會、文化的衝擊下，社區和家庭功能已不斷減弱，而政府推展的社區照顧方案的功能目標，雖已呈現資源整合的企圖和社區關懷整合模式，但光靠政府由上而下的主導力量，仍然無法滿足人口結構變遷的照顧需求。政府除了應更加積極投資、推動地方性的小型社區服務方案，讓長者獲得「可得」「可及」「可近」「可用」的服務之外，在全球化的全面性滲透和人類互動的虛擬空間愈來愈擴大之際，社區自我相互照顧的力量一定要拉出來，讓每個人在自我熟悉的環境中找到支持系統，建立起在地人的故鄉情感和自己需要的福利道路。

問題與討論

一、社區工作的核心價值為何？

二、何謂照顧社區化？主要的原則有哪些？

三、福利服務的輸送部門包含政府部門、民間志願部門、社區（家庭）部門以及商業部門，您覺得應如何將四部門的力量加以整合，以增加社會福利的效益？

四、台灣社區照顧政策發展可分哪些階段？其內容為何？

五、社區照顧政策發展至今的相關照顧需求問題還有哪些？您認為問題未能獲得解決的原因為何？您覺得應如何給予協助？

參考文獻

一、中文部分

內政部統計處（2009）。《老人福利服務成果》。台北：內政部統計處。

李天賞（2005）。《台灣的社區與組織》。台北：揚智文化。

周月清（2000）。《英國社區照顧：源起與爭議》。台北：五南。

林萬億、周淑美譯（2004）。V. George 和 P. Wilding 原著。《全球化與人類福利》。台北：五南。

施教裕（1999）。〈社會福利社區化的理念省思和問題探討（上、下）〉，《社會福利月刊》，第141、142期，頁16-39、18-24。

陳燕禎（1997）。〈英國的福利制度與社區照顧方案〉，《社會福利月刊》，第133期，頁2-19。

曾秀英（2005）。〈衛局退休人員 組志工生力軍〉，《中國時報》，2005年11月8日，中部焦點地方教育C1版。

黃源協（1998）。〈福利混合經濟下的社區照顧：英國的經驗、台灣的借鏡〉，《社會政策與社會工作學刊》，第2卷第1期，頁39-85。

黃源協（2000）。《社區照顧：台灣與英國經驗的檢視》。台北：揚智。

楊佰淑（2002）。《全球化：起源、發展和影響》。北京：人民。

賴兩陽（2000）。〈福利社區化的理念與實踐〉，《厚生月刊》，第9期，頁39-41。

賴兩陽（2002）。《社區工作與社會福利社區化》。台北：洪葉。

二、英文部分

Ashworth, M. and Baker, A. H. (2000). 'Time and space: Career's view about respite care'. *Health and Social Care in the Community, 8(1)*, 50-56.

Bell, C. and Newby, H. (1978). *Community Studies*. London: Allen & Unwin.

Daly, M. (1997). 'Welfare state under pressure'. *Journal of European Social Policy, 7(2)*, 129-146.

George, V. and Wilding, P.(2002). *Globalization and Human Welfare*. Rutgers, NY: Palgrave.

OECD (1999). *A Caring World: The New Social Policy Agenda*. Paris: OECD.

Payne, M. (1997). 'Care management and social work'. In J. Bornat, C. Pereira, D. Pilgrimt and F. Williams (eds.), *Community Care: A Reader,* pp. 227-286. London: Macmillan.

Popple, K. (1995). *Analyzing Community Work: Is Theory and Practice*. Buckingham: Open University Press.

Rodrik, D. (1997). *Has Globalization Gone too Far?* US: Washington, DC.

Rothman, J. (1979). *Three Models of Community Organization Practice*. NY: Harper and Row.

Tönnies, F. (1887). *Community and Society*. Rutgers, NJ: *Palgrave*.

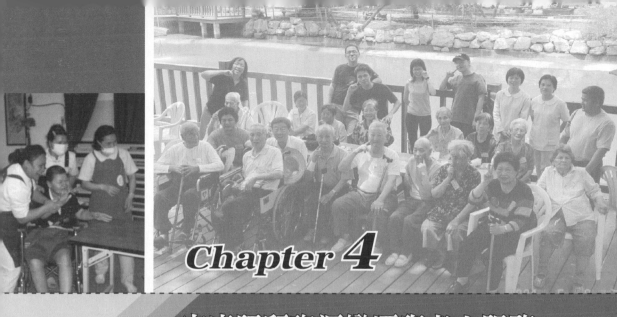

Chapter 4

家庭照顧資源變遷與老人服務

■前　言

■家戶結構和老人居住模式的轉變

■老人生活需求問題與家庭照顧負擔

■多元照顧政策方案的投入與發展

■老人照顧服務問題分析

■建構夥伴關係的照顧服務

■結論：多元化老人服務是高齡化社會重要出路

第一節　前言

　　台灣官方行政院經濟建設委員會於2006年6月20日，召開「經濟永續發展會議」，提出台灣的人口問題已成為經濟、社會發展的核心問題，且由於快速老化的人口而引發一連串的效應，包括急速增加的老年人口、快速減少的青壯年人口、社會資源面臨重大的重分配問題等等。內政部統計處公布2007年底，65歲以上的老年人口數已突破全國總人口數的10.21%（2,343,092人），2008年底的人口結構分析，65歲以上的老年人口已占總人口的10.43%（2,402,220人）（內政部統計處，2009），而預估至2027年老年人口將占總人口的20.04%，不過實際發生數都比原先政府推估的數據還要來得高、來得快（內政部統計處，2008；見圖4-1）。

　　依據經濟合作暨發展組織（OECD, 1999）所做人口老化之報告，預估2030年65歲以上的老年人中，80歲以上者將占最高比例（李奇愛、彭德明、李少珍，2005）。另在2000年「全國戶口及住宅普查」統計分

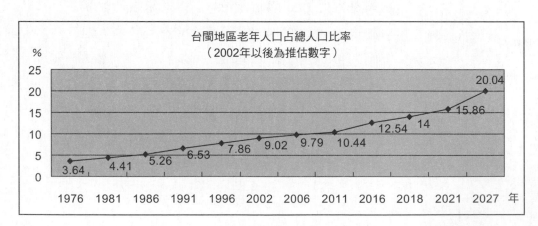

圖4-1　台閩地區老年人口占總人口比率

資料來源：內政部統計處（2009）。統計推估期間：1975年1月1日至2027年12月31日止。

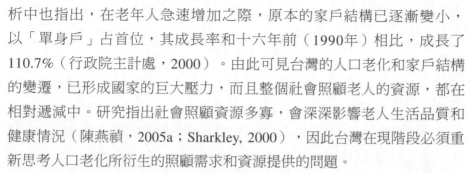

析中也指出，在老年人急速增加之際，原本的家戶結構已逐漸變小，以「單身戶」占首位，其成長率和十六年前（1990年）相比，成長了110.7%（行政院主計處，2000）。由此可見台灣的人口老化和家戶結構的變遷，已形成國家的巨大壓力，而且整個社會照顧老人的資源，都在相對遞減中。研究指出社會照顧資源多寡，會深深影響老人生活品質和健康情況（陳燕禎，2005a；Sharkley, 2000），因此台灣在現階段必須重新思考人口老化所衍生的照顧需求和資源提供的問題。

今日高齡化社會所帶來的老人照顧問題，已不再如昔日只是單純的家庭支持或家庭照顧問題，它已延仲到公共領域的老人退休機制、社會安全制度等政策問題。原本人類預期壽命的延長是值得引以為傲的事，但長壽之餘是否帶來良好的生活品質，卻令人擔憂。就此，聯合國也針對全球老人人口激增引發的照顧問題，於1991年通過「聯合國老人綱領」，提出「獨立、參與、照顧、自我實現、尊嚴」五個要領作為實施老人福利政策和服務輸送的努力目標，其目的就是希望每一個老年人都能擁有一個有品質的晚年生活。目前各人口老化的先進國家，都以社區照顧的**居家服務**（home care service）為基石，並提供老年人安全化、多樣化、品質化和人性化的生活照顧模式，以達成**在地老化**（aging in place）之目標。因此，台灣應如何有計畫性、前瞻性的提供老人福利政策和社區照顧方案，結合社會資源以協助家庭照顧，乃是當務之急，本文就台灣在人口快速老化之下，針對家庭和老人照顧的需求，以及政府政策方案的供給進行探討。

第二節 家戶結構和老人居住模式的轉變

人口學的概念向來是將老人視為「依賴人口」（Monk, 1980），並就依賴人口的多寡來思考老人生活安全的提供，亦即由此推估照顧老人

的「代間資源」（intergenerational transfer）和「公共社會福利」等財政
負擔的問題，因此由人口結構的變遷將更能清楚老人的問題所在。

一、老年人口的扶養壓力

　　由於台灣地區在老年人口的相對數、絕對數及人口老化指數不斷攀
升之際，戰後嬰兒潮（大約是指1945年至1964年間出生的人）的人口群
即將邁入老年期，因此大量老年人口的需求，需要更多的照顧資源。因
為2006年的老人人口數已達22,876,527人，老年人口依賴比例已由1990
年的9.3%上升至2006年的13.9%，而老化指數則由1990年的23.0%上升至
2006年的55.2%，而扶養比自1990年的50%下降至2006年的39%，十六年
間扶養比下降了11%（**表4-1**）。雖然台灣地區青壯人口的扶養負擔略高
於韓國、香港，但和老人人口比率較高的新加坡及歐美國家（德、美、
英、瑞）比較，扶養負擔則來得低（內政部戶政司，2006）。此外，要
探討高齡化社會的照顧資源，得同時觀察出生率的變化。台灣於2006年
新生嬰兒計204,459人，其粗出生率為9‰，較2005年下降0.1個千分點，
且持續創新低。亦即老人人口愈來愈多扛在政府肩膀上，小孩愈生愈
少，因此依賴人口多，而被依賴的經濟人口也愈來愈少，致扶養壓力愈
來愈大（見**圖4-2**、**圖4-3**）。

　　由於「高齡化」社會相對地帶來「少子化」的問題，因此當人口
不斷老化，生育率又持續降低時，人口金字塔便呈現「倒三角形」的情
形，此時國家就必須對人口政策和社會福利制度重新檢討，因為這面臨
「誰來照顧老人」的人力和資源問題。台灣的**人口轉型**（demographic
transition）已由高出生率與高死亡率，轉移到低出生率和低死亡率的過
程，此種人口結構大幅改變，已使國家近年來在社會福利政策上有所調
整，也就是對公共支出結構進行必要的重組，因為「食之者眾、生之者
寡」的問題已浮上檯面。台灣的家庭負擔愈來愈沉重是不爭的事實，加

表4-1　近年我國老人人口統計一覽表

年別	總人口數	65歲以上總人口數	老年人口成長數	老年人口占總人口數%	老年人口依賴比	老化指數	扶養比
1990	20,401,305	1,268,631	67,310	6.22	9.3	23.0	50
1991	20,605,831	1,345,429	76,798	6.53	9.7	24.8	49
1992	20,802,622	1,416,133	70,704	6.81	10.1	26.4	48
1993	20,995,416	1,490,801	74,668	7.10	10.5	28.2	48
1994	21,177,874	1,562,356	71,555	7.38	10.8	30.2	47
1995	21,357,431	1,631,054	68,698	7.64	11.1	32.1	46
1996	21,525,433	1,691,608	60,554	7.86	11.4	34.0	45
1997	21,742,815	1,752,056	60,448	0.00	11.6	35.7	44
1998	21,928,591	1,810,231	58,175	0.26	11.8	37.6	43
1999	22,092,387	1,865,472	55,241	8.44	12.0	39.4	43
2000	22,276,672	1,921,308	55,836	8.62	12.3	40.9	42
2001	22,405,568	1,973,357	52,049	8.81	12.5	42.3	42
2002	22,520,776	2,031,300	57,943	9.02	12.8	44.2	42
2003	22,604,550	2,087,734	56,434	9.24	13.0	46.6	41
2004	22,689,122	2,150,475	62,741	9.48	13.3	49.0	40
2005	22,770,383	2,216,804	66,329	9.74	13.6	52.05	40
2006	22,876,527	2,287,029	70,225	10.0	13.9	55.2	39
2007	22,958,360	2,343,092	56,063	10.21	14.13	58.13	38.43
2008	23,037,031	2,402,220	59,128	10.43	14.36	61.51	37.7

1.統計期間：1990年12月31日至2008年12月31日。

2.資料來源：內政部戶政司，《現住人口按三段六歲年齡組分》。網址：http://www.ris.gov.tw/docs/f4a-1.html。上網檢索日期：2009年2月19日。

上今日婚姻模式的轉變，家庭功能已減弱，現今若要全由「家庭」一肩來扛起照顧老人的所有責任，那將是家人難以承受的痛苦，也不是一個福利國家應有的作為。

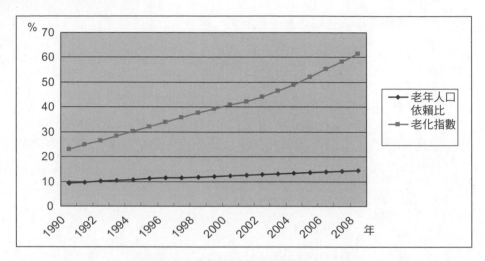

圖4-2　台灣地區老化指數和依賴比的變化（1990至2008）

資料來源：作者整理繪製自內政部戶政司（2009），《現住人口按三段六歲年齡
組分》。網址：http://www.ris.gov.tw/docs/f4a-1.html。上網檢索日期：
2009年2月19日。

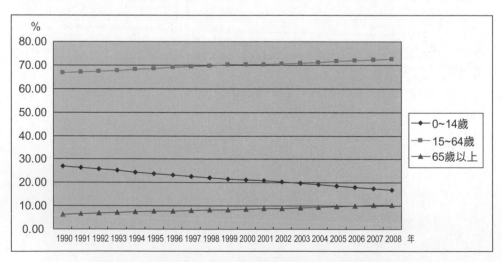

圖4-3　台灣近年人口年齡結構變化（1990至2008）

資料來源：作者整理繪製自內政部戶政司（2009），《現住人口按三段六歲年齡
組分》。網址：http://www.ris.gov.tw/docs/f4a-1.html。上網檢索日期：
2009年1月14日。

二、「配偶同住」和「獨居」老人愈來愈多

　　從內政部統計處歷年老人狀況調查報告公布的「老人居住狀況調查」，雖然老人住在家裡的比例占最高，其中又以「與子女同住」的老人占最多，其次是與「配偶同住」的老人，再來就是「獨居」的老人，然而值得注意的是，依行政院主計處最近調查公布的資料，住進老人機構者在1996年前僅占0.9%左右，至2005年已提高至2.26%（見**表2-3**，第48頁）。此急速攀高之數據，一則來自老年人口大量增加所造成機構照顧的市場化需求，二則也表達家庭照顧人力及資源不足的需求問題，而老人居住方式的改變，也產生其生活需求的轉變。研究指出，老年人獨居的生活方式和年輕人大不相同，因此受到社會較多的關注（Townsend, 1965），因為**獨居**若作為居住方式的一種**選擇權**，通常人們都希望能在「安全無虞」，且具隱私性的生活中享受。根據行政院衛生署（2004）的調查報告指出，國人自殺率中，65歲以上的老年自殺率較上一年增加約6%；而更令人憂心的是，老人自殺的首要因素已由「喪偶」原因取代了昔日的「久病不癒」，而此自殺原因凸顯出老人的家庭互動不足、社會福利支持系統薄弱的問題。

　　我國因長期受到中國傳統文化的影響，家中老人即使身體衰弱或失能，也一向與子女們同住，由家庭成員提供奉養，所以老人照顧除非是家庭人手不足，才會將他們的父母送至老人福利機構接受長期照顧（陳燕禎，2004）。因此家庭的照顧功能一直被政府視為推展社會福利之重要的隱含資產，政府在政策和立法上也以「優良文化或美德」給予不斷包裝，希望能透過傳統的孝道文化和家庭功能的持續發揮，來協助政府解決高齡化社會帶來的老人照顧問題。但老人三代同堂或與子女同住的比例已逐年遞減，「獨居」、「與配偶同住」或「機構安養」居住模式的比例，也將隨著社會和家庭結構的變遷而逐漸增加，此居住模式的轉變顯示出老人的生活照顧問題已呈現新的局面，因此政府社會安全制度

社區關懷據點提供送餐服務以及講座活動，關懷、提升老人的生活品質

照片提供：財團法人南投縣私立南投仁愛之家。

必須盡速進行結構性調整，否則未來大量的老人將成為社會福利的負擔者。

第三節　老人生活需求問題與家庭照顧負擔

一、老年人的生活需求問題

老人最易發生的生活需求問題向來以經濟問題為首（謝高橋，1994）。此乃由於社會結構和政策因素，老年人因退出工作職場而易成為經濟的依賴者，呈現出貧窮化的過程。當前社會的勞動市場對老年人的**刻板印象**（stereotype）或**老年歧視**（ageism），使得由原來有收入的「生產者」轉變成「社會福利負擔者」，這是由社會政策在勞動市場中所創造出來的，如退休迫使老年人的地位從經濟獨立轉變為「依賴」的地位。古允文（1997）對經濟安全問題的研究就指出，歐盟（European Union）諸國對貧窮與經濟安全，已逐漸由匱乏（lock）到剝

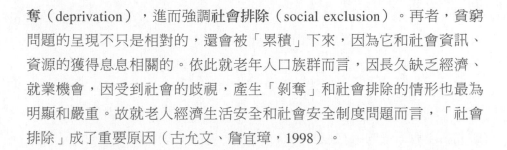

奪（deprivation），進而強調社會排除（social exclusion）。再者，貧窮問題的呈現不只是相對的，還會被「累積」下來，因為它和社會資訊、資源的獲得息息相關的。依此就老年人口族群而言，因長久缺乏經濟、就業機會，因受到社會的歧視，產生「剝奪」和社會排除的情形也最為明顯和嚴重。故就老人經濟生活安全和社會安全制度問題而言，「社會排除」成了重要原因（古允文、詹宜璋，1998）。

二、老人經濟生活面臨極大的風險

　　國內相關研究相繼發現，老年人的經濟生活確已面臨相當大的風險和考驗，政府必須運用風險管理手段才能予以因應（方明川，1994；柯木興，1997；古允文，1997）。諸多研究發現，老人經濟方面需扶助者所占的比例相當高，且有日益升高之趨勢（徐震，1986；詹火生，1986；謝高橋，1994；陳燕禎，1994，1996；陳燕禎、黃志忠，2006）。早期李金桐和陳小紅（1989）的研究指出，國內購買「商業」保險者以「養老取向」居多。由此可見「養老型」的經濟需求既然已普遍被一般民眾重視，也表示民眾已有自覺（self-awareness）晚年必須面對的生涯規劃，因為家庭提供老人照顧的系統已改變。雖然政府於2008年10月實施全面性國民年金制度，但仍必須加強老人生活扶助和社區照顧福利服務方案的設計規劃，如居家服務、日間照顧、喘息服務等措施，才能協助家庭扶養照顧老人的意願和行動。

三、家庭長期照顧失能老人的負擔沉重

　　家庭長期照顧失能老人的負擔，由於家庭結構的變遷，照顧的壓力已不同以往。研究中發現，照顧者的負荷和壓力通常是「被低估」的（Hoenig and Hamilton, 1965；Anderson, 1987; Weber and Schneider,

1993）。所謂「久病床前無孝子」，由此觀之，自古以來長期照顧者的身心負擔是極為沉重的。國內已有諸多相關研究指出，照顧失能老人的照顧者普遍健康情形都不好，且常合併有神經衰弱、健康變壞、焦慮、憂鬱等身心症狀，嚴重者甚至崩潰（洪百薰，1995；卓春英，2001；呂以榮、劉弘煌，2002；秦燕，2002）。這在國外也有類似的研究結果，研究發現有八成的家庭主要照顧者，本身都有健康、經濟方面的負面問題（Kramer, 1997）。因此，照顧家屬對自我健康照顧的知識成長、照顧的技巧、相關情緒支持、照顧資源以及**生活福祉**（well-being）方面，都有著極高的需求性（劉淑娟、蘇秀娟、謝美娥，1998）。

由於家庭也是老年人社會支持體系的基本來源，是一種非正式社會資源，關係良好者能形成強韌、**緊密的社會網絡**（strong social network），所以此項非正式關係也是維持個人身心健康及自主的重要因素（Krause and Borawski-Clark, 1995; Sharkley, 2000）。中國社會向來以「家有一老，如有一寶」自許，故希望政府政策能透過家庭照顧資源之功能，來解決諸多老人問題及社會問題，然而今日多數家庭在照顧老人的過程中，恐怕早就將老人照顧視為是一個「壓力」和「包袱」，而非寶貴的資產，故更急需政府政策的介入與協助。

四、家庭照顧模式的轉變：「付錢」成了盡孝行為

台灣子女通常在面對父母健康呈現「失能」的狀況時，往往不會直接將父母送至機構養護，早期採取**兒女輪流照顧**模式，現在則多由**外勞看護**取代（陳燕禎，1994，2005b），以滿足和維持老人在家照顧的需求。研究指出，子女為了遷就工作，有時可能無法與父母同居或就近提供生活照顧，但仍能提供經濟資助，並用來委託他人代勞照顧（Hashimoto et al., 1992; Lee et al., 1994），只不過這種照顧模式在子女身上，也產生了一種矛盾現象，它反映出文化壓力與傳統道德的約束，亦

即理念上他們希望可以卸下照顧父母的責任，但卻又經不起社會世俗眼光的批評，於是在經濟能力許可甚或經濟壓力下，選擇以經濟支援，找人替代照顧，以表現出盡孝道的方式，這個風氣與觀念目前正在台灣社會滋長。

研究指出，老人留在自己家裡照顧的花費遠比在機構的照顧費用低（Boaz and Mullet, 1991），但成年子女最後仍多以選擇花錢由他人代勞的模式。就此國內也有實證研究指出，願意提供年老父母經濟支持的比例大於願意與之同居共住（章玉華，1994；伊慶春、陳玉華，1998）。可見子女提供日常生活支持的壓力是大於經濟壓力的。此外，現今成年子女與父母同住時，大都期待自己的父母能發揮協助家庭的幫手角色，希望父母能以「看家」或「照顧孫子」等的價值來回饋。故當老人出現身體功能失調和產生依賴時，便會深深影響家人照顧老人的意願，一旦家庭功能面臨衝擊，此時家人間就會呈現出不穩定的關係。

林松齡（1993）研究指出，台灣地區對老人的支持模式，傾向於家庭凸顯模式內的特定職務取向（task-specific orientation in family asymmetrical model），而這種取向必須是在老人身體健康情形尚可的情況下分工，一旦老人的身體失去功能，當依賴程度愈來愈高時，家人照顧的意願和照顧型態就會改變。所以社會福利的服務輸送必須是多元的，如可以由家屬將有需求之個案送至服務機構的社區，或機構式喘息服務，也可以以「醫院」為中心或以「社區」為中心，但不管何種方式，究其理念及意義就是要依賴家庭的資源和照顧者角色的模式（Ashworth and Baker, 2000），所以社區照顧服務方案就是提供照顧者一項很重要的支持性福利服務（Hirsh et al., 1993）。

五、亞洲國家老年福利措施的共同特徵：以家庭為中心

中國社會一向講求「孝道」文化，成年子女扶養照顧年老父母被視

為理所當然,亞洲國家(如日本、台灣、新加坡)在推展老年福利措施的共同特徵是**以家庭為中心**,將家庭作為提供老人福利的主要來源,政府的公共福利措施反而成為是填補性質,而非公共政策的首要考量,所以政府所提供的福利供給向來只是**殘補式(residual)**的福利供給性質。尤其台灣還以法律(如民法、老人福利法)來規範對老人的**扶養責任歸屬**,並制訂罰則,以防子女「棄養」父母。因此受到我國國情及傳統孝道觀念的影響,社會上大多數人在父母失能後,仍覺得若將年老父母送至老人機構接受照顧是「不孝」的行為。

即使現今社會已處在後工業化的時代,但研究指出,有愈來愈多的人認為理想的老年居住安排是住在自己家中,並希望同時享受政府政策所安排的照顧專業團隊來給予協助(Arango and Delgado, 1995)。謝美娥(2004)研究指出,當老人在擁有各項豐富資源時,比較能決定居住安排,並有較高的決定掌控力,而資源較豐富的老人,其生活品質也較高。因此政府不能再否認台灣家庭結構變遷,和人口老化帶來照顧壓力的現實衝擊,若要使老人能延長留在家中的時間,必須提出一套「有用」、「有效」的服務方案,必須從上游政策開始,確實整合衛生及社政(社會福利)的社區照顧政策計畫,然後再連線推展至下游實際提供服務輸送(執行)單位,才能建構出實際可行的家庭老人照顧服務方案。政府若仍一味地將照顧老人是傳統美德的藉口作為解決方式,將迫使原本有意願照顧老人的家庭,在無力完全承擔之苦痛下,形成家人對老人支持情感的疏離,以及成為高風險的家庭,並產生老人虐待或「棄養」的嚴重問題(陳燕禎,2004)。因此社區式、居家式的長期照顧,已成為當前高齡化社會的出路。

福德平宅多寂寥　管區拜年添溫馨

　　新春是闔家團圓的日子，但在每坪叫價百萬元的信義區，住著一群單身老人，他們沒有子女相伴，靠的全是市府補助金過日，今年過年期間，福德派出所員警帶著慰問金、水果禮盒登門訪視，令老人家們激動落淚。

　　位在台北市信義區邊陲的福德平價住宅是在1970年興建完成，是台北市現有五個平價住宅社區之一，窄小的八坪處所，住的都是高齡榮民、單身老人和低收入戶，屋內凌亂不堪，毫無衛生可言。

　　今年過年期間，福德所主管許武田帶著慰問金訪視從大陸來的住戶何彩容，高齡96歲的她，膝下無子，老公早逝，走入屋內，家徒四壁，許武田只能用「一貧如洗」來形容何婦的狀況，他大聲叫著何婦，並緊握著雙手，向她道聲新年快樂！

　　再走到大道路九十六巷的老兵毛兆文家，許武田說，毛兆文年少當兵，隨部隊來台，身上沒有半點存款，也沒結婚，如今年紀一大把，只能孤苦無依的過日子，幸好政府有補助，才能在「福德平宅」找到一個遮風避雨的地方。

　　同樣和毛兆文都是浙江人的王華明，在1949年隨政府遷移來台，靠著拉三輪車勉強過日，後來三輪車沒了，他申請住進福德平宅，在那裡找到個落腳處所，一個人的他，過年時，顯得格外冷清。

　　看著毛兆文和王華明，許武田感觸良多，他說，對兩人而言，從家鄉遠渡到台灣來，背著思鄉的情愁，辛苦了一輩子，換得的卻是這樣的生活，這或許不是他所理想的，但是安頓溫飽對他們是極為需要的。

資料來源：蕭承訓（2009）。《中國時報‧B3社會新聞》，2009年2月2日報導。

第四節　多元照顧政策方案的投入與發展

一、社區照顧提供老人服務需求

　　由於西方福利國家人口老化的程度和速度都相當嚴重，許多福利體制國家也面臨財政困難的情形，因此提出以積極推展福利混合經濟、福利多元主義和社區照顧政策來解決財政負擔，並以**去機構化**（deinstitutionalization）、**正常化**（normalization）作為老人照顧政策的目標，而觀此社區照顧政策的目的，就是要運用「民間」、「社區」和「家庭」的照顧資源，並要求同時負起社區養老的照顧責任。然而隨著老人長期照顧人口的快速增加，及福利服務需求意識的不斷上升，需求和服務供給之間若不謹慎評估其效果，將在現實環境中產生**照顧鴻溝**（care gap）（Payne, 1997; Walker, 1997）。故為解決人口老化和家庭照顧的壓力，必須就政府提出的社區照顧政策和老人福利方案的投入情形進行檢視，才能思考問題的出路。

　　為滿足長期照顧需求人數的快速增加，行政院於2007年4月核定通過**我國長期照顧十年計畫：大溫暖社會福利套案之旗艦計畫**，希望結合社政、衛政單位和社區、民間團體和家庭等資源，發展社區長期照顧工作。我國長期照顧十年計畫，預計於十年內投入817.36億元經費，希望建構一個符合多元化、社區化（普及化）、優質化、可負擔及兼顧性別、城鄉、族群、文化、職業、經濟、健康條件差異之長期照顧制度（行政院經建會，2007），見**表4-2**。

二、社區照顧服務方案之成果

　　政府推展社區照顧服務體系之方案，均朝70%社區照顧、30%機構

表4-2　台灣2000至2008年間公部門推動長期照顧之方案與投入經費

方案名稱		投入經費
加強老人安養服務方案（2002-2004）		766億8,505萬2,000元（含中央各部會及地方政府）
建構長期照護體系先導計畫（2000-2003）		1億2,665萬元
照顧服務福利及產業發展方案（2002-2007）		31億7,145萬3,000元
新世紀健康照護計畫（2001-2004）		171億4,435萬7,000元
新故鄉社區營造計畫（2002-2007）	醫療照顧服務社區化	2002年至2004年9月經費總投入為5,208億元
健康社區六星計畫	建立社區照顧關懷據點實施計畫（2005-2007）	2006年經費總投入為2億1,485萬7,000元
	長期照顧服務社區化計畫（2005-2007）	2006年經費總投入為7億3,351萬3,000元
長期照顧十年計畫——大溫暖社會福利套案之旗艦計畫（2007-2016）		2007年至2016年將投入817億3,566萬元
國民年金制度		2008年10至12月預計保險給付4億3,523萬2,000元

資料來源：作者整理自邱汝娜、陳素春、黃雅鈴（2004）；勞委會職訓局（2006）；行政院經建會（2007）等。

表4-3　長期照顧十年計畫：大溫暖社會福利套案之旗艦計畫之政府補助經費總金額推估

單位：億元

年份 補助項目	2007	2008	2009	2010	2011	2012	2013	2014	2015	2016	總計
補助服務使用者	17.18	34.82	38.15	41.53	46.49	51.44	56.40	61.36	66.32	84.19	497.89
補助服務提供者	7.82	16.79	18.92	21.02	23.66	26.31	28.95	31.60	34.24	47.33	256.63
建構照顧管理制度	1.51	3.11	3.83	4.54	5.59	6.65	7.71	8.76	9.82	11.32	62.84
合計	26.51	54.72	60.90	67.08	75.74	84.40	93.06	101.72	110.38	142.84	817.36

資料來源：行政院經建會（2007）。《我國長期照顧十年計畫：大溫暖社會福利套案之旗艦計畫》。網址：http://sowf.moi.gov.tw我國長期照顧十年計畫.doc。上網檢索日期：2009年2月19日。

工作人員帶老人一起玩遊戲，增加老人生活樂趣和人際互動

照片提供：財團法人台中縣私立公老坪社會福
　　　　　利慈善事業基金會，田園老人度假
　　　　　養護中心。

式照顧的目標發展，但社區照顧仍呈現人力與設備等不足的現象。現今因社區經驗及觀念欠缺，「政府」便一直扮演主導地位和角色，試圖以政府經費補助方式引起民間團體的回響，並以服務在地化、社區化、人性化，切合服務者之需求為導向。政府積極投入長期照護工作之研發與推行，每一方案由中央相關部會及地方政府所投入之經費高達數十億元至上百億元，方案目標雖雷同，惟措施卻缺乏整合，所提供之照顧服務呈現片斷性、不連續性，其服務對象或多所重疊，而有真正需求卻無法使用或處於條件邊緣資格者，則無法取得實質照顧服務。尤其與服務息息相關的財務制度尚未穩定，經費來源未增反減，各地方政府之間的財政能力差距極大，以致推動以來績效明顯受限。而居家服務就一直是政府推展老人長期照顧服務的主軸，這也充分顯示出老人家庭照顧的需求所在。

三、老人照顧管理計畫的提供

英國執行社區照顧服務時，有四種運作模式：(1)「以經理人為中心」（manager model）；(2)「以專業人員為中心」（profession model）；(3)「以照顧者為中心」（career model）；(4)「以使用者為中心」（user model）。反觀目前台灣的社區照顧政策或居家照顧方案之設計，供給服務內容、方式的主要決定者，大都以**行政者為中心**，因此

專業人力不足、照顧品質的壓力，甚至使用者的權益問題都未能受到充分重視。目前在老人社區照顧方案中，雖已有多元的方案規劃，提供「老人」和「家屬」選擇，然而方案提供內容、方式和使用時間，仍以服務供給者為中心（supply-led），並非採取以需求者為中心（need-

大學生參訪老人機構，並向長者表達無限的祝福
照片提供：作者拍攝於眾生護理之家。

led）。所以，供給者以單位服務的便利性和財務能力及人力做為服務之考量，而未將照顧者和老人本身（user）的需求納入，故老人照顧管理計畫的實施仍有待加強。同時，應有充足專業人力訓練和資源介入，才能建構出完善的照顧管理計畫之服務模式，達到「以使用者為中心」、「需求者為中心」的目標。

第五節　老人照顧服務問題分析

　　台灣的「社區照顧」政策是為解決人口老化問題的重要政策，以利用社區的資源和力量，來建構照顧老人的服務網絡，社區照顧政策又以「居家照顧」為核心，以穩定家庭照顧的人力資源為出發點，然而多年來老人照顧問題迄今未見理想的成效，探究其原因約有下列幾點：

一、民間團體仍高度依賴政府的資源補助

自台灣引進西方福利國家的混合經濟模式，以及**福利私有化**（privatization）或**契約外包**（out reach）的服務方案推展模式後，政府政策之立意是希望服務的供給能打破傳統以政府為唯一的供給角色，而是以多元部門的服務「供給」，包括志願部門、市場部門，以及社區（家庭）等部門的共同力量來進行服務輸送，其中尤以借助志願部門的資源和力量為主軸。目前台灣的志願部門以積極接受政府「契約外包」方式來進行服務方案輸送，如老人居家服務、老人日間照顧、老人餐食服務等，都是由政府出資委託民間志願團體、機構來辦理。在財務或經費上都依賴政府的補助，若政府無補助經費，這些民間志願部門的服務方案立即面臨「停辦」或「結束」的局面。台灣雖然自1987年解嚴後，民間慈善團體或組織已大量增加，至2007年底，社會團體數量已近七千八百個（內政部統計處，2008），但真正具有足夠財務自主的志願團體仍少之又少，其在服務資源依賴政府補助下，對服務方案設計之自主性自然受到諸多法令規定的限制，尚無法充分展現民間部門的獨立性、專業性的發展，因此對各類社會福利服務方案的持續性，應有周全的服務輸送規劃，才能保護案主避免受到二次傷害。

二、社區照顧方案未建立完善的服務機制

老人福利政策之策劃目標以「老有所養」的經濟保障、「老有所健」的醫療保障、「老有所安」的退休年金制度為基礎；老人福利服務設計也向來以「服務的持續性」、「服務的整體性」和「服務的多元性」為原則，並以「公平」為主要支撐點，服務方案的輸送架構又以服務的**可近性**（accessibility）、**可及性**（availability）、**權責性**（accountability）、**可負擔性**（affordability）、**整合性**（integration）和

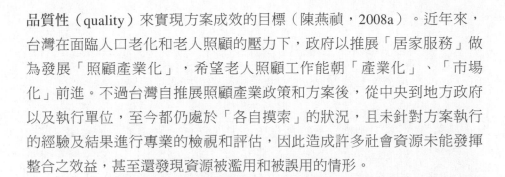

品質性（quality）來實現方案成效的目標（陳燕禎，2008a）。近年來，台灣在面臨人口老化和老人照顧的壓力下，政府以推展「居家服務」做為發展「照顧產業化」，希望老人照顧工作能朝「產業化」、「市場化」前進。不過台灣自推展照顧產業政策和方案後，從中央到地方政府以及執行單位，至今都仍處於「各自摸索」的狀況，且未針對方案執行的經驗及結果進行專業的檢視和評估，因此造成許多社會資源未能發揮整合之效益，甚至還發現資源被濫用和被誤用的情形。

三、老人照顧專業團隊未能落實運作

西方國家在照顧失能者或老人時，對其權益特別重視，因此各服務供給部門或單位進行服務輸送時，會成立權益委員會、照顧評估團隊及案主權益申訴中心或制度。這些相關組織的成立，就是以保護使用者的最佳利益為前提，尤其為發展以案主（使用者）為中心，以顧客滿意度為最終目標，因此成立照顧團隊，結合跨專業的單一服務窗口，由專業的照顧團隊，進行**個別化照顧計畫**（individual service plan）和**個案管理**（case management）計畫，為使用者的需求（need led）「量身訂做」來提供服務（陳燕禎，2008b）。台灣目前雖已有成立照顧團隊來運作之概念，但形式面多於實質面，這些實務因素導致整體服務結果的呈現是零碎的、不連續的，其原因為：

1.照顧團隊的專業人力不夠完整。
2.照顧團隊對案主參與或使能（enable）有限。
3.在服務運作機制上仍以「行政者」或「負責人」為中心，非以使用者、家庭照顧者或專業者為中心。

台灣人口老化知多少　新嬰兒車的時代

　　我在一個鄉村城鎮的老人機構工作，每天早上或黃昏，我總會在街道上看到一個景象，三五成群年輕的外國女人戴著帽子推著輪椅，輪椅上載著老人在公園大樹下聊天；不一會兒，經過另一個橋頭，又看見同樣的情景，只見這些年輕的女人，使用著我聽不懂的語言，彼此開心地聊天，而老人們則是暮氣沉沉的坐在輪椅上打瞌睡。那種感覺就像是奶媽推著嬰兒車，嬰兒睡著了，媽媽們正在交換媽媽經一樣，只是這一次「嬰兒車」換成了「新嬰兒車——老人的輪椅」。

　　台灣地區在1994年邁入老化社會，老年人口達總人口的7%以上，同時，老化的速度正不斷地加速。台灣每個縣市的人口老化狀況依都市化程度不同而不一樣，以台中縣為例，2008年的老年人口為8.68%，鄉村型的城鎮裡，青壯年人口外移，留下的幾乎是小孩與老人，例如，在台中縣東勢鎮的老年人口就已達到12%，這個數據遠超過全國的老化值。他們這一代的老人，年輕時幾乎都務農、種植水果維生，辛苦工作，只為了「上有高堂，下有子女」需要照顧，等到他們變老了，卻發現自己沒法子在家「安心養老」。孩子大了，要外出工作才能賺錢養家，子女無法只守著家裡的那片山過生活，所以「老家」通常只是「兩老」習慣居住的地方，孩子們假日時才能回來看看，哪一天「另一半」先走了，通常只剩下「老媽媽」或「老爸爸」一個人，考慮要去哪個家住？台北？高雄？台中？在度過了一段「候鳥式的搬遷生活」後，老媽媽還是覺得「老家」最好，於是乎告訴兒子們「媽媽決定要住在老家」……只是，孩子們發現媽媽三餐吃飯不正常，有糖尿病卻沒有按時服藥，有一次血糖太低，在家裡昏倒了……「要怎麼辦呀？」「沒辦法照顧媽媽」、「家裡一樓沒有房間，媽媽沒辦法爬樓梯」、「本國的看護工，二十四小時看護，每天

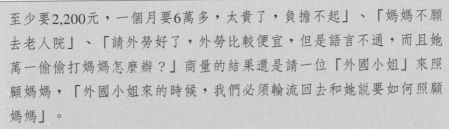

至少要2,200元，一個月要6萬多，太貴了，負擔不起」、「媽媽不願去老人院」、「請外勞好了，外勞比較便宜，但是語言不通，而且她萬一偷偷打媽媽怎麼辦？」商量的結果還是請一位「外國小姐」來照顧媽媽，「外國小姐來的時候，我們必須輪流回去和她說要如何照顧媽媽」。

　　由於人口老化，帶來醫療及照顧問題，農業社會的老人還可以在家頤養天年，但後工業的社會普遍生育率低（少子化），「照顧老人」的工作就變得越來越困難。當本國的照顧人力難以取得時，外來的照顧資源成為家庭照顧的替代品，「照顧」工作是隱含著「勞務」與「愛」的一種活動，這些外來的照顧者是否能替代解決本國的照顧問題，至今仍充滿變數。

資料來源：作者實務案例整理。

四、社會工作專業發展和照顧者的訓練不足

　　檢視台灣於1997年頒布的「社會工作師法」迄今，社會工作師的制度仍無法普遍落實及推廣，即使持有社會工作師執照，在服務單位也無法發揮專業獨立的自主目標功能。社區照顧政策服務方案，迄今仍然對專業的理念認知不足，服務供給的工作者欠缺專業的訓練教育，就連政府主導推展的社區老人照顧之各類服務方案，亦未設有專業社會工作人員，僅由承辦或委辦之民間團體單位憑著一股愛心，以「邊做邊學」或「土法煉鋼」的方式進行，特別是站在第一線的居家照顧人員，熱心、愛心有餘，但專業理念和照顧技巧卻參差不齊。目前政府針對第一線服務人員已有加強專業之要求，勞委會雖於2005年展開照顧服務人員的「丙級檢定考試」，做為服務品質的規範和控制，不過提供服務單位

對員工長期性、定期性的在職訓練、在職教育大都不夠重視，也不夠落實，故造成家屬常將居家照顧服務員視為「下女」、「傭人」或「打掃」人力加以使喚，致居家照顧服務員未能得到應有的尊重。就此，我國居家服務要邁向照顧產業化、市場化的發展，恐還有一段路要走、要努力。當前台灣老人福利政策和服務提供，在實務工作上尚發現存在有下列幾個問題：

1. 服務呈現「零碎化」（fragmentation）。
2. 服務提供難以接近（inaccessibility）。
3. 服務方案未具連續性（discontinuity）。
4. 服務方案重複性高（duplication）。

社會福利服務最怕會對服務對象進行挑選，因為這會出現社會服務執行單位或機構出現「挑軟柿子吃」的效應，更嚴重者，造成重度失能老人或身心障礙者的需求被社會遺漏或疏忽（neglect or indifference）。所以，各機構所提供的服務方案必須能充分反映老人需要之優先順序，讓老人本身需求和權益獲得重視。

第六節　建構夥伴關係的照顧服務

台灣自解嚴後，在一連串選舉效應的衝擊下，社會政策的發展偏向以發放老年生活津貼或敬老年金的現金補助為籌碼。近年來，執政當局也深感以現金補助老年生活津貼，其財政負擔倍感壓力，故實施照顧產業政策，希望解決日益嚴重的老年照顧人力問題，穩定家庭的照顧系統和功能。在此，對於政府在老人福利政策形成和服務方案輸送過程中，有以下的建議：

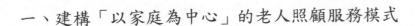
一、建構「以家庭為中心」的老人照顧服務模式

　　政府向來以「殘補式」的福利服務扮演社會安全的最後一道防線，而積極推展的社區照顧政策最終目標又以「家庭為中心」，因此在老人社區照顧工作的實務層面，政府正式資源仍比不上非正式資源的豐富，但要建構一個完善的社區照顧網絡，正式和非正式照顧者之間必須要能發展出**夥伴關係**（partnership relation），才能在各社區中扎根。所以社會支持服務方案已不是一種現象之描述而已，而是如何將此概念轉化成服務處遇上的策略。社會性的服務設計之支持重要目標，就是要去影響照顧的品質和增強被照顧者的**自尊**（self-esteem），強化對環境的掌控感，達成健康與溫暖的提升。因此，在社區照顧的政策下，服務使用者對於非正式和正式服務支持方案的運用，必須是一個「**無縫接軌**」的方案規劃（Payne, 2000）。

二、善用「新科技力量」進入照顧服務系統

　　近幾年，運用「科技」（technology）照顧高齡失能者的生命品質與增進健康照護的效率，已成為照顧服務的新趨勢。Robin（2000）表示，若以科技為核心，將能產生受惠者有**正式部門照顧者**（formal career）、**非正式部門照顧者**（informal career）及**服務使用者**（service user）等三方共同獲益的「三合一」效果，形成社會照顧三角形（social care triangle）。邁入二十一世紀，推展社會工作新管理主義更必須借助科技力量，科技介入老人照顧管理計畫更是當前重要的新選項，也是替社會工作向來「人力資源」不足的問題找到一個紓解的出路。**老人福祉科技**（gerontechnology）已興起，Bouma和 Graafinans（1992）提出老人福祉科技的研究架構為（引自徐業良，2008）：

1.行動力（mobility）。

2.運輸和機動能力（transport and motor performance）。

3.通訊（communications）。

4.資訊處理和認知能力（information professing and cognitive performance）。

5.住家（housing）。

6.居家健康照顧科技（home heath care technology）

上述這些多層面的老人科技福祉架構，未來將提供更豐富和人性的照顧設計服務。在家庭結構改變以及家庭照顧的沉重壓力下，將失能者送到機構照護的比例也越高，但仍約有九成的失能者是在家中被照顧的，故藉由科技力量可解決一部分家庭照顧者負荷和人力資源問題，且更重要的是可以讓失能老人借助科技產品跟外界社會溝通與互動。新科技產品介入照顧系統的運用，對老人本身、照顧者及機構三者都將是獲益者。

三、推展「社區整合性」老人服務方案

人口老化雖帶來已開發國家成本（costs）支出的不斷增加，並已擴展成國際性的照顧壓力，但整合性或多元型的需求服務方案，已被認定是協助家庭照顧需求的實質性福利措施，也是將有限資源做最充分發揮的方式。因此須整合社區老人照顧政策的「醫療照顧」與「社會照顧」兩大需求服務，亦即政府的社會福利部門和衛生部門之間要先進行服務方案的協調，以統合照顧資源的方式介入，才能讓照顧老人的家庭和老人本身，獲得最完善的服務和最大的使用效益。在實務工作上發現，目前政府為社區或居家老人開辦的各種服務方案，仍讓許多有真正需求的人被限制在福利資訊系統的科層體制中，獲得的資訊及選擇的空間仍極

為有限,因此如能以「整合性服務」方式介入,將能使方案的使用效益發揮到最大效果,也能讓有需求的家庭獲得更多元的選擇機會。

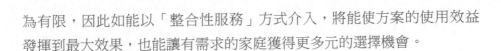

第七節　結論:多元化老人服務是高齡化社會重要出路

中國文化極注重「家庭」觀念,**家庭**一直具有長期照顧與保護老人的重要功能,因為子女奉養年老雙親一直被視為理所當然,而老人本身的價值觀也以家庭為生活重心,因此當老人發生長期失能狀況,在沒有親人或家人照顧時,才會將老人送到機構安置照顧。今日由於婦女就業率不斷增加,雙薪家庭日益普遍,傳統的家庭功能已面臨家庭結構變遷和照顧人力資源嚴重短缺的問題,無形中提高了老人照顧的危險因子,因此,設計規劃多元化的老人服務是高齡化社會老人照顧的重要出路。

問題與討論

一、老年人口的生活需求問題有哪些?應如何協助解決?

二、家庭中若有需長期照顧之失能老人,家庭的主要照顧者背負了哪些壓力與負擔?

三、亞洲國家推展老年福利措施的共同特徵為何?內涵又為何?

四、台灣的照顧管理計畫服務模式應如何改善,才能達到「以使用者為中心」的核心目標?

五、您認為應如何運用科技力量介入老人照顧系統,才能產生多方的效益?

參考文獻

一、中文部分

內政部戶政司（2006）。《近年我國老人人口統計一覽表》。台北：內政部戶政司。

內政部統計處（2009）。《現住人口按三段、六歲年齡組分》。台北：內政部統計處。

內政部統計處（2008）。《全國性人民團體數》。台北：內政部統計處。

行政院主計處（2000）。《中華民國89年戶口及住宅普查統計分析》。台北：行政院主計處。

行政院主計處（2006）。《老人居住安排概況》。台北：行政院主計處。

行政院經建會（2004）。《中華民國台灣地區民國93至140年人口推計》。台北：行政院經建會。

行政院衛生署（2004）。《中華民國93年死因統計結果摘要》。台北：行政院衛生署。

行政院經建會（2007）。《我國長期照顧十年計畫：大溫暖社會福利套案之旗艦計畫》。台北：行政院經建會。

方明川（1994）。〈自保險學立場論我國老年經濟安全制度〉，《保險專刊》，第35期，頁60-92。

古允文（1997）。〈超級福利國家？「歐洲聯盟」社會政策的發展〉，《社會政策與社會工作學刊》，第1卷第1期，頁133-160。

古允文、詹宜璋（1998）。〈台灣地區老人經濟安全與年金政策：社會排除觀點初探〉，《人文及社會科學集刊》，第10卷第2期，頁191-225。

伊慶春、陳玉華（1998）。〈奉養方式與未來奉養態度之關聯〉，《人口學刊》，第19期，頁1-32。

呂以榮、劉弘煌（2002）。〈老人家庭照顧期待之代間落差〉，《社區關懷與老人保健研討會論文集》。台北：台灣師範大學。

李金桐、陳小紅（1989）。《我國社會保險制度與社會安全支出之研究》。台

北：行政院研究會。

李奇愛、彭德明、李少珍譯（2005）。《OECD諸國健康照護制度的比較分析》（勞工保險研究叢書24）。台北：勞保局。

林松齡（1993）。〈老人社會支持來源與老人社會需求：兼論四個社會支持模式〉，《社會安全問題之探討》，頁205-290。嘉義：中正大學社福系。

卓春英（2001）。《頤養天年：台灣家庭老人照護的變遷》。台北：巨流。

邱汝娜、陳素春、黃雅鈴（2004）。〈照顧服務社區化：當前老人及身心障礙者照顧服務之推動與整合規劃〉，《社區發展季刊》，第106期，頁5-17。

柯木興（1997）。《社會保險》。台北：中國社會保險學會。

洪百薰（1995）。〈台灣地區居家照護老人主要照顧者負荷情形況及其需求之調查研究〉，《老人學學術研究年鑑》。高雄市：財團法人吳參文教基金會。

伶震（1986）。《台北縣老人福利現況、需求及未來規劃之研究》。東海大學社會學系，台北縣政府委託研究。

徐業良（2008）。《老人福祉科技與遠距居家照護技術》。台中：滄海書局。

秦燕（2002）。〈老年人照顧者自助團體的組織與運作研究〉，《「社區關懷與老人保健」研討會論文集》。台北：台灣師範大學。

陳燕禎（1994）。〈老人福利服務之供需問題與展望〉，發表於全國社會福利會議：邁向二十一世紀社會福利之規劃與整合會議，內政部主辦。

陳燕禎（1996）。〈遠親不如近鄰：談社區化的老人安養照顧〉，《社會福利雙月刊》，第126期，頁12-16。

陳燕禎（2004）。〈台灣地區老人長期照顧模式發展之探討〉，發表於全球華人孝親敬老研討會，香港大學等主辦。

陳燕禎（2005a）。〈老人居家照顧服務輸送之探討〉，發表於志願服務與老人服務學術研討會，明新科技大學主辦。

陳燕禎（2005b）。〈社區老人照顧支持體系及政策探討〉，《社區發展季刊》，第110期，頁158-175。

陳燕禎（2008a）。《老人福利理論與實務：本土的觀點》。台北：雙葉書廊。

陳燕禎（2008b）。《社區照顧服務方案與資源整合之研究》。財團法人彰化縣私立珍瑩老人福利機構96年研究發展計畫。

陳燕禎、黃志忠（2006）。《南投縣老人生活狀況及福利需求調查》。南投縣政

府委託研究計畫。

章玉華（1994）。〈變遷社會中的家戶組成與奉養態度：台灣的例子〉，《台灣大學社會學刊》，第23期，頁1-34。

勞委會職訓局（2006）。《台灣健康社區六星計畫95年度計畫架構調整報告》。台北：勞委會職訓局。

詹火生（1986）。〈老人福利需求研究的回顧與展望〉，《科學發展》，第14卷第12期，頁25-32。

劉淑娟、蘇秀娟、謝美娥（1998）。〈北市失能老人其主要照顧者資源需求之初探〉，《長期照護雜誌》，第2卷第2期，頁31-47。

謝美娥（2004）。〈失能老人的資源、居住安排、居住決定的掌控力與生活品質：一個量化的初探〉，《社會政策與社會工作學刊》，第8卷第1期，頁1-48。

謝高橋（1994）。《邁向二十一世紀社會福利之規劃與整合：老人福利需求初步評估報告》。台北：內政部。

蕭承訓（2009）。〈福德平宅多寂寥 管區拜年添溫馨〉，《中國時報》，2009年2月2日，B3版社會新聞。

二、英文部分

Anderson, R. (1987). 'The unremitting burden on careers'. *Brit. Med. J.294*, 73-74.

Arango, J. and Delgado, M. (1995). 'Spain: family policies as social policies'. In H. Moors and R. Palomba (eds.), *Population, Family and Welfare: A Comparative Survey of European Attitudes, 1*, pp. 197-220. New York: Oxford University Press.

Ashworth, M. and Baker, A. H. (2000). ' Time and space: Care's view about respite care'. *Health and Social Care in the Community, 8(1)*, 50-56.

Boaz, R. F. and Mullet, C. F. (1991). 'Why do some caregivers of disabled and frail elderly quit?' *Health Care Financing Review, 13(2)*, 41-47.

Hashimoto, A., Kendig, H. L. and Copperd, L. C. (1992). 'Family support to the elderly in international perspective'. In H. Kendig et al. (eds.), *Family Support for the Elderly: The International Experience*, pp.293-308. U.S.A: Oxford Medical Publication.

Hirsh, C. H., Davies, H. D., Boatwright, F. and Ochango, G. (1993). 'Effects of a nursing-home respite admission on veterans with advanced dementia'. *The Gerontologist, 33 (4)*, 523-528.

Hoenig, J and Hamilton, M. (1965). 'The schizophrenic patient in the community and his effect on the household'. *International Journal of Social Psychiatry, 12,* 165-176.

Kramer, B. (1997). 'Gain in the care giving experience: Where are we? What next?' *The Gerontologist, 37*, 218-232.

Krause, N. and Borawski-Clark, S. (1995). 'Social class differences in social support among older adults'. *The Gerontologist, 35*, 498-505.

Lee, Y., Parish, W. L. and Willis, R. J. (1994). 'Sons, daughters, and intergenerational support in Taiwan'. *American Journal of Sociology, 99(4)*, 1010-1041.

Monk, A. (1980). 'More on the economics of ageing'. In E. F. Boregatta and N. G. McCluskey (eds.), *Ageing and Society*, pp.42-46. Beverly Hills: Sage.

Payne, M. (2000). *Teamwork in Multi-Professional Care*. Malaysia。

Payne, M. (1997). 'Care management and social work'. In J. Bornat, C. Pereira, D. Pilgrimt and F. Williams (eds.), *Community Care: A Reader*. London: Macmillan.

Robin, B. (2000). *Housing Aid Care for the Silver Revolution*. In UK and SINGAPORZ Seminar on Health Care for the Elderly .UK Slide Presentations.

Sharkley, P. (2000). *The Essentials of Community Care: A Guide for Practitioners*. Great Britain: Macmilln.

Townsend, P. (1965). 'The effects of family structure on the likelihood of admission to an institution in old age'. In E. Shanas and G. Streib (eds.), *Social Structure and the Family,* pp.163-187. Englewood Cliffs, N. J. : Prentice-Hall.

Walker, A. (1997). 'Community care policy: From consensus to conflict'. In J. Bornat, C. Pereira, D. Pilgrimt and F. Williams (eds.), *Community Care: A Reader*. London: Macmillan.

Weber, N. D. and Schneider, P. (1993). 'Respite care for the visually impaired and their families'. In L. M. Tepper and J. A. Toner (eds.), *Respite Care: Programs, Problems and Solution*, pp.62-77. Philadelphia, PA: The Charles Press.

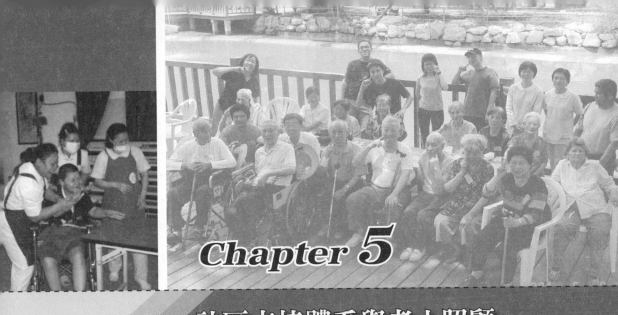

Chapter 5

社區支持體系與老人照顧

■前　言

■社會網絡與社會支持概念

■社會支持與老人照顧管理

■老人照顧資源分析

■建構社會支持網絡的管理策略

■社區照顧扎根：建立「夥伴關係」的支持系統

■結論：有效建立社會支持系統

第一節　前言

　　目前我國已漸面臨照顧80歲以上「老老人」醫療費用大量增加的危機與挑戰。社會支持體系與老人照顧服務品質息息相關，國內研究顯示，老人健康行為問題將帶來對社會長遠的影響，而社會支持體系的潛能發揮與管理，是老人健康和主觀幸福感不可忽視的強大力量（林三衛，1996），而提高老人照顧品質，建構社會支持網絡體系是極重要來源（Cantor, 1979; Litwak and Silverstein, 1993）。本章以社區老人照顧為出發點，探討社會支持體系的內涵、實務策略及社區照顧資源對老人健康照顧之影響。

第二節　社會網絡與社會支持概念

一、交互為用的網絡與支持概念

　　網絡（network）與支持（support）是經常被交換使用的，社會支持（social support）這一個概念的重視，源自於1970年代，早期的Caplan、Cassel和Cobb等人發現，生活壓力對個人生理及心理健康造成負面影響時，認為社會支持可以緩和生活壓力的衝擊，以及增進個人的生活適應（Gottlieb, 1983）。至於社會網絡（social network）的概念最早由Barnes提出，自1970年代始，社區心理學家即開始將此概念，運用於社會關係與健康兩個變項關係做討論（Walker et al., 1994）。Barker（1991）曾在社會工作字典中，將社會支持和社會網絡分別定義為「為滿足個人社會生存需要，而須藉由正式或非正式的活動與社會關係所提供的各種支持」；而社會網絡係指「圍繞在個人身邊的社會關係所形成的網絡」，

就此也顯示社會支持是個人社會網絡的一部分。資源、網絡、支持三者的名詞有時難以清楚界定，但都可以進一步地思考分析。就領域面來看，資源的範圍最大，可包含網絡與支持；而就連結面來看，資源的連結面較廣，包含正式體系和非正式體系，其中網絡的連結面以浮現檯面上的正式體系較多，而支持層面則以非正式體系連結發揮的效果最強，三者之間並不具排他性，反而具有包容性。

二、社會網絡體系的強弱關係影響老人生活狀況

照顧工作進行社會網絡分析（network analyze）的探討，有助於專業工作者在實務分析狀況時使用。Sharkley（2000）指出，支持體系的強弱關係會影響老人生活狀況，如老人和家人平時和外界有「高密度」的網絡聯繫，當老人虛弱或失能有需求時，大家會彼此來照顧該虛弱老人；反之，平時若無聯繫互動，則網絡關係呈現「低密度」的互動狀態，遇到危機時，將產生照顧互助之問題。Sharkley認為，**網絡聯繫**（network mating）在虛弱老人的照顧工作是很重要的支持系統，有經常性的互動聯繫，彼此成員可以清楚自己在網絡中的角色，進而相互支持受助者，對家庭被照顧者或照顧者而言，都可發揮最大協助效能，所以具有正向的社會支持網絡的建立與維繫，也是最好的壓力管理。Sharkley也指出，世界衛生組織（WHO）的資料均顯示，建構豐富的社會網絡對老人的健康有益，雖然個人的「個性特質」是其中重要因素之一，但「社會提供支持的程度」則為更重要的因素，而大部分老人都在家庭接受照顧，所以家庭照顧支持體系是老人健康照顧工作非常重要的支持因子。故社會支持網絡平時就需要多多交流互動，待遭受人生重大壓力事件而無法因應時，該系統功能才能發揮及時雨的效果，提供最大的資源助力。

三、老人照顧工作的三角資源關係

依社會支持網絡觀點評估老人社會工作處遇計畫，必須先瞭解老人與照顧者的內在、外在環境及資源的互動發展關係，尤其老人的性格、生活事件、社會功能的有限性、有效性、遺傳、環境和疾病的長期性與否，在實務工作中都會影響社會支持的穩定性，而產生照顧關係的變化。老人照顧工作在老人的身心狀況、家庭的能力和社區資源三者之間，無形中已形成一個三角關係，任何一方改變，均足以牽動和影響提供照顧的能力和支持，尤其社會支持的資源緊密與否將深深影響被照顧者的生活品質。Finch和Grovesu也曾指出，社區照顧幾近於家庭照顧，而家庭照顧又幾近於女性照顧，甚至有研究將社區照顧、家庭照顧和女性照顧直接畫上等號（community care = family care = care by woman）（引自陳武宗，1994；周月清，2000）。然而，若將社區照顧完全視同為家庭照顧，易忽略社區資源的運用與連結，甚且過於簡化家庭照顧的內涵與特性，如不穩定的三角關係，即家庭照顧者的意願和能力及參與者的意願等，這些都會產生對社會支持資源之忽視。

鼓勵老人走出戶外，增強老人社會互動

照片提供：財團法人中華基督教福音信義傳道
會附設台中縣私立信義老人養護中
心。

Perlman和Giele以家庭照顧的平衡系統模式，說明依賴者、家庭（照顧者）和社區三者之間的交換關係，三者之間任何一個變項的改變，都將影響其他元素的變動，因此必須即刻做補償性的調整才能平衡，而其平衡系統乃依社區資源和家庭能力予以支持維護。其模式假設的重要變項為（Perlman

and Giele, 1982；蕭金菊，1995）：

1.在家中受照顧者，有其身體和情境需求。
2.家庭滿足受照顧者需求，同時須完成其他的家庭功能所需的物質和非物質的能力。
3.能運用社區中資源的可能性與使用。

 第三節　社會支持與老人照顧管理

一、全人化的照顧服務概念

　　社會支持、社會網絡或是社會資源的概念，都是在協助個體陷入人生困境時，借助這些網絡資源的介入而獲得問題的紓解，尤其在整個老人照顧管理計畫的評估及處遇上，它更需要多層面的需求評估和社會資源連結，以提供全人的照顧服務目標。Caplan（1965）認為，社會支持體系可提供個人面臨巨大壓力時，家庭、朋友和其他人所能提供的各種援助。Cassel（1976）認為，社會支持是在個人面臨重大壓力的社會心理歷程時，扮演關鍵性的角色。Zedlewski等人指出，就老人長期照顧體系來說，社會支持體系及支持性服務都極具關鍵因素，否則，眾多老人勢必被迫提早進入機構照顧，並必然增加社會成本及公共財政鉅額的負擔（引自陳世堅，1998）。

二、個人特質與社會支持網絡關係

　　個人特質，如年齡、性別、婚姻狀況和社經地位都會影響其社會支持網絡。就年齡而言，年齡愈長者，因退出職場收入減少，喪偶或朋友相繼死亡，同事、朋友的網絡就愈少，加上年紀大，健康惡化，行動

力受限，也喪失了與朋友相聚的機會，社會關係隨之發生重大改變，另外老化伴隨著體力、能力、智力的衰退，可能強迫人們進入社會生活的緊縮階段，導致朋友、同事等非正式網絡僅存少數忘年之交（Adams, 1987）。性別差異的研究也發現，女性比男性有較多、較大規模的社會支持網絡（Antonucci, 1990）；但也有實證研究結果顯示，男女在社會網絡的規模上並無顯著差異，而當控制結構變項（年齡、教育程度、收入、婚姻、子女數等）後可以發現，男性網絡規模確實比女性小（Moore, 1990）。

在婚姻及家庭狀況方面，研究顯示已婚者比未婚、分居和離婚者有更多的社會網絡（Antonucci, 1985）。在社經地位方面發現，高社經地位者有較大網絡規模，且其支持網絡廣，包含有較多的非親屬關係（Fischer, 1977; Antonucci, 1990）。至於居住於都市的老人比鄉村老人較少融入友誼網絡中，且獲得較少協助（Admato, 1993）。但網絡成員規模多寡並不代表社會支持之可獲性，因為社會網絡是需要經營、投入的，唯有「強韌、綿密」的社會網絡關係，才有助於問題的解決。所以，個體在年輕時就必須努力建構社會網絡和強化人際互動，等到年老或失能時，才會有社會的支持和協助。

三、社會支持資源影響照顧管理計畫

社會網絡、社會支持和資源的**敏感性**（sensitive）與**建構性**（construction）連結，對老人照顧管理計畫的成功影響極深。情感、情緒支持與老人生活士氣、心理健康、生活滿意關係最為密切，且健康狀況（身體機能、疾病數目、身體健康）是老人**主觀幸福感**（subjective well-being）的關鍵因子（林三衛，1996）。另外，在老人情境特質與社會支持關係研究中發現，子女數愈多，獲得社會支持亦愈多，而男性有較多的金錢協助，女性則有較多的情感支持和事物支持（鄭淑子，

1997）。不過也有研究指出，雖然在安養機構的老人認為人際關係對健康最重要，但卻會發現，與家人互動較頻繁的受訪老人，愈容易覺得自己是別人的負擔（劉志文，1998）。相關研究發現，約八成的失能老人由家庭提供照顧服務，即使老人

社區才藝課程增進老人人際互動及休閒空間

照片提供：彰化縣政府社區照顧關懷據點。

住在機構中，家庭的照顧關係並未隨之結束（胡幼慧，1994；陳燕禎，1994）。國內研究中有人採用Ryff的心理幸福滿足感架構，探討社會支持、人格特質、個人屬性與老年人的心理幸福滿足感的關係，結果發現社會支持體系愈強及家庭生活狀況較佳者，整體老年的心理滿足感亦較佳（林美珍，2001）。所以，網絡的強韌度有助老人生活幸福感，尤其親屬網絡是老人迫切需要的，即使將老人送進安養機構，家庭網絡關係依舊存在且需要，是照顧管理計畫成功的重要關鍵因素。

四、家庭網絡是老人照顧的支持來源

社會支持網絡所具有的強弱聯繫差異（即認識期間的長短），愈長者愈可能發展較強的親密依存及相互瞭解的情感，而地理區上可接近性也愈便於提供照顧協助（熊瑞梅，1999）。社會支持網絡總伴隨著老人的年齡、健康、社會情境等因素而不斷改變，照顧策略須隨網絡的介入與增強，不斷互動，才能確實發揮社會支持體系對老人照顧之需。美國人健康照顧系統雖然不斷擴大，但家庭仍為主要健康提供者（陳武宗，1994），且住在美國社區的老人，有四分之三是由家庭提供照顧服

務（謝美娥，1993）。中美兩地研究皆有相同結果，即老人照顧工作仍以非正式系統為主，家庭以外的非主流支持系統，如親戚、朋友、鄰居等，則以偶爾探視或提供偏方來關心（溫秀珠，1996），亦即家庭仍是最主要的社會支持系統的來源。家庭雖是老人照顧工作的軸心和精神所在，但其相關的支持體系必須善加管理運用，因為有時家庭關係並不等於「正向」的支持效果，因為家庭照顧仍具有不穩定的特性與危機，正向的社會支持功能是必須用心經營才能獲得。

第四節　老人照顧資源分析

一、永無休止的照顧工作

照顧（care）一詞，意指提供有需要的個體，在身體上、物質上、精神上的照顧、幫助、支持及保護，使其身心方面能維持或恢復較佳的功能，能有良好的社會適應與生活，而且照顧者和被照顧者之間有情感的連結（吳味鄉，1993）。老人照顧工作是一項極複雜的照顧過程，也是一種永無休止的照顧工作（unending work and care），必須從生理、心理和社會等多層面的需求關照和探討，才有完善性的照顧可能。研究者指出，老人照顧體系包含機構式照顧、社區式照顧及居家式照顧等三大類服務（萬育維，1995），而三者之間必須連成一個照顧連續體（a continuum of care）網絡，才能適切提供老人的照顧需求（黃源協，2000）。故老人照顧工作必須因老人資源支持網絡的差異及身心功能狀態進行不同的資源運用。

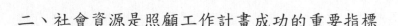
二、社會資源是照顧工作計畫成功的重要指標

今日老人照顧工作比昔日更艱辛，家庭結構變小，缺乏家庭人手，或沒有「替手」幫忙，都是造成照顧的壓力源。台灣非營利組織於2007年針對全國家庭照顧壓力和福利服務使用情形之調查結果，家庭照顧者每天照顧時數約13.5小時，比一般上班族的8小時高出50%，夜間還要隨時起床警戒，無休假又無收入；67%的家庭照顧者希望能「放鬆與休息」，44.3%希望家人給予肯定與支持，而家庭照顧者最沮喪的依序是：失去自己原有的生活占57.9%，事業與照顧難以兼顧占43.9%，經濟陷入困境占41.54%，社會資源不方便利用占26.8%（中華民國家庭照顧者關懷總會，2007）。就此，我國也因應開放外籍看護，但這些外籍看護也因無法獲得喘息而走上街頭，表示他們不是照顧者「機器人」，可見照顧者壓力之重，是一般人難以想像的。

老人照顧工作是不可逆的，是一條漫長艱辛的旅程，被照顧者與照顧者除了都需要改變日常生活模式，照顧者更須具有：耐性、包容性、接納性及過人體力等特質，並且需要借助照顧專業團隊的服務資源介入與協助，才能解決問題，已非昔日由非正式支持網路的家屬就能獨力承擔，亦即家庭、社區和政府都必須共同投入照顧系統，才能維持照顧之運作（陳燕禎，2008）。所以，照顧資源可簡單二分為非正式資源和正式資源，其資源結構內容如下：

1.非正式資源：如家庭、照顧者及個人、鄰居、朋友或同事等。
2.正式資源：如政府、機構、團體等。

三、社會支持體系與生活滿意度

老人與社會支持體系中的其他成員長期的「互惠」關係，將強烈影響其生活滿意度。當然老人本身的人口特質會影響其非正式社會支持

的結構密度，也影響其生活滿意度。而老人「非正式社會資源」的支持
體系可正向影響老人生活滿意度（李孟芬，1993），亦即老人非正式社
會支持系統的結構與功能愈強，則生活品質愈好。故就實務工作層面分
析，老人照顧工作進行資源盤點和評估時，家庭資源的需求一致性高。
當然個案的個人照顧資源，如個案的生活態度、能力，及照顧者本身的
能力和技巧，也影響照顧過程和結果，至於正式支持服務方案的協助，
如居家服務、日間照顧、健康服務等，也都是提供照顧資源的支持力
量。總之，照顧資源管理是老人照顧工作計畫成功的重要指標。

僑愛里　張勇松　關懷老人
推動社區綠美化

　　大溪鎮僑愛里長張勇松表示，僑愛里共有住戶一千三百戶，居
住空間都是眷村改建後的七大棟電梯華廈，其中以僑愛新村原眷戶為
主，眷村改建後明顯提升眷戶的居住品質，卻也失去昔日軍眷的守望
相助及濃厚人情味。

　　也因僑愛里民以「老人」居多，全里積極推動環境綠美化、社區
文康活動及老人關懷據點，讓住戶閒暇時可在活動中心泡茶聊天、打
撲克牌、唱卡拉OK、寫書法與畫國畫，享有更優質的社區公園、綠
地環境與休憩空間，提升里民的生活品質。

　　社區志工服務隊也加強子女不在身邊的老人照顧，與關懷獨居老
人生活，除了送午晚餐便當、電話問候，還協助老人打掃居家環境，
檢修家庭電器、水電，讓老人安享晚年。

　　僑愛里也不斷加強電梯華廈的治安維護與地下室停車場管制作
業，避免非住戶亂停車。

資料來源：劉愛生（2009）。《聯合報・C2桃園綜合新聞版》。2009年2月10
　　　　　日報導。

第五節 建構社會支持網絡的管理策略

一、社會網絡具有動態關係之意涵

社會支持是經由連結和協助的交換，並與他人互動而來的，而滿足基本社會需求的過程，尤其在尊重、親密與安全感等方面，是經由家人、親友或其他重要他人之人際互動中獲得，而社會網絡是運用在發生社會支持交互作用之情境或背景。因此社會網絡就含有動態的意涵，社會支持網絡愈是持久性、連續性的與一個或多個重要他人或團體間建立連結關係，則藉著這個關係，可以幫助人們處理生活上的壓力，特別是在長期的社會負擔（social burden）或重大壓力的情境下，更可以給予特別幫助。

二、照顧管理之決策評估與介入

Stewant（1993）應用「社會支持」於照顧管理決策的四種評估過程：評估、計畫、介入及效益評估（引自Sharkley, 2000）。就此，老人社會工作進行個案照顧管理決策的評估過程時，必須關注的評估重點為：

1.社會支持網絡的大小？
2.接觸頻率？
3.衝突的程度？
4.密度？
5.滿意度？
6.覺察出可提供的支持？

此外，Liturim（1995）也指出，借助社會網絡力量紓解照顧壓力的

方法，他提出四個網絡介入的模式：(1)網絡**治療法**（therapy）；(2)網絡**調解法**（mediation）；(3)網絡**建構法**（construction）；(4)網絡**增強法**（reinforcement）（引自Sharkley, 2000）。故老人照顧工作者不僅要關心受照顧者，也必須要評估到整個網絡介入的有效性，對網絡類別及資源進行分類和認識，才有助於對照顧服務設計之提供。總之，社區照顧必須立基於對現有之正式或非正式資源之使用，依其網絡關係的遠近親疏及直接、間接的支持系統進行仔細盤點分析，才能提供有效的資源連結。

三、「科技」進入老人照顧管理工作

生活事件、社會支持及健康結果間的關聯，依社會工作者體認到非正式照顧的重要性以及如何去進行，之後再介入照顧的工作網絡。照顧者在照顧老人時，常因老人的健康受損狀況、社會支持的資源網絡和所需照顧時間、期限等不同因素交互影響，而為使照顧工作更具有效性和適當性，就必須借助照顧管理。如此實務社會工作者的介入才可以提高老人照顧者的有效性，如：

1.繼續強化現有的社會支持體系。
2.創造新的支持體系。
3.訓練技巧及強化社會支持系統。

照顧（個案）管理包括**個案發掘**（case finding）、個案的篩選、全盤性、多層面的評估以及定期的再評估。照顧管理計畫可以在單一組織中存在，也可以運用社區中照顧的資源整合服務，提供給案主有效的服務，其特徵為**全面性**（cross-sectional）提供綜合性、多元性服務，以滿足案主之多樣需求；以及「長期性」提供持續性服務，滿足案主變動之服務需求（Rothman, 1992）。照顧管理重視各系統間之活動，換言之，

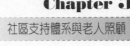

重視各系統間及系統內的支持力，即支持力的系統是照顧管理計畫的核心，由具有照顧管理的專業經理人統合四面八方的資源，之後再像光譜般進行連結。

二十一世紀，科技力量對於克服老人生活危機、健康的惡化以及如何在社區中繼續有尊嚴的生存和互動，已變得更為重要，因此，積極投入研發高齡者使用的科技輔具，協助嚴重失能者能繼續工作、獨立生活與參與社會活動，增加失能者日常生活功能，已成為老人社會工作的重要發展方向。Stone（2000）曾將長期照顧研究放在對失能者輔具、環境之改造，認為輔具與環境在長期照顧工作具有必要且重要的社會支持功能。高齡化社會最令人擔心的是自己失能後，無人陪伴和必須依賴別人照顧的恐懼，所以，愈來愈多人規劃退休生活，希望降低退休後身體失能的風險。故科技輔具的研發、生產、補助與服務等資源整合，近年來已成為高齡化社會的重要議題，更是我國成為先進國家的重要指標（葉宗青，1999）。尤其研發適當的醫療復健及輔具的使用，將讓許多失能者在生活上達到更獨立自主的境界（吳金花、陳姿秀，1996）。而科技介入老人照顧管理的關鍵，首在成立跨領域、跨專業的照顧團隊，並依老人個別化的身心功能需求進行評估，如ADL（日常生活功能：Activities of Daily Living）、IADL（工具性日常生活功能：Instrumental Activities of Daily Living）的身心狀況評量，設計提供客製化的科技產品，以增進老人生活福祉。

上帝拉皮的老奶奶

　　有一次我們到一個機構進行評鑑工作，在實地訪視過程中，遇到一位奶奶，她親切的招呼我們，而且讓我們參觀她的房間，這時作者發現，老奶奶的皮膚非常的好，白皙、細緻，沒有任何斑點，穿著又

非常乾淨、整齊、得宜，於是，我就問老奶奶幾歲了（我們心中認為奶奶應只有60多歲，頂多70歲），但結果老奶奶回答是92歲，現場的評鑑委員不禁發出讚嘆聲，大家問說，奶奶您是如何保養的。

此時，作者就開玩笑地跟奶奶說：「奶奶您一定有去做拉皮手術喔，而且不只拉一次，不然皮膚怎麼會這麼好，這麼漂亮！」奶奶就急著回答說：「沒有！沒有！我住在安養院裡吃好、住好，每天上上教堂，就這樣而已，還要去拉什麼皮呢？」作者又說：「有，您一定有去拉皮。」奶奶又說：「沒有啦！真的沒有。」工作人員也急著說：「她沒有去拉皮，她就是這麼漂亮。」作者又說：「奶奶您不是每天上教堂嘛！所以我認為上帝一定有幫您拉皮，您才會如此漂亮、有活力！」此時，奶奶與工作人員才笑著回答說：「對！對！對！『這是上帝拉的皮』，才能保持這麼愉快與青春。」

居住在安養院中的長者，如果機構能幫他們安排一些心靈或宗教方面的活動，對老人而言，是身心靈全方位的照顧服務，不再僅止於身體的清潔和基本的生理滿足，而是達到老人真正想要的精神和靈性服務。

資料來源：作者實務案例整理。

第六節　社區照顧扎根：建立「夥伴關係」的支持系統

　　面對外部社會結構的變遷和衝擊，老人照顧管理計畫必須將家庭照顧者的福利服務審慎納入，否則將造成另一種家庭的壓力源而非支持力，因此如何避免昔日在中國文化下對理想家庭照顧的迷思，積極在公

部門（state sector）和私部門（private sector）之間建立一個合作架構和平台，合理分擔照顧責任，讓照顧管理市場更完善運作，是值得再深入探討的重要焦點。

老人社區照顧工作必須和社會支持體系（正式和非正式；公部門和私部門）發展出「夥伴關係」，才能在各社區中扎根。目前國內尚未建立完善的社會支持體系網絡，正式和非正式支持體系雖各自分立，但也並非「真空」狀態，社區老人照顧工作仍有許多分散的支持資源，只要能善加發掘、動員和管理，就能發揮老人照顧品質和效果。故針對「正式」和「非正式」支持體系資源和障礙突破，建議如下：

一、正式支持體系的輔助，增強非正式支持體系的延伸

目前台灣所提供的支持性服務包括：居家照顧、臨托、日托（日間照顧）、喘息服務、機構安養、經濟扶助、資源轉介及照顧者支持團體等，其普及性服務仍不足，且條件限制嚴格，加上使用者付費觀念未能被普及接受，所能發揮的功效不大，故家庭照顧者能獲得社區服務方案的協助仍非常有限，其部分原因來自缺乏取得資源的管道，及使用者怕被**標籤化、污名化**（stigma）而產生排斥心態，加上社區福利體系仍朝向殘補式的福利輸送模式及志工動用困難，因此成果仍受限。相關研究亦顯示，縱使政府或社區有提供相關的服務資源來協助失能老人及家屬，但使用服務的比例卻有偏低的現象（施教裕，1994）。因此，正式的機構照顧與政府協助家庭是必要政策，有正式支持體系的輔助更能強化及維護非正式角色的力量，但資訊與管道必須暢通，尤其亟待建立一套完善的支持系統，俾利需要者迅速進入服務系統，獲得最有效的服務。

二、平時應加強社會支持網絡的經營管理

　　家庭體系是非常重要的非正式支持系統和資源。家庭結構改變，家庭成員剩餘的勞力就無法支援長期照顧家中的老人，因此，並不是國家或社會給家庭一個強制扶養責任及道德壓力，就可以解決老人的照顧問題。傳統上將照顧工作視為非正式、私領域及婦女的事，屬於非正式照顧體系，此種強調女性成為照顧者是源於天性的觀點，並未能認清照顧工作深具勞務性質，及照顧者的體力負荷、精神壓力與支持需求。福利社區化的推展，其立意原本就是希望照顧工作可回歸社區的支持網絡，如家人、親戚、鄰居、朋友等非正式網絡資源予以協助和分擔，然而，現代女性已普遍參與勞動市場，能在老人照顧工作上付出時間、能力者仍屬有限，鄰居、朋友、同事也因家庭結構變化及就業需要，已無法發揮傳統農業社會的互助機制，且目前非正式資源系統的支持對象也多以淒苦、孤苦、值得同情的為首，尚無法全面推展至所有承擔照顧工作者，因此有待正式體系功能之補足，如居家服務、餐食服務、日間照顧和喘息服務等擴大推展。目前社區老人照顧非正式體系仍是最重要的支持來源，因此，老人本身、家庭、照顧者都必須於平時就多加強社會支持網絡的建構、互動與經營，以便重大事件發生時有所緩衝與依附。

鄉下雜貨店志工也可以幫忙老人家量血壓，關懷老人的生活情況喔

照片提供：財團法人南投縣私立南投仁愛之家。

第七節　結論：有效建立社會支持系統

　　社區照顧的理念及照顧管理計畫，雖已在某些地區、社區發酵，讓沉澱已久的傳統社區工作有了新思維，服務輸送體系有了新模式，但政府的社區照顧政策方案仍必須具明確性、完整性、穩定性、團隊性與前瞻性，尤其要讓獨立自主的社區老人照顧理念落實生根。從預防的觀點：社會支持的功能可協助個人在危機或壓力事件尚未發生之前，先建立促進身心健康、強化調適行為並增進解決問題之技能；從適應的觀點：社會支持具有緩衝生活壓力與挫折之作用，其應用被認為是調適或因應壓力生活事件的方法，可增進個人健康。社會支持體系雖是屬於主觀感受的概念，但使用者及照顧者均必須能夠知道其所需的支持，或感受到某些社會支持性的行為與資源，才能滿足其需求及解決其問題，但這有賴社會政策支持與服務方案的落實。

問題與討論

一、您如何支持與陪伴家中老人？擬定一份老人支持陪伴計畫，並試
　　著執行它。

二、家庭照顧的平衡系統模式，說明依賴者、家庭（照顧者）和社區
　　三者之間的交換關係，三者之間如何相互影響？

三、老人社會工作進行個案照顧管理決策的評估過程時，須關注的評
　　估重點為何？

四、老人社區照顧工作必須和社會支持體系發展出「夥伴關係」，才
　　能在各社區中扎根，應如何協助「正式」和「非正式」支持體系
　　之資源整合？

五、您居住的社區照顧資源有哪些？您認為應如何運用才能有效照顧
　　老人？

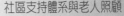

 參考文獻

一、中文部分

中華民國家庭照顧者關懷總會（2007）。《家庭照顧者現況調查》。台北：中華民國家庭照顧者關懷總會。

吳味鄉（1993）。《台灣地區老人照顧與社會網絡關係之研究》。中正大學社會福利研究所碩士論文。

吳金花、陳姿秀（1996）。〈減輕負擔減輕痛苦：殘障者醫療復健與輔具補助〉，《特教園丁》，第12期，頁7-12。

李孟芬（1993）。〈台灣老人的非正式社會支持與生活滿意度之關係研究〉，收錄在李孟芬主編，《台灣地區老人健康與生活研究論文集》，頁5.1-5.21。台中：台灣省家庭計畫研究所。

周月清（2000）。《英國社區照顧：源起與爭議》。台北：五南。

林美珍（2001）。〈網際網路使用的心理學面面觀〉，收錄在政治大學心理學系主編，《e世代心理學》，頁1-18。台北：桂冠。

林三衛（1996）。《老人生活品質：非制度化功能支持網絡對老年主觀幸福的影響：台灣之例子》。東海大學社研所碩士論文。

施教裕（1994）。〈老人與家庭政策：家庭關係的內涵及意涵之探討〉，《家庭與社會福利學術研討會論文集》。中正大學。

胡幼慧（1994）。《社區性長期照護之支持體系研究》。台北：行政院衛生署。

陳世堅（1998）。〈個案管理導向之老人長期照護系統模式之探討〉，《台灣地區老人服務輸送體系及網絡的建立學術研討會論文集》，頁27-28。台中：東海大學社工系。

陳武宗（1994）。〈家庭照顧及其支持系統：概念與議題〉。中山大學主辦「家庭與社會福利學術會議」宣讀論文。

陳燕禎（1994）。《養護老人之實證研究：以省立彰化老人養護中心為例》。台北：內政部。

陳燕禎（2008）。《老人福利理論與實務：本土的觀點》（三刷）。台北：雙葉書廊。

黃源協（2000）。《台灣與英國經驗的檢視》。台北：揚智。

溫秀珠（1996）。《家庭中婦女照顧者角色形成因素與照顧過程之探討：以失能老人照顧為例》。台灣大學社研所碩士論文。

萬育維（1995）。〈福利社區化的意涵與策略〉，收錄在內政部編印，《全國社區發展會議第四分組引言報告（二）》。台北：內政部。

葉宗青（1999）。〈殘障學生科技輔具需求評估〉，《生活科技教育》，第32期，頁25-32。

熊瑞梅（1999）。〈核心網絡的性別特質〉，《台灣社會的個人網絡：第三次社會變遷基本調查研討會論文集》。台北：中央研究院社會學研究所籌備處。

劉志文（1998）。《安養機構老人生活適應之調查研究》。彰化師範大學輔導研究所碩士論文。

劉愛生（2009）。〈僑愛里　張勇松　關懷老人　推動社區綠美化〉，《聯合報·C2桃園綜合新聞版》。2009年2月10報導。

鄭淑子（1997）。《農村老人的社會網絡與社會支持之研究》。台灣大學農業推廣學系研究所碩士論文。

蕭金菊（1995）。《家屬長期照顧慢性病老人對支持性服務需求之探究》。東海大學社工所碩士論文。

謝美娥（1993）。〈老人居家福利需求之研究：以台北市老人為例〉。《政治大學社會學報》，第67期，頁163-202。

二、英文部分

Adams, R. G. (1987). 'Patterns of network change: A longitudinal study of friendships of elderly woman'. *The Gerontologist, 27(2)*, 222- 227.

Admato, P. R. (1993). 'Urban-Rural differences in helping friends and family members'. *Social Psychology Quarterly, 56(4)*, 249-262.

Antonucci, T. C. (1985). 'Personal characteristics, social support, and social behavior'. In R. H. Binstock and E. Shanas, *Handbook of Aging and the Social Sciences*, pp. 94-128. New York: Van Nostrand Reinhold.

Antonucci, T. C. (1990). 'Social support and social relationships'. In R. H. Binstock and L. K. George (eds.), *Handbook of Aging and the Social Sciences* (3rd ed.), pp. 205-266.

San Diego: Academic Press.

Barker, Robert L. (1991). 'Social work dictionary'. *National Association of Social Workers*, p. 221. Maryland: Sliver Spring.

Cantor, M. (1979). 'Neighbors and friends: An overlooked resources in the informal support system'. *Research on Aging, 1*, 434-463.

Caplan, G. (1965). *Principles of Preventive Psychiatry*. London: Tavisstock.

Cassel, J. (1976). The contribution of social environment of host resistance, *American Journal of Epidemiology,* 104,107-123.

Fischer, C. S. (1977). *Network and Places: Social Relations in the Urban Setting*. New York: The Free Press.

Gottlieb, B. H. (1983). *Social Support Strategies*. California: Sage.

Litwak, E. & Silverstein, M. (1993). A task-specific typology of intergenerational family structure in later life. *The Gerontologist, 33 (2)*, 258- 264.

Moore, G. (1990). Structural determinants of men's and women's personal networks. *American Sociological Review, 55*, 726-736.

Perlman, R. and Giele, J. Z. (1982). An unstable triad: Dependents demands, family resources, community supports. *Home Health Care Services Quarterly, 3(3/4)*, 12-44。

Rothman, J. (1992). *Guide Liners for Case Management*. F. E.: Peacock Publishers.

Sharkley, P. (2000). *The Essentials of Community Care: A Guide for Practitioners*. Great Britain: Macmillan.

Stone, R. (2000). *Long-Term Care for the Elderly with Disabilities: Current Policy, Emerging Trends, and Implications for the Twenty-First Century*. NY: Milbank Memorial Fund.

Walker, M. E., Wasserman, S. and Wellman, B. (1994). 'Statistical models for social support networks'. In S. Wasserman and J. Galaskiewicz (eds), *Advances in Social Network Analysis,* pp. 53-78. CA: Sage.

Chapter 6

老人照顧與社區資源整合

■前 言

■福利多元主義與社會福利資源供給

■從集體化照顧到社區化照顧的發展路徑

■社區照顧：政府與民間的互動關係

■優勢個案分析：「好鄰居」發展模式

■社區照顧政策與資源整合問題與出路

■結論：社區資源綠洲化

第一節　前言

　　高齡化社會的老人照顧問題，已成為政府和民間部門推動社會福利的重點工作。行政院經濟建設委員會預估我國老人人口的倍化年數，約二十五年就可達到WHO（World Health Organization）的「高齡」國家（65歲老年人口占總人口的14%）標準，較日本的老人人口倍化速度約二十四年略長，而整個台灣的老化速度相較於西方國家，將以十倍的速度成長。就高齡社會的老人照顧需求面而言，將有更多需要被照顧的老人隱藏於社區中、家庭裡。雖然台灣社區服務單位和老人福利機構所提供的照顧數量逐漸成長，但仍供不應求，目前這些隱藏於社區需要被照顧的老人，大都還由非正式的照顧資源系統，如家人、親友和鄰居來提供照顧服務，因此若缺乏外部的支持系統和資源介入協助，家庭照顧的負荷、壓力甚鉅，照顧者也因而產生諸多身心疾病（陳燕禎，2005）。因此社區照顧就是需要藉社區之力以服務社區之人，提供家庭支持性和補充性服務協助，讓需要被照顧的老人得以繼續留在社區中、家中被照顧，這除了實踐社區照顧追求「生活正常化」、「環境熟悉化」的照顧原則，也符合中國傳統社會孝道文化的規範要求，符合現今公民社會主張的社區精神和情感力量結合的目標。

　　自古以來，社會照顧工作就是一項「愛的勞務」，照顧本身就是一個長期的連續體和動態過程，它也是不能被切割的服務（Moore, 1993; Tester, 1996; Jack, 1998）。1960年代，在北歐興起在地老化（aging in place）的理念，做為老人照顧的目標，落實該理念的具體策略是以「社區與居家為基礎之服務」（home and community-based services），希望使所有長者、失能者都能在自己家中獲得持續性照顧（吳淑瓊、莊坤祥，2001），這與我國大同社會「老有所終」的內涵不謀而合。

　　世界人口老化的國家提供老人福利服務，都朝向以運用社區力量

和資源做基礎，設計以照顧安全化、多樣化、品質化和人性化為服務模式。我國於1993年9月底邁入高齡化國家之林，就開始針對人口老化所帶來的照顧問題，設計規劃相關的社會福利政策方案，希望建構一個有計畫性、前瞻性的老人福利和社區照顧政策，結合社會各方資源，以因應社會變遷、家庭人力資源轉變之需。故本章從社區照顧政策和實務運作策略上進行探討分析，希望政府能有更完善、更確實的社區照顧政策，提供在地社區的老人或失能者能獲得連續性、完整性之照顧資源和網絡。

第二節　福利多元主義與社會福利資源供給

　　西方福利國家，因政府干預市場的運作，並完全由政府擬訂社會問題的解決政策，在社會福利政策方面強調更多元的福利政策方案，讓人民有更多的選擇機會，獲得更自主、便利的服務。在政府組織再造行動中，政府不再是社會福利的唯一供給者，發展結合企業、非政府組織和社區力量，共同參與人民的照顧事務，形成國家治理的新型態，亦即把原有政府的供給救助功能，推進到更廣的社會網絡的互動系統概念，以福利多元主義的資源結合為供給模式。

　　從資源整合的觀點來看人口老化問題和實現在地老化的目標，政府是必須積極尋求社區力量的支持才可能克竟其功，亦即重視民間部門和基層社區動員參與的力量，才可能實現在地老化的目標。社區照顧的服務項目包含居家照顧、日間照顧、喘息照顧、送餐服務、機構照顧、社區關懷據點等，服務的對象為需長期照顧的社區失能長者、獨居老人、身心障礙者到健康老人，這些照顧服務工作是任重而道遠，需要社會各部門力量的協助，雖然政府不再是唯一服務供給者的角色，但卻必須號召社會各界參與，尤其民間部門或非營利組織是公民社會的產物，更應

具有「獨立」與「專業」的特性，積極回應社區居民的需求。Drydyk（1991）指出，國家及社會、社區的互動系統是具有相互支持的關係，此種相互支持系統正是政府制訂社區照顧政策的重要支撐力，而我們政府也希望藉此紓解我國人口急速老化的照顧問題。

第三節　從集體化照顧到社區化照顧的發展路徑

回顧國內，目前的人口結構，除老年人口比例是在逐年攀升外（至2008年底，老年人口比例已突破10.43%），相對地，14歲以下人口卻是逐年以呈反比的方式下降到17.6%（內政部戶政司，2008）。台灣戰後「嬰兒潮」至2114年之後，這批人將成為65歲以上的人口，總數將達293萬人。因此目前不僅面臨人口老化以及人力資源不足的問題，未來更可能會對長期失能者的照顧問題發生重大失調。所以現今社會福利需求是在高齡化和少子化的雙重人口效應下所導致的問題反應，尤其在老人長期照顧需求方面，將因老年人口數量急增和85歲以上老老人的增加，使得健康需求和衰老需要大量的照顧服務，而當前這些老人又抱有著傳統社會「養兒防老」的觀念，所以大都不願接受機構式的集體式照顧，因此在傳統與現代的照顧方式夾擊下，老人照顧的確出現諸多問題，加上女性投入勞動市場，使老人照顧問題再度陷入人力資源的困境，故今日的人口老化需求若要再藉由家庭主義的意識型態完成，並不切實際。

在全球化的浪潮之後，任何國家都將無法避免全球化所帶來的衝擊，因此**全球接軌、在地行動**的社區照顧模式，就成為世界各國因應社會變遷的方式。社區照顧之所以受到歡迎，除了受到全球化的衝擊之外，當然也是政府、企業、民間志願組織及社區、家庭之間，相互需求和推擠互動的結果（鄭讚源，2005）。因此，在人民自我意識提升和大時空環境之交錯影響下，原本採行的集體機構照顧模式，已逐漸回歸到

昔日「社區型」的照顧模式，以我「生在這裡、老在這裡」的熟悉社會網絡進行人口老化的需求，愈來愈多民眾附和，倡導老人以「社區照顧」模式來取代大型機構的安置，因此可說社區照顧是另類「成功老化」的新觀點，它開始在社會各界、各地推展開來。社區照顧的熱潮湧現，某種程度表示受照顧者之生活權益和生活品質已受到社會的關注。

團體活動給予老人許多社會支持的力量

照片提供：財團法人中華基督教福音信義傳道會
　　　　　附設台中縣私立信義老人養護中心。

第四節　社區照顧：政府與民間的互動關係

　　瞭解歷史發展的軌跡，才能掌握未來的方向。我國自1965年就推展社區工作，實施過程是先從硬體建設再發展軟體建設，以社區基礎工程建設、社區生產福利建設、社區精神意識建設為社區工作的三大工程。依我國自1965年以來實施的社區照顧政策的發展軌跡，可區分為四個歷史階段（陳燕禎，2007）。第一階段是1965至1990年的萌芽期，此時期以1965年的「民生主義現階段社會政策」為起點，而後提出的政策重點多是強調以社區發展為名的系列工作，社會福利扮演著社區發展的附屬角色之一；第二階段是1991至1995年的形成期，從1992年的「台灣省現階段社區發展工作實施方案」，至1994年行政院頒訂的「社會福利政策綱領」，可看出許多服務項目均包括社區照顧的範疇。1995年的「全國

社區發展會議」，正式提出「福利社區化」之概念，是社區化照顧的開始；第三階段是1996至2000年的實驗期，1996年內政部核定的「推動社會福利社區化實施要點」，更充分強調社區照顧、家庭和社區的資源網絡，在提供老人照顧上具有相輔相成的重要性。第四階段為2001年迄今的照顧產業期，即行政院自2002年核定的「新故鄉社區營造」、「照顧服務福利及產業發展方案」，政府更將社區照顧政策視為一項產業發展的趨向。2005年的「台灣健康社區六星計畫」及2006年政府推動的「大溫暖套案」，都是依據當前社會人口結構和人民需要發展出來的。從「新故鄉社區營造」中的健康社區福祉營造計畫，及台灣健康社區六星計畫中，積極鼓勵民間團體設置「社區照顧關懷據點」的策略。2008年8月啟動「馬上關懷專案」，運用村里在地化急難救助系統，使得能夠及早發現、馬上關懷、及時援助，協助福利的轉介與資源連結，產生「快、準、有效」的服務協助機制，希望展現出社區照顧政策的落實工作。

社區不僅已被視為是實踐社會福利的一個基礎性角色，處在同一生活脈絡下的社區居民，亦開始瞭解社區內無論是具體的設備或無形的情感支持網絡，都是應盡其所能保護並妥善運用的公共財。加上1990年代以來，政府為解決持續面臨到的失業問題，提出許多期盼能緩和失業率攀升，並使失能者在社區地方獲得資源充足、良好照顧品質之整合服務方案。

整體而言，社會福利服務輸送體系在1980年代以前，社區照顧服務的提供以親族、鄰里為主，宗教廟宇、地方性慈善團體以及各級政府，只扮演「補充性」的社會服務功能。這個時期政府與民間社會基本上是各做各的社會服務。雖然政府也補助民間社團、機構辦理社會服務，不過，大都是個案委託。1980年代以後，政府與民間的夥伴關係有所改變，由個案委託走向方案委託。這在內政部1983年訂頒「加強結合民間力量推展社會福利實施計畫」就指出，各縣（市）政府為推展社會福利

工作，得以補助、獎勵或委託民間合法社會福利機構共同辦理。此一社會政策措施的轉變，直接促成了地方社會福利團體和福利方案的發展方向。然而社會福利團體質疑政府推動的照顧產業政策，擔心該方案「有產業，無福利」，擔心社會福利產業化的下一步就是「營利化」（林萬億，2006）。

充滿活力的志工為老人服務，同時也為自己的未來努力

照片提供：財團法人中華基督教福音信義傳道會
　　　　　附設台中縣私立信義老人養護中心。

第五節　優勢個案分析：「好鄰居」發展模式

為因應老弱照顧問題，中央推出社區照顧關懷據點計畫，南投縣政府積極推動「社區照顧關懷據點」，社區資源開發與整合深入各鄉鎮，各據點以最符合老人需求的「健康促進活動」作為服務輸送的切入點，辦理多元化的健康促進活動，吸引老人走出家門，加入社區活動。南投縣政府自2005年至2007年，據點設置目標數均已超過原定目標據點的達成率，高達200%，並且鄉鎮據點分布率和普及率高，亦即不論是都市、鄉村、偏僻山區，甚或原住民地區都已設有據點，經評鑑為全國第一名，獲中央政府高額經費獎助（2,565萬元）。該據點的資源開發和整合特色分析如下：

1.據點以「**好鄰居**」模式，推廣實施獨居老人的關懷訪視和電話問安。

2.據點設有免費長期失能者的輔具租借。

3.據點搭配政府設置的老人文康車，辦理老人歌唱活動和社會福利宣導。

4.據點設置硬體方面結合民間團體資源和現有空間的利用，軟體方面重視社區居民的參與和志工人才的培訓。

「社區照顧關懷據點實施計畫」，就是希望結合有意願的社會團體參與社區照顧關懷據點之設置，由當地的社區居民擔任志工，提供老人關懷訪視服務，以減輕家庭照顧之壓力，發揮社區自助互助照顧功能。該計畫始於2005年，至該年年底台灣全國一共設置了382個社區居民照顧關懷據點，至2006年，合計設置903個社區照顧關懷據點，至2007年社區照顧關懷據點已增加到1,363個據點，統計至2009年3月社區照顧關懷據點已增加到1,550個據點，目前服務據點還在持續增加中（內政部社會司，2007；內政部，2009）（見圖6-1）。

從作者參與社區照顧關懷據點實地輔導訪視發現，該個案（南投縣）據點營運的成功策略在於：首先採取以發展傳統社區「情感」為據點設置之價值核心做基石，再採取**分級制度**管理模式，將評鑑成績列入政府下一年度經費補助之重要依據。而據點之所以能夠不斷開發和跟

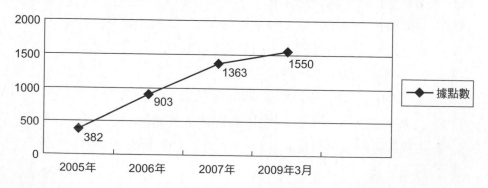

圖6-1　台灣社區關懷照顧據點設立的成果

資料來源：Chen（2008）。

進，採以續優據點做示**範點**，並委託示範據點辦理相關服務方案活動，如示範據點辦理「據點操作體驗營」，以鼓勵、帶動有意願設置但尚未成立據點之社區也成立據點服務。更重要的是，每個據點為提供符合當地老人之生態文化需求服務，每年都就老人身心狀況進行需求評估，做為服務輸送內容和方式之改善依據。最後，據點必須透過鄰近社區的**結盟力量**，發揮**連漪效果**（ripple effect），志工夥伴相互分享與回饋，以促進據點之間的相互學習，凝聚社區的共識力，創造永續經營的社會支持系統（Chen, 2008）。

在地老化的社區照顧發展，不只是**造產**、**造人**，更重要的是要有**造福**的觀念。

1.造產：就是要創造和結合社區資源、資訊和資本。

2.造人：就是在造就社區人才。

3.造福：就是發揮社區居民慈悲與互助關懷的理念。

因此，結合孝道文化和互助資源，重拾「你養我小，我養你老」的**互惠式照顧期待**（reciprocal filial caregiving expectation），將是一個可行性高、全面性廣，「顧老」、「護老」的行動策略。

愛跳舞的老阿嬤

「每天早上四點多我就起床了！起床之後我去運動、跳土風舞」；「六點回家準備一下，要到老人會館上課，有歌唱、社交舞」；「每個月有兩天，要參加老人會的固定聚會」；「每天還要撥出時間排練演戲，因為常常我們都要到各地表演《素蘭要出嫁》、《賣菜姑娘》的戲碼」；「我們報名公共電視的比賽，已進入季冠軍，最近要加強練習，我們準備拿冠軍」；「下週我打算到台北採購

我們表演所需要的戲服，總要有新的、亮麗的衣服嘛！還有，我還要去拜訪我的老友」。

這位社區奶奶，她已經70多歲了，每天仍是充滿活力，每當機構辦理節慶活動，邀請老奶奶她們來演出，總要很早就要預約時間，有些時候找了好幾天，家屬都說，阿嬤很忙到台北去，幾天之後才回來，原來，阿嬤比年輕人更有活力、更忙！還有，阿嬤們對於演出，是非常重視的，敬業認真的態度絕對超過年輕人的想像，為了演出的效果好，一遍又一遍排練、試音響、看場地效果。

阿嬤其實是一位閩南人，後來才當了客家媳婦，開始學習客家話，她曾報名各種規模大小的客家歌謠比賽，得到很好的成績，如果不是特別說明，沒有人知道原來她不會客家話。有一天阿嬤接受電視台記者的採訪，希望她能告訴其他老人，如何安排快樂健康銀髮族生活，阿嬤說：要活就要動，人生不要太計較，有時候好玩，笑笑（台語，意思是有時候人生不要過度認真執著）比較好過日子，每天她都很忙，比年輕人事情多。

一個人活到老要學到老，要活動到老，就像是「活動理論」所提到的，老年人並不代表就從其原本的社交、工作等生活圈撤離，而是更積極的規劃參與晚年的生活，如此便可能成功的老化。

資料來源：作者實務案例整理。

第六節　社區照顧政策與資源整合問題與出路

老人問題的屬性已從昔日個人責任的歸因取向，轉化為社會結構因素的歸因，老人問題不再只是個人生理機能或疾病所引發的問題而已，

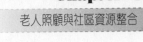
而是人口結構整體老化帶動社會各層面的變化，這些變化引發世界各高齡化社會的「銀髮革命」，而且老人將不再被視為問題，而是議題。因此，已開發國家面對高齡化問題，以建立社會安全制度和社區照顧政策做為因應策略，如實施國民年金制度和長期照顧制度等，這些政策制度對老人基本生活安頓具有多層面的意義，所以也被國際福利推動者認為是重要的社會福利政策的基石。

我國社區工作在全球化浪潮衝擊下，已轉型至社區總體營造和社區照顧政策，不管過去或現在，一路走來的歷程雖然存在諸多問題，但我們必須從實務推展中，深切檢討、省思，以找到可能的出路，以提供最本土的社區照顧模式而言，綜觀其當前之問題和出路如下：

一、問題

(一)社區照顧資源欠缺社區自發能量

社區式的照顧模式極符合中國文化在地老化、在家養老的需求，然而社區照顧模式在推展過程中，普遍呈現經費、人力不足、專業知能不夠與硬體設備欠缺等困境。究其原因，乃長期以來都由政府扮演**由上而下**的主導角色，雖然政府以服務在地化、社區化為政策口號之訴求，並以經費補助方式之誘因，來激發民間團體的參與和響應，然而卻無形中形成居民對社區照顧資源的認知不足，社區自發意識和動力欠缺，所以**由下而上**的社區照顧理念難以形塑，造成社區對政府經費資源的依賴，使社區自發的動力和資源難以激發和匯集。

(二)缺乏社區資源網絡的溝通平台

審視當前世界的福利思潮，老人照顧與保護政策已從過去「保障老人的基本生活」，提升為**維護尊嚴和自主的老年**，老人的基本權益受到重視，老人不是問題，不再只是被救濟的對象，而是擁有經濟、安全、

醫療保健、居住安養、社會參與與就業、教育休閒及持續性、完整性照顧等需求和權益,並興起建構本土化的照顧服務模式,以符合地方生態文化系統的福利服務需求(陳燕禎、謝儒賢、施教裕,2005)。今日在人民福利意識日漸高漲之下,政府政策應隨著時代需求與社會狀況做實質的回應和調整,且應有全盤規劃和積極性作為,服務方案規劃不能草率虛應,做斷層化、零碎化的處理,而是需要建立便利且公開的溝通平台以資互動。

(三)「權益」與「福利」的觀念模糊

當前一般民眾對老人照顧的「權益」與「福利」,在觀念上十分模糊,所以政府應給人民有所期待,且值得被期待,能吸取社區實務經驗和聽取聲音,以建構社區互動的溝通平台和發展符合居民需要的照顧模式,以在地人的故鄉情緣作為資源分享的核心價值,能培養居民**充權**、**培力**的概念,才能擁有社區照顧永續經營的動力,達成「老有所安、老有所養」的福利政策目標,否則將會出現「名為社區照顧,實為社區遺棄」的不幸事件發生。

(四)社會福利資源網絡鬆散

我國由政府介入的社會福利政策設計,向來以**殘補式**的福利服務,扮演最後一道社會安全的防線,所以積極推展社區照顧政策,無非就是希望回歸**以家庭為中心**的照顧模式,政府部門介入福利服務,基於補充性及支持性的立場,必須在非正式資源系統瓦解時才符合使用,使得在老人社區照顧的實務層面,往往出現資源不足的窘境,因此政府、民間和社區必須建構一個完善的社區資源網絡,正式資源和非正式資源系統之間必須發展友善、情願的「**夥伴關係**」(partnership relation)。現今的社會支持服務方案的運用,必須是一個「無縫隙、無斷層」的服務方案之設計(Payne, 2000),才能將有限的社福資源、人力做最有效的運用。

二、出路

(一) 政府部門須先進行資源管理

　　老人長期照顧安置的方式除家庭照顧資源外，設立在社區的老人機構，也逐步提供「外展服務」作為永續經營的重要目標，所提供的服務項目以符合社區生態和居民需求作為服務連結，如提供居家服務、日間照顧、老人送餐服務、獨居老人關懷問安和健康促進活動等，對家庭照顧者在照顧負擔之減輕及情緒紓解上都具有支持功能。然而有關對社區的管理和業務牽涉到政府各部門時，常因多重部門多頭馬車的牽制，導致服務難以推展，故當前社區資源的整合工作須先由政府部門下手，公部門應主動將所有提供社區的的資源，如社會服務、醫療服務、文化、教育、警政等進行整合和管理，才能建立完善的資源網絡系統，提供照顧者需要的資訊、資源和選擇使用的機會，因此必須強化服務供給部門內部資源管理的共識，故公部門的資源管理整合是必須先行突破的地方。

社區照顧關懷據點運用餐車提供老人溫馨又好吃的餐食服務

照片提供：台北縣五股鄉社區照顧關懷據點。

(二)建構社區照顧服務團隊，發揮「充權」力量

　　台灣自推展照顧產業政策方案後，從中央到地方政府乃至執行單位，至今都處於各自摸索的狀況，且未針對方案執行的經驗及結果進行專業的檢視和評估，也造成許多社會資源未能發揮整合之效益，甚至還發現有限資源被濫用和誤用的情形，因此自然也未見到當初經濟發展和

社會福利的同步成效。台灣雖已有成立照顧團隊來運作之概念，但還是以形式面多於實質面，此一則來自照顧團隊的專業人力不夠完整，二則來自照顧團隊對使用者的**充權**（empowerments）、**使能**（enable）的促進有限，在服務運作機制上仍以「行政者」或「負責人」或「民意代表」為中心，非以**使用者**為優先服務的導向，而且服務方案之設計欠缺家庭照顧者的參與作業，導致整體服務成效有限。因此積極建構由社區出發的服務團隊，提供**全人、全方位**的照顧規劃是當務之急，這也是我國可以善用傳統社區鄰里互助力量發展照顧市場的重要著力點。

(三)以「公平」和「正義」為資源分配的支撐點

社區照顧政策方案設計必須以**公平**和**正義**為資源分配的支撐點，並以「使用者」需求為優先；至於福利服務方案的設計須以服務持續性、整體性和多元性為原則，尊重「當事人主義」的選擇權和自主權。有效的服務輸送架構必須符合 "5A" 的原則：「可用性」（availability）、「充足性」（adequacy）、「適當性」（appropriate）、「可接受性」（acceptability）和「可近性」（accessibility）（Moxley,1989）。若是使用者付費（自費）方案更必須考慮「可責性」（accountability）、「可負擔性」（affordability）和「品質性」（quality）（陳燕禎，2008），所以，社區必須因地制宜，發展適合當地居民生態文化和差異性需求的服務方案，使照顧社區化成為社區居民正常化的生活模式。

(四)重視老人福祉科技的研發和使用

老化伴隨著身體功能的衰退、健康能力的下降和社會網絡資源的流失，而科技則具有無限潛力，能夠延緩人類身心功能的衰退，提升人類的潛能，達到**體適能**的最佳健康品質，所以科技也解決老化所帶來的許多問題。近年來老人福祉科技在國內外廣泛受到重視，**老人福祉科技**（gerontechnology）是跨領域而整合的新興科技，"gerontechnology" 這

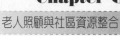
個字結合了 "geron" （希臘文意為「老人」）和 "technology" （科技）兩個字，它在老化社會和社會需求下產生（徐業良，2008）。面對洶湧而來的嬰兒潮人口進入高齡化，建構專業的健康管理和照顧系統是當務之急，尤其要落實在地老化的社區照顧目標，就必須從解決問題的層次提升到加強預防問題產生的層次，結合科技福祉的理念，才能發揮居民疾病預防、自我健康管理和降低意外風險之功能，進而提升老年期的生活品質，因此社區照顧工作必須擴展照顧的格局，啟動「同業聚合，異業整合」的合作力量，充分發展照顧產業的資源與動能。

社照關懷賽　800位老人秀活力

　　全國社區照顧關懷大賽－高雄初賽昨天在高縣婦幼館登場。為鼓勵行動不便的長輩參加，比賽採「加分制」，讓原本擔心拖累隊友的行動不便的長輩們積極參與，舞台上，單腳的、三腳的、坐輪椅的阿公阿嬤一起秀活力，掀起銀色旋風。

　　為讓長輩們有呈現活力的舞台，弘道老人福利基金會與台灣社區資深公民日托協會舉辦「2008全國社區照顧關懷據點大賽──阿公阿嬤健康活力Show」活動，全國共有一百一十五隊報名，將選出二十隊，第一名可獲得10萬元獎金。

　　高雄初賽昨天在高縣婦幼館演藝廳舉行，共有來自南部各縣市的二十八隊、800位老人參與，其中超過80歲的就有近80人。

　　許多阿公阿嬤是有生以來第一次站上舞台參賽，練習的過程中，雖有人抱怨老骨頭都要散了，但透過一次次的律動，也重新找回活力。

　　為了鼓勵行動不便的長輩參加，比賽特別採取「加分制」。原本擔心會拖累隊友的行動不便的長輩們知道自己可為隊伍加分後，都

積極參與，舞台上，單腳的、拿著柺杖變三腳的、坐輪椅的、裝義肢的、曾中風的阿公阿嬤們專注、投入的神情，努力配合隊友，讓演出更加動人。

資料來源：朱有鈴（2008）。《自由時報‧B6高縣東屏新聞版》。2008年7月6日報導。

第七節　結論：社區資源綠洲化

　　人口結構的改變已是不爭的事實，社會變遷帶來家庭功能的弱化，因而長壽老人的照顧需求已迫在眼前，不能逃避，也不必逃避，是全體國人必須面對的社會事實。長期以來，政府的福利政策往往淪為口號，只有宣示和形式，欠缺執行力和行動力，且政府與民間的互動關係缺乏互信基礎，尤其政府部門未建立完善資訊網絡溝通平台，以對外傳達民眾應有的福利資源和訊息，政府部門之間的預算和資源運用缺乏協調，都是造成政府的威信和政策執行力受到質疑和阻礙的地方。所以要落實社區照顧政策，首先政府部門必須以更謙虛的態度，由自己部門的資源整合做起，重視社區居民和基層單位的聲音，畢竟資源整合並非是政府「整」，民間「合」的結果，政府部門平時就應加強與社區團體之間的互動和聯繫，建立強韌且友善的夥伴關係，並借用老人照顧的科技力量，發揮預防性和整合性的照顧功能。

　　西方國家社區照顧政策和服務輸送方案主張開放、彈性及非結構式的照顧模式，他們結合民間和社區資源提供老人照顧，以截長補短的概念共同為案主提供服務，所以省思社區照顧政策，一言以蔽之，就是要借助、善用並開發**在地資源**，運用社區能量，建構國家與社會之間相互支持的資源網絡關係。社區照顧政策的成效，除端視政府部門是否重視

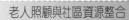

基層力量的啟動和社區資本的投入外，社區居民本身的自發力更居於決勝關鍵。居民必須重視自我權能，爭取應有的「權益」與「福利」，扮演社區照顧應有的角色和義務，並將自我權能融入社區網絡體系之中，才能看見社區照顧資源綠洲化的過程，進而實踐「在地老化」之目標。

長者精彩人生　記者受益良多

　　當記者，常能接觸、瞥見各行各業、形形色色的人，讓我受益良多的通常是長者，像採訪過87歲謝春梅醫師、86歲老助產士陳清雪、93歲帽蓆老闆張水連，個個都有精彩的人生故事，也見證了歷史更迭，近日得知張水連病逝，讓我感觸特別多。

　　去年9月底，我為了撰寫報社的「老店風華」專欄，採訪苑裡鎮歷史最久的振發帽蓆行老闆張水連，當時未預約即臨時造訪，原本計畫採訪接手經營的第二代，沒想到92歲的張水連親自從家中到店裡等我，為我回答苑裡帽蓆產業的歷史風華，我真的很感動。

　　當時眼前的張水連，精神奕奕，紅光滿面，身體健康，只有一點重聽，未料放完農曆春節假期上班第一天，張水連老先生竟然病故，我非常震驚，立刻前往捻香，也決定為老先生撰寫「他們的故事」專欄，引領讀者再一次認識這位用心的地方耆老。

　　採訪過程中，認識張水連的每一個人都欽佩「張老」慈祥和藹，我更進一步認識張水連除了是帽蓆行老闆，還曾當過鎮代、苑裡鎮慈和宮主委：「認識他的人都說他好」，想想他一生的成就，恐怕許多人望塵莫及。

　　我也想起，過去曾接觸過的許多長者，像行醫超過六十五年的謝春梅醫師，去年獲得台灣醫療典範獎，通霄鎮老助產士陳清雪，兩人經歷早年醫療物資缺乏的台灣，經常得翻山越嶺、摸黑提著油燈為人

治病接生，對待病人有如親友，相互信賴的醫病關係，現代少見。

　　對我而言，雖然每一次採訪時間常不到一小時，但短暫相處，我在這些長者身上看見他們待人接物原則，體驗、學習他們數十年的精彩人生，我感動又珍惜。

　　張水連的驟逝，讓我第一次體會人生無常，望您老人家一路好走！從今起，我要更珍惜人與人之間的聚散。

資料來源：祁容玉（2009）。《聯合報‧C1竹苗‧教育版》。2009年2月9日報導。

問題與討論

一、社區照顧政策的歷史發展軌跡如何？

二、社區照顧的服務項目包含哪些？

三、「社區照顧」模式與「機構式集體照顧」模式，其內涵各為何？您傾向選擇哪一種？

四、何謂福利多元主義？有哪些福利供給部門？

五、社會福利團體質疑政府推動的照顧產業政策，擔心該方案「有產業，無福利」，擔心社會福利產業化的下一步就是「營利化」，您有什麼看法？

六、社區照顧模式至今遭遇的困境有哪些？如何尋覓出路？

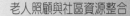

參考文獻

一、中文部分

內政部（2009）。《社區照顧關懷據點：統計圖表》。台北：內政部統計處。

內政部戶政司（2008）。《歷年年底人口數三階段年齡結構、依賴比、老化指數及扶養比》。台北：內政部戶政司。

內政部社會司（2007）。《內政部辦理失能老人及身心障礙者使用居家服務成果彙整表》。台北：內政部社會司。

吳淑瓊、莊坤祥（2001）。〈在地老化：台灣二十一世紀長期照護政策的方向〉，《台灣衛誌》，第20期，頁192-201。

林萬億（2006）。《台灣全志：卷九 社會志‧社會福利篇》。南投：國史館台灣文獻館。

徐業良（2008）。《老人福祉科技與遠距居家照護技術》。台中：滄海書局。

陳燕禎（2005）。〈社區老人照顧支持體系及政策探討〉，《社區發展季刊》，第110期，頁158-175。

陳燕禎（2007）。〈公民社會的福利思考：台灣社區照顧與資源整合〉，載於劉阿榮等主編，《華人文化圈的公民社會發展》，頁57-73。台北：韋伯文化。

陳燕禎（2008）。《老人福利理論與實務：本土的觀點》（三刷）。台北：雙葉書廊。

陳燕禎、謝儒賢、施教裕（2005）。〈社區照顧：老人餐食服務模式之探討與建構〉，《社會政策與社會工作學刊》，第9卷第1期，頁109-140。

鄭讚源（2005）。〈社會經濟、社會事業與照顧服務：我國照顧服務產業的理想與現實〉，《「社會暨健康政策的變動與創新趨勢：邁向多元、整合的福利體制」國際學術研討會論文集》，高雄醫學大學、中正大學、社會福利學會主辦。

朱有鈴（2008）。〈社照關懷賽 800位老人秀活力〉，《自由時報‧B6高縣東屏新聞版》。2008年7月6日報導。

祁容玉（2009）。〈長者精彩人生 記者受益良多〉，《聯合報‧C1竹苗‧教育版》。2009年2月9日報導。

二、英文部分

Chen, Y. J. (2008). 'Strength perspective: An analysis of ageing in place care model in Taiwan based on traditional filial piety? Ageing International. (DOI: 10.1007/s 12126-008-9018z). US: Publication Springer.

Drydyk, J. (1991). 'Capitalism, socialism and civil society'. *Monist, 74 (3)*, 457-478.

Jack, R. (1998). 'Institutions in community care'. In R. Jack (ed.), *Residential Versus Community Care: The Role Institutions in Welfare Provision,* pp.10-40. London: Macmillan.

Moore, S. (1993). *Social Welfare Alive*. Cheltenham: Stanley Thornes.

Moxley, D. P. (1989). *The Practice of Case Management*. Newbury Park, CA: Sage.

Payne, M. (2000). *Teamwork in Multiprofessional Care*. Printed in Malaysia.

Tester, S. (1996). *Community Care for the Older People: A Comparative Perspective*. London: Macmillan.

Chapter 7

老人日間照顧之實務工作與發展

■前　言

■老人日間照顧之發展與功能

■老人日間照顧服務使用障礙與類型

■個案研究評估與實務分析

■老人日間照顧在實務場域面臨之問題與省思

■提供日間照顧服務之建議

■ 結論：發展「混合型」的照顧團隊

第一節　前言

　　老人日間照顧服務（或日間托老，簡稱日托），是指身心功能已退化、但生活仍能自理，其子女在外地工作或白天需要就業而乏人照顧之老人，為提供服務之對象。推展老人日間照顧目的是要「補充」家庭的功能，發揮在「某一段時間」代替家人照顧老人，讓家人獲得喘息和能夠放心工作的協助效果，所以老人日間照顧服務方案兼具老人照顧和家庭支持的雙重功能。

　　依據內政部最近公布的老人狀況調查報告顯示，65歲以上國民對老人福利措施需求情形項目中，就「日間托老」服務項目表示很需要者，占7.34%；還算需要者，占8.61%，合占15.95%；而且還有許多相關的福利需求項目，如獨居老人的關懷服務、緊急救援連線等也都和日間照顧方案緊密連結，這些老人的福利需求，正凸顯出當前老人在日常生活的迫切性（內政部社會司，2005）。本章將以南投縣實施的日間照顧進行個案實務分析。

　　南投縣的老人人口高占總人口數的13.22%（70,294人），是一個相當高齡化的縣市（內政部戶政司，2009）。南投縣政府在推展社區照顧的政策方案中，「老人日間照顧服務方案」是所有方案中最早以「契約外包」的方式進行的，接受委託單位應具有方案規劃、執行能力和競爭力，才能受到評審委員的青睞，取得外包資格，故針對該方案執行機構（受委託單位）進行過程和結果評估，以掌握日托服務輸送所呈現的問題和實際困境，並提出具體建議，以作為未來政府和民間機構推展日間照顧服務之參考。

 # 第二節　老人日間照顧之發展與功能

一、老人日間照顧之定義

1. 定義：針對身體、認知或社會心理功能失能之老人，提供少於十二小時的「集體式」照顧服務。

2. 目的：老人日間照顧服務的目的，乃為改善或維持使用者（老人）的身心功能，提供團體的支持與互動，延遲或避免機構化，並提供老人社會互動及休閒、復健訓練、人際溝通技巧建立及健康的監控與維持，同時提供家庭照顧者喘息的休息機會。

3. 服務內容：包含提供老人一個安全舒適的活動環境，並同時擁有個人照顧、餐飲、醫療保健、護理照顧、文康休閒、復健運動教育、用藥安全、交通服務、社交活動、個案管理等專業服務，而且使用服務的老人須身體狀況許可，可以自行或搭乘交通工具前往照顧之場所，並參與團體生活及專業人員之監督為主（王增勇，1997；王潔媛，2003）。

　　日間照顧的服務內容，若依國外Weissert（1990）等人研究指出，應包含個案管理（如健康評估、照顧計畫、服務安排、服務監控、週期性的再評估等）、健康評估、營養教育、有益健康的節食、交通接送服務及諮詢，其中較少被提供的服務則有物理、職能或治療、內科醫師服務、早餐及牙醫服務。這些服務分別依內容不同而有每日、每週、每月服務頻率之差異。

　　日間照顧方案的目的是相當多元的（呂寶靜，1996；Kaye and Kirwin, 1990; Hooyman and Kiyak, 2002）。老人日間照顧服務與居家照顧服務最大的不同，是在於提供了團體的支持與互動，目的在於延遲或避免機構化，提供老人社會互動及健康維持，並協助家庭照顧者的喘息機

會，且並能延遲老人送到醫院或護理之家前的過渡期。

　　國內老人日間照顧服務的內容，雖大都學習自西方國家的服務提供方式，但國內實務工作者指出（游如玉等，2005），當個案前來日間照顧中心，首先應確認個案基本資料及日常生活基本能力（ADL）等相關個案身心狀況，並且確認個案口語上及非口語上的要求及意向，再依照個案的特質做正確的需求評估，提供具體的照顧計畫，以協助個案克服現階段身心功能不佳所面臨的困難。

二、老人日間照顧之發展

　　老人日間照顧中心的概念起源於英國，於1950年代之後開始推展。早期在英國是由**醫院附設**的服務項目，以護理和職能治療為主軸，隨後逐漸影響西方國家日間照顧之發展，故偏向採「**醫療型**」為主要服務模式。至1970年代，日間照顧仍為一項創新的社區照顧服務工作，並未明顯區分以醫療為取向或以社會服務為取向的日間照顧模式，直到 1970年代末期至1980年代末期，才逐漸分別朝向以**醫療**或**社會**兩種不同的模式發展。

　　近年來各先進國家老人照顧服務的發展，都採「社區化」或「機構小型化」為照顧服務之發展策略（陳燕禎，2004），社區照顧政策的發展就是要取代昔日由機構照顧的模式，並連結社區、鄰里及家庭的力量，形成一個堅強有力的社會資源網絡，其目的就是要老人回歸到熟悉的環境被照顧，實踐「在地化」的養老目標，以提供老人的幸福感，所以老人日間照顧中心的服務設計，是從機構式照顧轉向社區式照顧的重要中途站。

　　「美國成人日間照顧協會」（National Adult Day Service Association）將成人日間照顧視為一種**以社區為基礎**的團體方案（communit-base program），並透過個別照顧管理計畫的擬定，協助功能受損的成人（呂

寶靜，1996）。所以日間照顧是一種有結構且周全的服務方案，它提供非住宿的服務型態，以及低於二十四小時的健康、社會等支持性的服務，讓案主在具有保護性的生活情境中獲得照顧，更重要的是老人每日均能返回家中享受家庭生活。

三、老人日間照顧服務的效果

老人日間照顧服務的目的和功能，依研究指出，乃為改善或維持使用者的身心功能，有時也被期待能增強使用者的社會投入或舒緩沮喪（Kane & Kane, 1987）。此外，日間照顧服務可提供老人同儕團體的互相支持和社會互動，並極大化個案功能的服務效果，其服務效果同時具有顯性功能和隱性功能（Huttman, 1985），其功能如下：

1.顯性效果：具有實質解除二十四小時照顧的負擔，補充家屬所缺乏的專業護理照顧。
2.隱性效果：可以避免不必要的機構化照顧，享受原有的家庭生活。

四、老人日間照顧服務的功能

服務必須具有持續性的照顧功能，一直是促進老人獨立自主目標的理想模式（Evashwick, 1996）。在社會快速變遷，家庭功能不斷減弱的趨勢中，老人日間照顧服務已成為重要社會支持福利措施，它是可以讓老人儘量留在社區延續其生活，並與家庭、社區生活融合的照顧模式。日間照顧方案是護理之家和醫院外，屬於符合「人性化」和「成本效率」的一種照顧方式（Kaye and Kirwin, 1990）。所以，日間照顧方案的功能目標具有：

1.整體性功能。

2.多重性功能。

此外,日間照顧服務係以「案主和家庭照顧者為中心」的服務模式,促使家庭成員能夠持續扮演照顧者的角色,又能繼續就業為目標,同時也讓家庭照顧者有喘息的機會。

綜觀老人日間照顧方案在國內、外的研究,都被歸納為是一個「社區型」的團體服務方案,並藉由個別的照顧計畫,來滿足失能者的需要,使失能者能儘量留在熟悉的社區內生活,並促使原本家庭功能的持續發揮,提供老人照顧工作。

表演者之互動關懷讓老人們倍感窩心
照片提供:財團法人中華基督教福音信義傳
　　　　　道會,附設台中縣私立信義老人
　　　　　養護中心。

釣魚樂:社區老人共同享受童年趣味遊戲
照片提供:財團法人中華基督教福音信義傳
　　　　　道會,附設台中縣私立信義老人
　　　　　養護中心。

第三節　老人日間照顧服務使用之障礙與類型

一、日間照顧中心服務使用的可能障礙

　　從實務面觀之，發現日間照顧服務使用之障礙為：使用者缺乏知識和資訊、缺乏服務使用之可近性、缺乏服務使用之意圖等，使得服務「供需」有極大落差，產生服務與效益之缺口問題（呂寶靜，2001；Yeatts, Thomas, and Edward , 1992）。

　　日間照顧中心服務提供最大使用的可能障礙包括（Gates, 1980）：

1.個人的知識、認知、動機和環境上的障礙。

2.經濟上的障礙，使用者付費的負擔性障礙。

3.使用者需求認定的障礙。

4.社區資源的可得性障礙等。

　　西方國家在社區照顧政策的發展趨勢下，已促使愈來愈多老人使用正式服務的社區照顧，但民眾必須克服使用障礙，才能達到服務供給之效用。服務供給還必須依遠近親疏，及直接、間接進行仔細分析，才能提供專業又體貼之照顧服務（施教裕，1993；陳燕禎，2005a；陳燕禎，2008）。換言之，落實社區照顧的政策，必須非正式和正式支持資源的結合和運用，才是一項具有完善性和連續性的服務方案設計。

　　社區照顧政策不論在過去或現在都意味著「在」社區照顧（care "in" the community），係指對需要被照顧者的服務，是要在家裡或社區內提供，而不是在與日常生活隔離的機構內（黃源協，2000）。社區照顧支持體系，雖然是屬於一種主觀感受的概念，但使用者及照顧者都必須能夠知道或感受到社會支持性的資源、資訊，才能滿足其需求，服務方案才具有解決其問題之功能和符合人民之期待，因此依地區性、生

態性的環境需要，發展「在地老化」的日間照顧類型就顯得更加重要。

二、日間照顧服務的類型

檢視國外有關日間照顧模式文獻，Robins（1976）將日間照顧中心區分成四種模式（引自王潔媛，2003）：

1.密集的復健服務。
2.短期的復健服務。
3.簡易的健康照顧服務。
4.預期性的健康服務。

依一般老人日間照顧收容原則為「二八原則」，即失能者占20%，健康者占80%。而目前國內提供老人日間照顧服務的供給類型，概可分為兩大類：

1.醫療型：醫療型是由醫院附設的日間托老，是社區型精神醫療或以
　罹患精神病後狀況穩定者為收容對象。
2.社會型：社會型是由社會福利機構附設為醫療型日間照顧中心。

「醫療型」的日間托老又稱為「養護型」的日間照顧中心，照顧對象是以「失能」、「失智」程度較為嚴重的老人為主，這些失能的「養護型」老人的需求和問題，常是日間照顧中心最難照顧的一群，機構必須有大量人力資源和醫療資源的配合，才能提供安全又完善的服務，尤其患有失智症的長者，因家屬不接受或承認老人有此病症而接受專業的鑑定，因此，目前對失智症的長者若在機構接受日間照顧服務，對機構而言仍感到照顧上相當困難。

「社會型」日間照顧中心，以台南市政府於1985年設置開辦的台南市松柏育樂中心為最早。2008年底全省已有五十所日間照護中心，而至

2007年底使用安養型日間照顧服務的老年人數共有5,013人，其中一般戶有4,545人，中低及低收入戶則有468人；使用養護型日間照顧服務的老年人數則有581人，其中一般戶有405人，中低及低收入戶則有176人（內政部統計處，2009，見**表7-1**、**圖7-1**）。而在全省五十所日間照護中心使用**臨時照顧（每月使用十二日以下）**的老年人數共有225人，其中一般戶有196人，中低及低收入戶則有29人；使用日間照顧服務（**每月使用十三日以上**）的老年人數則有2,923人，其中一般戶有2,243人，中低及低收入戶則有680人（內政部統計處，2009，見**表7-2**）

表7-1　日間照顧使用情形逐年統計

		合計	一般戶	中低及低收入戶
2008	計	3,148	2,439	709
	臨時照顧，每月12日以下	225	196	29
	日間照顧，每月13日以上	2,923	2,243	680
2007	計	5,594	4,950	644
	安養型	5,013	4,545	468
	養護型	581	405	176
2006	計	4,864	4,523	341
	安養型	4,177	3,913	264
	養護型	687	610	77
2005	計	4,861	3,973	888
	安養型	4,449	3,678	771
	養護型	412	295	117

資料來源：作者整理自內政部統計處（2009）。內政統計年報：老人福利服務。
網址：http://sowf.moi.gov.tw/stat/year/y04-16.xls。上網檢索日期：2009年4月6日。

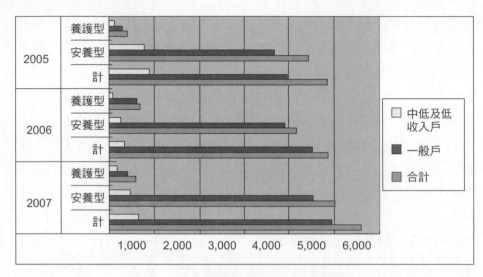

圖7-1　日間照顧使用情形逐年統計

資料來源：作者整理製作自內政部統計處（2009）。內政統計年報：老人福利服務。網址：http://sowf.moi.gov.tw/stat/year/y04-16.xls。上網檢索日期：2009年3月24日。

表7-2　台灣2008年日間照顧使用情形統計

合　計				臨時照顧（每月12日以下）							日間照顧（每月13日以上）							
				一般戶				中低及低收入戶				一般戶				中低及低收入戶			
受托人數			受托人次	受托人數			受托人次	受托人數			受托人次	受托人數			受托人次	受托人數			受托人次
合計	男	女		合計	男	女		合計	男	女		合計	男	女		合計	男	女	
3,148	1,176	1,972	298,206	196	89	107	16,512	29	9	20	1,671	2,243	750	1,493	217,467	680	328	352	62,556

資料來源：作者整理自內政部統計處（2009）。內政統計年報：老人福利服務。網址：http://sowf.moi.gov.tw/stat/year/y04-16.xls。上網檢索日期：2009年4月6日。

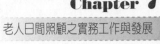

目前社會型日間照顧中心的服務對象，以身體健康、行動方便，生活可自理的老人為主，輕度失能的老人為輔。因此，約七成到八成的中心都提供餐飲服務、健康諮詢、護理服務、簡易復健等四項服務，而所有日間照顧中心也都有辦理緊急狀況的處理和文康娛樂活動，例如除舉辦「戶外郊遊（或參觀活動）」、「慶生活動」外，也為老人安排健康運動、休閒娛樂、教學研習、技藝研習，及聯誼旅遊等團體活動（呂寶靜，1996）。

照顧服務的提供必須「因地制宜」的規劃設計。在美國的成人日間照顧，雖然同時包含衛政的「醫療模式」與社政的「社會模式」兩大類，但並未有明顯的區分，而我國推行的老人日間照顧體系，大致是接近美國的用法與意義，故先前社政部門之推展，也以養護型或醫療型為主，一般都以行動不便者（須拿枴杖、四角助行器）或ADLs失能者居多。由於實務推動過程發現，我國國情文化以及老人生活需求方式，和歐美國家大不相同，因此成果績效一直不佳，也因這些經驗之累積而逐漸轉型，採以「社會型」的健康或輕度失能老人為主。

台灣地區日間照顧服務的定位，到底是以醫療型態或社會照顧型態

節慶活動（包粽子）或是宗教信仰（拜拜）都提供老人心靈上的寄託

照片提供：財團法人南投縣私立南投仁愛之家。

為主軸，一直是政策方案制訂者和實務工作者在進行方案的需求設計、給付策略、輸送模式、資格規定，以及作息、課程安排時所面臨的兩難，不管最後其定位如何，都必須因應社區生態環境和老人、家屬的需求，而做彈性的因應，否則僵化的政策方案，將會使政策之執行遇到挫敗，故台灣當前提供的日間照顧方案是以「社會型」照顧為趨勢（財團法人雙福社會福利慈善事業基金會，2005）。南投縣辦理的老人日間照顧服務，亦採「社會型」的日間照顧類型為主軸，社會型的照顧方案確實較符合我國老人和家庭之需求，而且在社區資源上也較易連結發展。

第四節　個案研究評估與實務分析

　　Kitwood和Bredin（1992）研究指出，目前老人照顧工作的環境，在臨床上、教學上和政治上都感到相當無力，因此任何一個研究分析，都能為直接和間接服務提供解決的方案。本節主要以實務個案進行研究分析，評估分析對象是以南投縣老人日托照顧服務方案之契約委託單位為主，此七個實際執行的受託單位為：愚人之友社會福利慈善事業基金會、南投縣基督教青年會、竹山鎮公所、南投縣家庭照顧者關懷協會、伊甸社會福利基金會、中華民國紅十字會台灣省南投縣支會、南投縣慈慧行善協會等。由各受委託單位先提供資料及成果，進行年中的自我評估，年終時再進行評鑑輔導及焦點座談，並做成總結性的評估與分析。

　　評估方案執行時，由縣政府於「年中」先行舉辦檢討座談會及進行研習訓練，並針對日間照顧服務方案之執行於年終進行評鑑，給予充分討論和溝通，各受託單位也積極面對政府辦理的績效方案評估，做好準備工作，而南投縣政府社會局為發揮評估之效果，要求各受託單位先送「自我評估」等相關資料，以做為年終評鑑時，巡迴輔導和焦點座談之依據。

一、「年中」執行評估發現之共同問題

南投縣政府日間照顧服務方案，委託契約業務內容，計六大項，二十四小項。年中各受託的執行單位所送的資料中，發現共同遭遇的困難和問題有下列各項：

1. 受託單位若要提高使用者的收費額度，相當困難。
2. 活動場地須與人共用（如共用社區活動中心）：因與社區其他團體的共用，而造成服務員服務輸送之困擾，例如供餐之廚房需另行搭建或另外尋覓，致距離老人活動地點太遠。
3. 行政業務管理費太少。
4. 督導費用之補助計算不合理。例如應以社區為補助單位較為合理，而非以一個鄉鎮為補助單位。
5. 多數日托服務中心（站），都已超過政府補助的服務目標數量（如預定30人，已超收10人等）。
6. 中低收入戶身分老人具有實際需求者甚多，希望持有村里長證明者都能納入該方案之使用對象。
7. 老人希望比照南投縣提供的老人免費乘車之福利政策，一般老人（非中低收入戶身分者）亦可使用此服務。

二、「年終」焦點座談之結果分析

為達到方案評估之真正實質效益，以及評鑑工作呈現本土化和合理化的服務檢視，社會處於年終輔導（評鑑）工作進行之前，由書面評估資料、政府和各受託單位訂定的服務契約內容，邀請專家學者制定年終評鑑之指標，並事先告知各受託單位做好妥善準備，以便在期末呈現服務的整體成果。

從各執行單位自行在年中送至縣政府文件之資料和年終評鑑資料進行研究分析，為求「產」（執行之社福單位——即受託單位）「官」（政府）之間的平等地位，分析構面以縣政府委託執行單位服務契約所訂定內容為主要評鑑內涵，再由評鑑委員萃取並訂定其評鑑項目，共建構出五大構面，以及二十五個細目指標，分別為：(1)行政組織和管理（理念、目標、原則）；(2)服務人員之專業知能；(3)權益保障和申訴制度；(4)緊急危機處理系統；(5)服務類型與發展模式。分述如下：

(一)行政組織和管理

從書面中提供之服務成果，發現行政管理之組織，主要有經理人和督導員，進行服務管控，其職務如下：

1. 經理人：大都由執行長或理事長擔任總指揮，通常其職務多為兼任，本身所擔任的職務甚多。

2. 督導員：至於督導員的角色是本服務方案的主角，主要以建立完善的服務品質和服務員提供服務過程之需要支持與回饋為主，然而督導員在所呈現之書面資料中發現，其介入的專業內涵、呈現方式（如個案記錄，特殊個案研討和個案管理學）都極為欠缺，處於「形式督導」居多，「專業督導」較少的情況。此外各督導雖擔任分層負責之職，但亦未見制度化之專業系統介入和督導專業功能之發揮。

此外，組織之管理、工作者之福利和制度規章均處於「**邊做邊訂、邊做邊學**」的階段。整體而言，受委託單位的行政組織制度和規章處在「建制期」，而且建制過程緩慢。另從資料中發現，承辦單位多未提供員工專業性的在職訓練，即使接受執行此方案已四、五年之受託單位，其員工在職訓練方面仍欠缺，未見明顯的專業訓練績效。

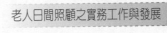
(二)服務人員之專業知能

方案評估時發現，其實各執行單位亦相當重視督導人力和瞭解個案管理之重要性，但所用之督導人力和第一線服務照顧人員，仍欠缺專業背景和足夠訓練。從實務面歸納出各受託單位督導方式，主要分為三種類型：

1.層級式督導。
2.責任區督導。
3.行政督導。

從各單位呈現的文件資料及實際評鑑訪視過程中發現，目前督導系統和功能雖有架構出現，但專業介入之功能發揮，仍鎖定在「**行政督導**」，以組織內部行政事務管理，以及和政府部門協調、溝通功能和文書處理等。因此就專業性的督導系統和回饋機制而言，還有很大的改善空間，當然這也牽涉督導者之專業背景、訓練，以及政府給予督導費用之補助等。至於第一線服務照顧人員：由於大部分承辦單位未能對其做有系統且定期的在職訓練和教育，故服務人員之專業度、敏銳度仍未充分建構。大多數服務員雖以愛心、熱心提供服務，或將服務認知是一項「傳統式」的帶動老人健康活動及提供午餐的工作而已，尚未針對老人之身心狀況發展、特殊個案之需求、案家生活狀況及服務滿意度等進行評估和檢討，所以在個案記錄和資料僅有簡單的初訪資料。

少數日托站雖書面上已有個案管理、個案研討之資料呈現，但實質上對其專業處遇之過程仍欠缺，有待充實**專業內涵**。有些受託單位在鄉鎮設置較多日托站，每月亦舉辦各日托小站的服務員「回娘家」（回到總部）之活動，但卻未將專業服務部分列入進行檢討，因此，所以年終評鑑時，受委託單位所呈現之文件資料、個案資料及資源整合狀況，仍以傳統的社區發展活動方式為主。

(三)權益保障和申訴制度

現代社會照顧服務工作，已被要求**責信**（accountability）的陽光檢驗和充分對話之要求。因此受照顧服務的案主（老人）的權益，在今日社會是被重視的焦點，故在專業服務提供上，已普遍要求需設有「老人申訴管道」，以建立申訴制度，除為提倡「零容忍」的人性化服務外，也要讓工作者瞭解案主之權利及訊息透明化之重要性，並藉此透過督導系統的介入運作，將平日服務過程產生之問題，或有所互動之糾紛、衝突都能反應出來，將不滿程度減少至最低。此外服務員提供服務時，若覺得和其督導員溝通有困難時，第一線服務人員亦可依循此申訴管理制度，尋求解決之道，因此承辦單位必須訂有明確的管理辦法和建立權益申訴之管道。

(四)緊急危機處理系統

由於南投縣當初積極開辦該服務方案是因921大地震的社會危機而產生，然而從年中受託單位的自我評估資料和年底專家學者的評鑑訪視時發現，大多數受託單位並未建立緊急危機及醫療處理系統，雖有些單位已有緊急危機處理流程圖，但並未呈現實際操作之資料記錄，這在老人服務系統是不容忽視的重要工作項目。

(五)服務類型與發展模式

該服務方案是定位在**半日制**的服務提供，以白天時間來補充老人的生活需求或短暫性的替代家庭的半天照顧功能。各受託單位在方案執行過程中，都已有規律的作息時間、課程安排及午餐供應，相當強調服務目標之達成和社會對服務品質之期待。

當921震災專款經費結束，部分受託單位為因應經費緊縮，乃漸轉型發展「**使用者付費**」模式。從文件資料中發現，其服務型態之轉型發展原因為：

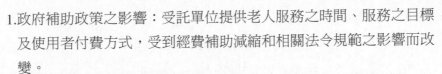

1. 政府補助政策之影響：受託單位提供老人服務之時間、服務之目標及使用者付費方式，受到經費補助減縮和相關法令規範之影響而改變。

2. 因應社會需求：由於服務人數快速成長，鄉村地區人口老化數量更是快速增加，老人生活自理能力退化者多，所以有些日托站為因應此照顧需求，開始接受**輕度失能和行動不便者**的照顧服務對象。

3. 居家服務方案政策轉介：有些日托站並未提供交通服務，因此有些老人因身體功能退化無法自行行走至日托站接受服務，故有些日托站嘗試結合志願服務團體，也開始提供**交通服務**；至於有些嚴重失能之老人則由服務員到家訪視後，轉介使用居家服務。這種能將個案需求進行轉介服務的單位，大都也承辦居家服務方案之委託，故服務方案的發揮**相互結合**之運用模式，是一項實務做法的擴充和重要突破。

三、個案管理發展

從文件資料及年終實地評鑑過程中發現，承辦單位在執行過程，尚未充分具備個案管理發展和專業建構之知能，故長久以來許多被忽視之「多重需求」的個案，亦未能在方案中獲得問題之解決。探究此問題之存在，乃來自於承辦單位對於「個案管理」之專業度和「緊急危機處理」之敏感度、反應力之不足，且督導的專業能力和執行力無法落實，才造成個案管理仍處於傳統個案工作的狀態。

四、總體性評估分析

南投縣推展老人日間照顧的服務理念定位在發展「全人照顧」服務，希望透過此服務方案的活動設計和服務，讓老人能在熟悉的社區環

境中「在地終老」，享有「自在」、「熟悉」的養老生活模式，因此方案執行之重點任務為：

1. 以健康終老為目標：減少終日坐在家裡看電視、聽收音機的休閒生活方式，所以每日進行健康維護檢查，透過健康促進活動，推展「疾病壓縮」之健康預防，希望降低社會醫療成本之支出。

2. 促進社會參與機會：讓更多獨居或子女在外工作之長輩，藉此機會走出戶外，參與社區活動，並增進生活意義感。

3. 建立社區支持及互動網絡：高齡化社會，長者獨自生活機會增加，透過日間照顧中心讓更多老人互動，進而建立彼此關心的支持網絡。

4. 開發社區照顧和志工人力：社區的資源無限，透過資源之開發連結，讓更多社區資源、人力參與老人服務。

5. 發展「在地人服務在地人情緣」：發展在地的情緣和服務之信任感機制，亦即運用當地人力資源，讓更多在地服務者成為社區健康和專業照顧之種籽。

6. 倡導「活到老學到老，服務到老」之理念：藉此理念之推廣，讓長輩在參與日間照顧服務活動中，學習新知識，擁有健康生活的新理念，自助、自發服務社區，進而提供自有資源參與社區照顧。

另就其老人日間照顧服務實施執行時，易產生之助力、阻力，分析如下：

1. 執行助力：政府已有專業照顧服務人力經費，及老人餐點費等補助，團體活動安排彈性大，社區、志工資源豐富，並已有連結，老人能與外界社會互動，老人由參與活動中漸重視自我健康照顧。

2. 執行阻力：服務人員表示團隊合作默契不足、服務單位主管的支持度不夠、人事管理制度及人員配置有待加強。例如工作人員也大都

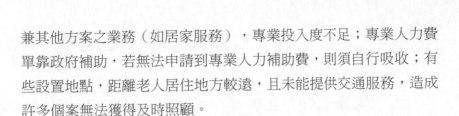

兼其他方案之業務（如居家服務），專業投入度不足；專業人力費單靠政府補助，若無法申請到專業人力補助費，則須自行吸收；有些設置地點，距離老人居住地方較遠，且未能提供交通服務，造成許多個案無法獲得及時照顧。

大致上老人日間照顧服務之實施，受託單位普通提供老人之交通服務、飲食服務、健康促進、午憩服務、衛生照顧、護理服務、團體活動及心理輔導等。不過有些受託單位在服務人數超過委託契約之服務目標時，就因受限政府之補助，而無法提出以非營利組織之能力、財力提供更多老人使用此方案服務之機能。

日間照顧方案係屬社區服務的重要方案，是促使家庭對提供老人之持續照顧，具有「補充」家庭照顧的意涵。英國的社區照顧政策也是建立在家庭主義的意識型態上（Dalley, 1996），是正式和非正式照顧資源的交錯結合使用。所以，日間照顧中心所提供的服務項目和功能，是與家人的照顧項目相同：老人白天到日間照顧中心接受照顧，晚上回家則由家人照顧。從老人家人的觀點來看，日間照顧服務是一種「分段式」的照顧責任之措施，發揮「暫代照顧效果」，讓家人獲得喘息之機會。

整體而言，年終總結性評估，發現評鑑分數趨向於「中間值」，以「有做，但無記錄，或記錄資料還不夠完整等」為目前受託單位執行方案之普遍性問題，這也是近年來社會服務方案，在政府推展契約外包後，必須強化的重點，尤其服務團隊成員對服務之正確理念、服務態度和專業服務技術和知能，是凸顯專業績效的重要關鍵，即使具相關背景、領域之工作者，都必須不斷接受在職訓練和專業教育，才能確保服務之品質與效益。

第五節　老人日間照顧在實務場域面臨之問題與省思

　　從上述日間照顧中心提供的服務項目和服務活動之過程來看，老人日間照顧中心乃藉由有意義的社會活動之提供，來促進老人正常的社會化生活，擴大老人的身心功能，並發揮其潛能，增進老人的生活福祉。特別當老人白天在日間照顧中心獲有工作員照顧，可以確保其生活安全，這對許多家庭而言，不僅可讓家庭照顧者獲得喘息的機會，也可讓其子女上班時，更加放心和投入職場工作。由本實務方案之評估，我們從受委託單位提供的書面資料、現場評鑑時的討論互動，和輔導評鑑委員之建議，歸類發展本土化日間照顧服務所面臨的問題和未來發展的方向建議如下：

一、從老人個案記錄內容所呈現之問題與省思

(一)老人需求表現與成果

　　此方案推展在老人身、心、社會三方面可以呈現下列之成果：

1.身體（生理）方面：由於受託單位一般都設有健康活動，如每日有量血壓，以及有健康講座，因此老人對身體健康的概念及促進，從個案記錄發現已有明顯的進步成果。

2.心理方面：有些老人因個性較沉默寡言，或因有伴侶長期臥床須加以照顧，而感覺壓力大，或因老伴過世獨居，或單身獨居，在長期自我封閉及壓力下，因有日托照顧服務方案的提供，多數老人在心理、心情上更為開朗。

3.社會方面：許多老人因此方案的服務而能走出家裡，在參與的團體中表現自己，並分享自己以往的經驗、故事，也在團體中結交許多

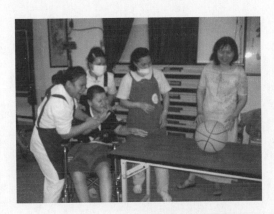 

機構照顧者帶領老人活動，舒展筋骨

照片提供：財團法人南投縣私立南投仁愛之家。

好友，並學習相互關懷和體諒他人之美德。

(二)對使用者（老人）服務之建議

1. 食物安排方面：老人希望食物上能做更多烹調的變化，如少吃筍類、豆類，菜色能多些魚及蔬果，並且因老人牙齒功能不佳，肉類方面能再煮爛一些，老人較易咀嚼。這些建議，工作人員也感受到老人內心需求的聲音，在工作會議中也提出討論，並做調整與改善。

2. 課程安排方面：在課程安排方面，希望動態和靜態結合，因為若只純粹的上課，老人會覺得枯燥、無聊，影響老人之出席和參與意願，若能有團體活動的配合、帶動，將更能激發老人的參與興趣。

3. 戶外活動方面：老人很喜歡戶外活動，如旅遊或活動的表演，希望能多舉辦戶外活動，以增廣見聞，但有些受託單位在輔導會議中表示，因老人外出活動的安全照顧較不易，因此，主管並不鼓勵工作人員辦理戶外活動。此部分受託單位若能在年度計畫中先行規劃，將能有安全性規劃安排老人進行戶外活動。

護理之家搓麻將　憂鬱爺爺笑自摸

　　80歲罹患憂鬱症的李爺爺，住在豐原醫院護理之家三年，任憑護理人員苦口婆心規勸，仍然沒離開過五坪大的房間一步，結果春節這幾天，被護理人員以打麻將為由，「引誘」李爺爺走出房門，十多個護理人員輪流陪打，讓李爺爺過個溫馨快樂的新年。

　　罹患憂鬱症的未婚李爺爺，家人擔心他的安危，三年前送他到豐原醫院護理之家，李爺爺在護理之家總是靜靜躺在房間內，聽著收音機，很少和人互動，無論護理人員和家屬如何鼓勵及勸導，三年來，他除了洗澡，從未踏出房門一步。

　　除夕當天，一群護理科實習生在房內陪著李爺爺聊天，他一如往常不說話，突然有人意外問起會不會打麻將時，李爺爺竟然張大眼睛說，「會啊！怎麼不會！」護理長林惠玲試探性的詢問，「爺爺，聽說你摸牌很準喔？」爺爺竟然露出了眾人未曾見過的得意笑容。

　　護理人員於是安排一場麻將競賽，同樣住在護理之家的爺爺奶奶們，一聽要打麻將，也都興匆匆要參一腳，麻將大賽就此展開，為了增加真實感，護理人員還準備糖果當籌碼，熱鬧有趣。

　　李爺爺打麻將時，表情相當酷，就算是聽牌，仍是面無表情，唯有自摸時，才會稍微露出一點笑容，從過程中可以發現他的牌技相當好，除了李爺爺之外，其他老人家也都玩得相當開心。

　　林婆婆戴起許久未曾使用的老花眼鏡，專注摸牌，葉奶奶雖然右手不方便，但她仍以左手拿牌，展現牌技，劉爺爺甚至興奮的打電話回家，告訴他太太自摸的好消息，一場牌局下來，護理之家出現少見熱鬧非凡、皆大歡喜的情景。

　　身心科醫師葉運強呼籲，家有老人的民眾，平日可以多陪陪打麻將、玩牌或是唱歌、下棋等，聊些他們有興趣的話題，可以讓老人遠離憂鬱。

資料來源：鄧木卿（2009）。《中國時報·B1社會新聞》。2009年1月30日。

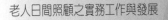
二、「使用者付費」的市場經營

　　近年來，歐美國家在社區照顧政策的發展趨勢下，紛紛推出各項居家式、社區式服務計畫方案，鼓勵老人和家屬多使用正式服務的提供及使用者付費的模式。因此，受託單位已有「使用者付費」的市場化經營理念，他們會依老人經濟狀況酌收費用，認為唯有如此，服務方案才能永續經營。在其成果報告中也發現，已有老人們願意以「自費」參與此活動方案，但在和政府合作契約之下，收費金額和方式應依規定報主管單位核備，以保護老人權益。此外，受託單位在服務經驗裡，深深感受老人的日間照顧業務，不僅必須擴大服務範圍，還要充實服務人員專業的知識及資訊、技巧，才能提升專業服務之品質，且建議政府能擴大輔導更多社區，加入此日間照顧行列，以達到社區照顧「**健康終老**」、「**在地老化**」和「**零臥床率**」的終極目標。在成果報告中也發現，有少數的受託單位的服務個案記錄，已有「未符合政府補助資格，單位自籌經費支付」的資料呈現，這些超出政府核定補助的人數，都是由受託單位自行吸收費用，已漸發揮非營利組織照顧的使命。

　　老人日間照顧工作員所提供的協助項目和家人協助老人的照顧項目，其實是「**重複的、相同的**」，這表示日間照顧中心能滿足老人居家時的生活需求，符合人性化的服務方案。由各單位提供的自我評估資料和年終實地評鑑輔導過程中都發現，各日間照顧中心已執行許多平日由家庭照顧者擔任的工作項目，這些項目通常是例行的，且可事先規劃，不需要地理上的鄰近性或長期的時間投入，此種情況表示，當老人留在家裡時，由家庭成員照顧，但當老人送到日間照顧中心時，則由工作員提供協助，所以給老人的照顧具有「貫穿」效果。當然也有些項目則呈現「分工的」傾向，例如一些非技術性、偶發性的服務協助，老人都能由家人身上獲得協助，因為它需要長時間的投入，如打掃房屋、購物、家庭設備維修、洗衣服等，這些較「貼身性」的任務，就很難被日間照

顧中心的工作員所取代，因此日間照顧服務方案的提供，並不會產生家庭功能喪失之顧慮，反而能讓原有的家庭功能和角色更為延伸。

就此，呂寶靜（2001）研究也指出，非正式照顧體系和正式照顧體系所提供的協助項目不是完全相同，是「部分重複、部分分工」。因此，這兩個照顧老人的體系之間的關係不是全然的職務分工，也不是完全地替代，是屬於補充性之老人服務關係。

第六節　提供日間照顧服務之建議

整體而言，執行方案的受託單位在經費上仍需仰賴政府的補助，才能經營運作，屬於「資源依賴型」，自然受委託單位在資源方面尚無法獨立自籌，因此依賴政府資源的程度深。不過在這幾年的推展經驗中，有些單位已有市場化的經營理念，加上政府也要求灌輸使用者付費的觀念，但就目前狀況要完全市場化，以自給自足方式達到收支平衡，這在鄉下地區恐怕不易，所以使用者付費的市場化經營模式，還有一段路要走。目前的受託單位，雖然都是非營利性組織，但和政府的互動關係呈現出一種較純粹的「**委託模式**」而已，尚未進入具有市場競爭力及財源獨立自主的運作模式。就當前的社會環境和日間照顧方案之發展，提出下列幾點建議：

一、應結合其他照顧服務方案，配套推展

目前政府推展的日間照顧已在各鄉間形成**小站式**的服務方式，嘉惠許多偏遠或原住民地區的老人，並發展地區化需求的獨特風格和特色模式。它雖從早期長青學苑的概念作為推展的著力點，但發展至今，已不再是「老人長青學苑」的擴大延伸，而是邁向為醫療型日間照顧做「暖

身和連結」的發展模式。政府所推展的日間照顧方案，必須再與其他照顧方案一起推展，如與照顧產業政策的居家服務、喘息照顧等進行更緊密的連結，使各服務方案之間不只具有獨立性，而且具有整合性的連結方案。

二、加強照顧者的專業服務

當前各受託單位的服務人員大都未具有相關專業教育的背景或專業證照，因此照顧服務的供給以**安全**和**活動**為主，多數並未能提供針對老人的心理、情緒和社會方面更深層的輔導服務，尤其老人個案記錄內容方面，普遍都還須再加強其豐富性、專業性，才能確實掌握所照顧的老人內心真正的需求。故各受託單位必須針對內部工作人員，舉辦計畫性且較**密集**式的在職訓練，才能注入維繫工作倫理和提升專業品質不可或缺的要素。另外在督導系統方面，在照顧工作者的記錄上，必須加強回饋及定期進行特殊個案的研討。目前政府礙於經費因素，導致督導費用的補助有限且無法增加，故在政府部門的經費使用上，必須再做結構性的調整，照顧服務才能邁向更專業之要求。

三、實踐定期性輔導和研討觀摩

許多民間受託的財團或社區單位，在服務輸送方面的理念和管理，大都處於「邊做邊學」模式，以自我摸索來學習和累積照顧服務經驗，因此政府若能定期召開檢討會、研討會、觀摩會或邀請學者專家定期輔導，將具有下列兩大效果：

1.支持效果：讓受託單位在遭遇困境時給予支持和鼓勵。
2.匡正效果：對受委託單位在執行過程發生脫離照顧目標之軌道時，及時給予導正。

　　政府部門定期舉辦研討會或定期輔導的過程中，除對第一線工作者服務輸送的困難，得以掌握，也能對其辛苦工作給予支持與肯定，尤其有些執行單位因照顧老人經驗有限，雖熱心有餘但卻力不足，尚未能依計畫「按表操課」，因此也可藉由檢討會、研討會來協助問題之解決，並可匡正其運轉軌道，建立服務品質。另外，研習活動課程應聘用專家進行課程規劃及小團體活動的引導，以增強專業效果。

四、建立案主「零容忍」的權益申訴管道

　　提倡案主零容忍的權益申訴管道，是當前優質管理的必要服務，它針對劣質的照顧服務提出的申訴和反應，使用者（老人）和家屬都應該勇於拒絕不良的服務，當然這種負向的行動，必須儘量降低報復性或懲罰性的心態，須以支持性的態度和理性的溝通，來釐清雙方的期待和權利義務之說明，故對於「服務契約」的建立和履行必須落實，才能保護彼此的權益及角色扮演，以達到更優質、全人化的服務提供。

五、運用社區志工進行長期管理

　　日間照顧方案是社區照顧的重要政策，因此必須結合社區的力量，才能真正達到照顧社區化的目標。由評估中發現許多日間照顧中心，乃因結合社區資源，才能展開此方案，且已發動志工參與協助各項活動，提供交通服務之接送，讓老人們能有獲得方案服務的機會。日間照顧中心既然能結合社區志工的協助，若能進一步將社區的「志工群」列入服務團隊內的成員，給予定期在職訓練，必能加速實現「由社區照顧」（care by the community）的在地發展模式。

第七節　結論：發展「混合型」的照顧團隊

　　「生活」、「照顧」和「品質」三個概念是相互影響的。社政單位將老人日間照顧中心發展或轉型為「社會型」的日間照顧模式，服務對象以健康、行動自主的老人為主，主要提供老人一個健康管理、社會互動和營養午餐的地方，是一個符合本土化需求的照顧服務模式。目前已有社會福利機構附設醫療型的日間照顧中心，逐漸轉型為**混合型**的照顧模式，而此種照顧模式之轉型，機構也表示這是一個「不得不」的做法，因為日間照顧中心既然是「**以需求為服務導向**」（need-led services），自然就會造成機構目標和服務界線（boundry）之模糊化，因而會形成收容對象有護理之家型、社會型日照中心和醫療型日照中心等不同服務對象同時存在於機構之困擾和問題，處在服務團隊不同領域之專業人員，對此種混合收容照顧對象的問題就有不同看法及隱憂，因而經常出現服務供給之爭議，當然此問題值得再進一步探討和解決。

 無奈與接受：住在機構的老人對話

　　以下是幾個住在機構的老奶奶被問到為何來到機構住的對話：

　　甲奶奶說：「原本我的老伴在家要人服侍，死都不肯到養老院，有一次掉下床，找不到人幫忙，他要求我打電話給養老院的主任，願意住進去，但是要我陪著去；去年老伴過世後，我想回家住，但是我的孩子們跪著求我，拜託我這個老母親住在養老院，好讓他們放心工作，我只好含淚答應，我也是很『沒奈何』，我想住在家裡。」

　　乙奶奶說：「老伴過世之後，自己一個人在老家住，我有糖尿病，有時候吃飯有一餐沒一餐，也不一定每餐都煮，有時候藥也忘記

吃，有一天頭暈不舒服，趕緊打電話給台北的兒子回來處理。之後，孩子與我商量住到養老院，我怎樣都不願意，今年，女兒看了家裡附近的一家老人院，要我去那裡住，女兒說她會每天去看我，我只好勉強答應，去住老人院也是『沒法度的代誌（台語）』，年輕人要工作，沒辦法來照顧我們，只是我比較擔心孩子辛苦賺錢付我的養老費，我會『不甘（台語，捨不得的意思）』，我兒子回答說：『阿母，您年輕的時候辛苦賺錢養我們，把身體都弄壞了，現在我們養您是應該的。』」

丙奶奶說：「原本是外勞照顧我，最近外勞回去了，家人先帶我到養老院參觀，準備等外勞的時間先住到養老院。我住進去後，發現這裡的菜很好吃軟軟的，非常合我的胃口，不像在家裡的菜我咬不動；而且這裡的小姐很親切、很好，我不小心尿濕褲子，都會幫我換，不像過去我的外勞，常會偷捏我的屁股（外勞沒有離開前，我都不敢講）。還有，這裡很熱鬧，有很多人作伴，有認識的人可以說話，而且，常會辦『熱鬧』，我也叫我的兒子一起來參加！我告訴我的兒子，我不想回家給外勞照顧了，我要住在老人院就好了！」

丁奶奶說：「我的女兒把我騙來老人院，我生病住院後，不送我回家，直接就把我送進來。我常想著要回家，工作人員為何不『放』我回去，告訴主任讓我回家幾天就好，我回去『邐邐耶（台語，意思是回家看一看）』，就會再回來，我又不是不回來了⋯⋯」幾天之後，女兒接丁奶奶回家，結果丁奶奶怎樣都不肯回老人院，在車上一直哭喊，車子到老人院之後也不肯下車，在工作人員勸說下，原本不方便的手腳，居然拳打腳踢揮向工作人員⋯⋯工作人員的手被抓得淤青，家屬頻頻道歉，不知對奶奶要如何是好？

每一位住到機構的老人及其家庭，都有不同的理由與需要，可能早期的台灣社會，老人可以在家安享天年，而且那時老人壽命普遍

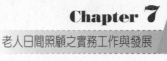

比現在短，家庭結構也屬於大家庭型態，所以，如果有老人照顧的需求，比較容易解決。但隨著台灣的社會變遷，老人能否在家得到妥適的照顧，涉及家屬能力、意願和人力資源問題。而對老人本身而言，又各有不同的需求狀況，有的「勇於嘗試，歡喜接受」、有的「迫於無奈，勉強接受」、有的「百般抗拒，無法接受」；身為當事者的老人本身，是否願意接受社會現狀已經改變的事實，慢慢接受住在機構也許是可行的；甚至，住在機構比家裡熱鬧、方便且又專業，今日的老人機構已非傳統老人心中的「乞丐寮」或「苦窯」的印象。「歡喜」接受已改變的「事實」，展開黃金晚年的新生活，才是新世代的老人！未來也將邁入老年的您，準備好接受這樣的事實和挑戰了嗎？

資料來源：作者實務案例整理。

問題與討論

一、何謂日間照顧服務？其目的與內容為何？

二、目前國內提供老人日間照顧服務的供給類型，概分為哪兩大類？服務內容有哪些差異？

三、日間照顧服務本土化所面臨的問題有哪些？請討論之。

四、「使用者付費」的照顧模式概念為何？您贊成否？請說明其理由。

五、對於日間照顧服務未來發展方向您有哪些看法或建議？

參考文獻

一、中文部分

內政部統計處（2009）。《老人福利服務》。台北：內政部統計處。

內政部社會司（2005）。《老人狀況調查報告》。台北：內政部社會司。

內政部戶政司（2009）。《各縣市年底人口數按三階段年齡百分比分》。台北：內政部戶政司。

王增勇（1997）。〈殘補式或普及式福利？：台北市居家照顧政策的抉擇〉，《社區發展季刊》，第80期，頁213-232。

王潔媛（2003）。《老人使用日間照顧服務適應過程之探討：以台北市為例》。台灣大學社會工作學系研究所碩士論文。

呂寶靜（1996）。《失能老人非正式和正式照顧體系關係之研究：以日間照顧服務方案之使用為例》。行政院國科會專題研究計畫成果報告。

呂寶靜（2001）。《老人照顧：老人、家庭、正式服務》。台北：五南。

施教裕（1993）。〈老人照護需求評估及對策探討〉，載於王國羽主編，《社會安全問題之探討》，頁291-316。嘉義：中正大學社福系。

財團法人雙福社會福利慈善事業基金會（2005）。《2005全國銀髮日間照顧服務博覽會手冊》。嘉義：財團法人雙福社會福利慈善事業基金會。

陳燕禎（2004）。〈台灣地區老人長期照護模式發展之探討〉，《全球華人孝親敬老研討會論文集》，頁130-144。主辦單位：中國老齡事業發展基金會、香港社會服務發展研究中心、香港大學秀圃老年研究中心、香港特別行政區安老事務委員會。

陳燕禎（2005a）。〈老人居家照顧服務輸送之初探〉，發表於「志願服務與老人服務學術研討會」。新竹明新科技大學主辦。

陳燕禎（2008）。《老人福利理論與實務：本土的觀點》（三刷）。台北：雙葉書廊。

游如玉、台南市基督教青年會社會福利慈善事業基金會（2005）。《守護銀翼天使：日間照顧操作手冊》。台南：台南市基督教青年會。

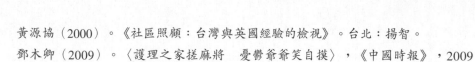
黃源協（2000）。《社區照顧：台灣與英國經驗的檢視》。台北：揚智。

鄧木卿（2009）。〈護理之家搓麻將　憂鬱爺爺笑自摸〉，《中國時報》，2009
　　年1月30日，B1社會新聞。

二、英文部分

Dalley, G. (1996). *Ideologies of Caring*. London: Macmillan.

Evashwick, R. J. (1996). *The Continuum of Long Term Care an Integrated Systems
　　Approach*. NY: Pelmar.

Gates, B. L. (1980). *Social Program Administration: The Implementation of Social
　　Policy*. New Jersey: Prentice-Hall.

Hooyman, N. R, and Kiyak, H. A. (2002). *Social Gerontology: A Multidisciplinary
　　Perspective* (6th ed.). US: Allyn and Bacon.

Huttman, E. D. (1985). *Social Services for the Elderly*. NY: The Free Press, a Division of
　　Macmillan, Inc.

Kane, R.A., and Kane, R.L. (1987). *Long-Term Care: Principles, Programs, and
　　Policies*. NY: Springer.

Kaye, L. W. and Kirwin, P. M. (1990). 'Adult day care services for the elderly and their
　　families: Lessons from the Pennsylvania experience'. In Abraham Monk Edited,
　　Health Care of the Aged: Needs, Policies, and Services, pp.167-183. NY: The
　　Haworth.

Kitwood, T. and Bredin, K. (1992). *Person to Person: A Guide to the Care of Those with
　　Failing Mental Powers*. Loughton: Gale Centre.

Weissert, W. G., Elston, J. M. Bolda, E. J. Zelman, W. N. Mutran, E. and Mangum, A. B.
　　(1990). *Adult Day Care Centers: Findings from a National Survey*. Baltimore: The
　　Johns Hopkins University Press.

Yeatts, D. E., Thomas, C. and Edward, F. (1992). 'Service use among low-income
　　minority elderly: Strategies for overcoming barriers'. *The Gerontologist, 32*, 24-32.

Chapter *8*

老人喘息照顧之實務工作與發展

- ■前　言
- ■老人喘息照顧的定義
- ■喘息照顧的功能與服務類型
- ■個案研究之實務分析
- ■喘息照顧之服務效果
- ■喘息照顧服務之實務建議
- ■結論：以專業自覺提升服務方案的品質

第一節　前言

　　老人潮是世界人口發展趨勢，老人也是已開發國家未來人口成長最快的一群，而國人壽命的延長，健康型態已隨之轉變，身心功能障礙者以「老年人」居多（謝美娥，2001、2002）。行政院主計處於2000年進行的戶口及住宅普查資料中也發現，照顧的工作有九成以上是由「家庭成員」所提供。這在中美兩地研究皆發現相同的結果，即老人照顧工作仍以「非正式系統」的家庭初級照顧為主（陳武宗，1994；陳燕禎，2005；Haley, 1997）。而照顧工作是一項「愛的勞務」，是一個勞心勞力的過程，因此家庭照顧者所感受到的壓力負荷，常是外人難以理解的。雖然政府推展社區照顧政策已有多年，並以「在地老化」（aging in place）為目標，但面對人口急速老化的衝擊，照顧者方面的福利至今仍屬有限。

　　本章所指的老人喘息照顧（respite care），是指**機構式**喘息照顧（暫托），是以行政院衛生署規劃的「失能者長期照護**暫托**（respite care）服務計畫」為主。它須先經民眾申請，並經專業評估合於規定者，才能獲得將失能者送至機構接受七天的免費照顧的補助，讓家庭照顧者獲得較徹底的放鬆和休息時間。

第二節　老人喘息照顧的定義

一、喘息照顧的定義

　　當前政府或民間團體提供相關喘息照顧服務的定義是多元而廣泛的，方案類型眾多，如居家服務、日間照顧、餐食服務等，服務目標都

是希望能讓家庭主要照顧者紓解壓力及獲得休息。機構式喘息照顧（亦稱「暫托」）服務模式，是將照顧工作「暫時性」交給專業的機構來替代，可讓家屬獲得較充分較徹底的自由和空間的休息機會。故喘息照顧除了對照顧者具有身心平衡的作用（Ashworth and Baker, 2000），更讓失能長者能繼續獲得在家接受照顧的一個重要機會，因為長期照顧工作已使許多照顧者出現所謂的「不情願」或「無奈」的照顧關係。

二、機構提供的喘息照顧

機構式喘息照顧服務方案，最早是針對長期照顧智障兒童的父母需求所設計的服務模式（李開敏等，1996），現今的設計已被運用在照顧老人的身上，亦即機構所提供的喘息照顧之定位，是在協助家庭照顧者，享有「短期」機構二十四小時的安置照顧，此亦通稱為「暫托」（或稱「短托」；即短期性的居宿型照顧）（Broduty and Gresham, 1992）。

由於今日社會福利政策的服務方案已進入責信（accountability）時代，社會各界經常要求必須「以成效為基礎」（effectiveness based）來進行考驗，且必須能協助服務對象在生活中造成「正向改變」，才是一個成功的政策方案，因此要了解服務方案的成效，必須藉由實際執行過程中的問題探討，才能公平地檢視服務方案的效果（Posavac and Carey, 1992）。服務方案的效果評估探討，不僅是政策規劃者所關心，更是實務臨床工作者繼續發展服務的重要內在動力。基此，本章主要探討喘息照顧方案執行的影響效果，並對提供照顧的機構在輸送此服務方案時之理念、定位、目標，服務介入過程中遇到的問題和風險進行探討，進而針對使用的家屬等雙方進行影響效果的分析，並提出實務建議。

第三節　喘息照顧的功能與服務類型

一、喘息照顧的功能與效果

生病，讓人痛苦，但長期照顧生病的人，也同樣不好受。喘息照顧服務（respite care service）的功能和目標眾多，大致可歸類為以下幾項：

1. 它主要是一種「暫時性」的服務，可以滿足家庭照顧者不在家時或無法全時間照顧時的一種使用需求，以及紓解家庭照顧者壓力的預防性目標（李開敏等，1996；Griffith 1993a, b）。

2. 它提供給照顧者一個「正常性」（normality）和「自由」（freedom）的時間和空間（Ashworth and Baker, 2000）。

3. 它減輕了家庭主要照顧者的壓力，國外研究指出，有五成使用家屬表示，喘息服務確可增進與被照顧者的關係，減輕了家庭主要照顧者的壓力（Theis et al., 1994）。

4. 它對於長期在照顧失能者的高危險家庭，具有避免「虐待」事件發生的效果（Szwarc, 1993）。

5. 它對家庭照顧者而言，使其感受到真正的家庭生活和愉快的假期，而使用者（案主）也因機構提供喘息照顧，增加了前所未有的個人經驗及社交活動，服務過程對家庭主要照顧者和使用者，同時具有「正面」的影響效果（吳淑瓊、林惠生，1998；陳玉枝、劉影梅，1999）。

二、服務輸送的需求與問題

國內自1997年通過身心障礙保護法修正條文內容，政府隨即實施「喘息（臨托）服務」，它是推動社會福利社區化的主要福利措施，服

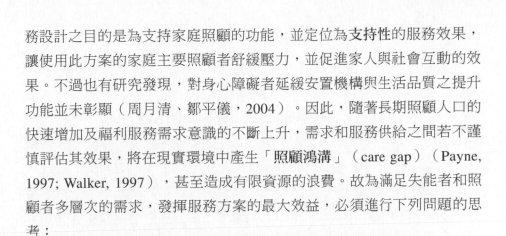

務設計之目的是為支持家庭照顧的功能，並定位為**支持性**的服務效果，讓使用此方案的家庭主要照顧者舒緩壓力，並促進家人與社會互動的效果。不過也有研究發現，對身心障礙者延緩安置機構與生活品質之提升功能並未彰顯（周月清、鄒平儀，2004）。因此，隨著長期照顧人口的快速增加及福利服務需求意識的不斷上升，需求和服務供給之間若不謹慎評估其效果，將在現實環境中產生「**照顧鴻溝**」（care gap）（Payne, 1997; Walker, 1997），甚至造成有限資源的浪費。故為滿足失能者和照顧者多層次的需求，發揮服務方案的最大效益，必須進行下列問題的思考：

(一)家庭照顧者難自資源網絡找到「替手」協助

慢性病長期照顧的壓力極其可觀，對個人的生理、心理及社會三方面都構成嚴重的威脅。長久以來我國的慢性病患或失能者的照顧，「家庭」一直是扮演提供長期照顧最重要的非正式部門，因家庭照顧者是屬於初級照顧者，所以需要機構正式的協助，以獲得較深層的休息機會（陳燕禎、謝儒賢、施教裕，2005；Miller, 1991; Weber and Schneider, 1993; Gilmour, 2002），而這個協助功能可促使失能者留在社區生活的時間拉長，延緩進住機構長住。不過許多家庭照顧者因長期照顧的壓力，除健康呈現衰退狀況外，還產生經濟壓力，以及和社會隔離的情況，尤其在照顧資源網絡中，往往難以找到「替手」的協助，所以身心健康和生活都倍感沉重的壓力（胡幼慧、周雅容，1994；謝美娥，2001；Dwyer and Lee, 1994; Starrels and Ingersoll-Dayton, 1997）。國外研究更具體指出，有70%的喪偶者表示，自從長期照顧工作開始至結束，未曾超過兩天的休息時間（Green, 1998）；而且照顧工作不僅需要付出時間、心力，還會影響正常照顧者的工作機會、常和家人產生衝突，以及缺乏自尊等（Ory et al., 1999）；還有半數的照顧者必須調整、改變工作時間，以便能承擔照顧的重大責任（引自Hooyman and Kiyak, 2002）。

(二)潛在案主的負荷與照顧壓力「被低估」

　　研究發現家庭主要照顧者，其實是另一群「潛在案主」，其負荷和壓力通常是「被低估」的，他們經常使自己陷入生病、心理沮喪及情緒上的崩潰（Hoenig and Hamilton, 1965; Anderson, 1987; Weber and Schneider, 1993），而經濟財務因素對家庭的生活福祉（well-being）衝擊之大，也是不可忽視的。家庭照顧者所承受照顧工作下之身體、心理、社會、經濟等各方面的生活壓力，若非親身經歷是難以體會的，故其需求不容被漠視。受照顧是人類的生活需求，而人類的需求就是一種價值判斷，人們總期待所發生的問題能得到解決（Mckillip, 1987），尤其中國社會自古以來對失能父母的照顧就有「久病床前無孝子」的說法，其實此雖意涵照顧者長期的壓力負荷，但也是給照顧之子女另一種壓力的解套。此外，長期失能者不管是身心障礙者或老人，其照顧者多由家庭成員擔任，而且以女性配偶的照顧最多（胡幼慧，1996；Stone et al., 1987）。

(三)「喘息服務」對雙方的正向效果

　　家庭是老年人社會支持體系的基本來源，為一種「非正式」的社會資源，而良好的關係能形成緊密（strong）的社會網絡，所以此項非正式的網絡關係也是維持個人身心健康及自主的重要因素（Sharkley, 2000）。國內外研究均指出，喘息照顧服務顯著紓解家庭主要照顧者的壓力，提升身心健康狀況，且對家庭主要照顧者和失能者生活品質均具有正向的效果（林敬程，2000；陳美妙，2001；Brader, 1985; Kosloski and Montgomery, 1995; O'Brien, 2001）；而有社會福利支持和幫助經驗者，照顧者之負向經驗將有顯著性地降低（Cummins, 2001）；且「強的」、「緊密的」社會支持力可以減低人生負面影響及減低老人死亡率（La Veist et al., 1997）。不過，當失能之障礙程度愈嚴重，對情緒、身

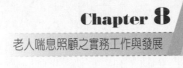

體及財務上的壓力與負荷愈大，對家庭主要照顧者就產生較多負面之影響（吳怡真，2001）。故喘息服務體系的介入，對家庭主照顧者具有壓力舒緩功能，但當失能者身心狀況愈嚴重時，對照顧者之身心健康和生活影響愈大，所以失能者程度愈嚴重時，應給照顧者愈多的協助。

(四)「住宿型喘息照顧」的互惠效果

住宿型的喘息照顧（residential respite care）對失能者和照顧者雙方具有互惠的效果（Broduty and Gresham, 1992; Miller, 2002）。研究指出，照顧家屬對自我健康照顧的知識成長、照顧的技巧、相關情緒支持、照顧資源以及生活福祉都有極高的需求性（劉淑娟、蘇秀娟、謝芙娥，1998；Kramer, 1997）。故在喘息服務方案未介入失能家庭之前，照顧者是沒有任何可能喘氣的機會，所以它是一項具需求性的介入服務方案，亦是維繫家庭照顧功能持續發揮的重要關鍵。

媳婦悶死婆婆
近九成照顧者慢性神經衰弱

媳婦殺死婆婆，再次凸顯照顧者壓力沉重。國外研究顯示，家庭照顧者身心承擔壓力，近九成罹患慢性神經衰弱；國內一項針對中風病患照顧者的研究也發現，六成五照顧者有憂鬱傾向。

高雄榮總精神科醫師陸悌說，長期照顧重症病患，身心壓力極大，甚至有人同時還得面對婚姻、經濟、人際及子女教養等問題，過了中年還有更年期、空巢期等壓力，很多人因而產生憂鬱症，卻被忽略。但他認為，胡梁美足才接回婆婆照顧三、四個月，竟悶死婆婆，令人匪夷所思，應送精神鑑定。

家庭照顧者協會理事長、陽明大學助理教授王增勇表示，以往較

多的悲劇是年邁父母認為自己餘日無多，放心不下長期照顧的失能孩子，決定結束孩子生命或一起自殺。高雄媳婦悶死臥病在床婆婆的個案則比較少見。

王增勇說，在傳統觀念下，「媳婦」是最被認為應負擔照顧責任，卻最不易被感激、獲得回饋，不對等的地位更增壓力，「以死了結」，反應出其絕望的心情。

王增勇說，目前照顧失能者的長期照護政策，基本上仍視現有的照顧者為「必然的資源」，如此反而將照顧者限制在照顧工作上，剝奪其生命發展，造成他們生活品質低落。

高雄市社會局副局長黃招換說，對於長期病患照顧者，政府提出喘息服務、居家服務、日間照顧服務、居家護理及社區照顧關懷據點等，民眾可向長期照顧管理中心提出申請。

不過王增勇批評，喘息服務對次數、補助額度都有嚴格限制，顯示政策制訂者害怕照顧者「濫用」。而較彈性、符合多數需求的「居家服務」，政策補助時數又相當低，超過的時數必須自費，照顧者不可能為了「喘息」而使用。

資料來源：劉惠敏、林秀美、賈寶楠、吳佩玲（2009）。《聯合報‧A5版‧
　　　　　話題》。2009年2月12日報導。

三、喘息照顧的服務輸送模式

就失能老人的家庭照顧模式來看，依林松齡（1993）的研究指出，台灣地區對老人的支持模式，傾向於家庭凸顯模式內的特定職務取向（task-specific orientation in family asymmetrical model），而這種取向必須是在老人身體健康情形尚可的情況下分工，一旦老人的身體失去功能，且依賴程度越來越高時，家人照顧意願和照顧型態就會改變。所以社會

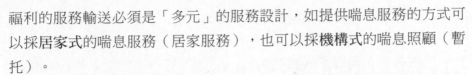

福利的服務輸送必須是「多元」的服務設計，如提供喘息服務的方式可以採**居家式**的喘息服務（居家服務），也可以採**機構式**的喘息照顧（暫托）。

不管採取何種服務類型或方式，其理念就是要依賴家庭照顧者的角色及功能（Ashworth and Baker, 2000），喘息照顧服務就是提供照顧者一項很重要的需求福利服務。國內的老人長期照顧工作，雖然政府及民間機構都推出喘息方案，鼓勵家庭主要照顧者加以使用，但實際使用率卻偏低，與國外相較，政府對喘息服務的提供仍有待加強。目前政府推展短期性的機構式喘息照顧，以做為調節家庭照顧者需求的服務輸送，並獲得地方政府的普遍推展，服務對象亦由原來中低收入戶的補助使用，擴展至一般戶的自費使用。由於機構式的喘息照顧是一種「短托」或「臨托」的服務，提供的照顧時間有限，因此從實務工作中所發生的問題乃至法規的修訂，都必須更加謹慎的評估與調整。

第四節　個案研究之實務分析

本節主要在於探討目前由政府提供機構式喘息照顧服務的實施現況，並針對提供此項服務方案輸送之機構，以及使用家屬對此服務執行過程之問題、成效，進行個案研究之實務分析。由於彰化縣其簽約執行喘息照顧的機構，以老人福利機構或護理之家為主，所收容照顧對象涵蓋「老人」、「身心障礙者」兩大群體，極符合此服務方案之目標對象。故本研究以彰化縣做為個案研究之對象，並以質性研究的深度訪談法進行資料收集。研究的受訪對象以彰化衛生局和社會局提供已接受委託業務之老人機構、護理之家、已立案但未接受此方案委託之機構，以及喘息照顧方案之使用家屬為訪談對象。茲將個案研究之結果分析如下：

一、衛生署編列經費補助地方縣市

目前各縣市均由正式體系的衛生部門，提供機構式喘息照顧服務的措施，由中央衛生署編列經費補助地方縣市，地方政府再以「契約方式」委託民間機構辦理，並結合社政單位的老人福利機構共同合作的服務方案。每年補助每案以七天為原則，一天補助照顧費用1,000元，以及交通費的補助。各縣市因經費、政策與狀況不同，除台北市政府之經費能提供十四天的補助外，大都依賴衛生署的補助才能推展方案，並每個申請核准之個案，一年以補助七天為原則。

二、以彰化縣進行深入性個案分析

台北市於1998年首先推出機構暫托之喘息服務，隨後行政院衛生署乃全面性補助各縣市，積極推展此一方案。彰化縣自1999年即實施機構式喘息照顧服務。因為方案的成效分析是與計畫設計過程中各個階段之間，存在著一種共生的本質（高迪理，1999），進行個案的成效分析將可提供更詳實的資訊，給予關心此方案服務政策制定者和執行者。

本個案研究先全面檢視各地方政府推展方案的概況後，整理出各縣市的服務對象和資格條件，大致如下：

1.戶籍在該地。
2.長期居家照顧六個月以上。
3.日常生活無法自理、嚴重或完全依賴者，巴氏量表六十分到八十分以下。
4.無傳染病、精神病等。

大部分縣市政府一年補助為七日（一日以二十四小時計），少數有補助到十日或十四日；接送交通費每人每年至多1,200元為上限（少則為

600元）。本個案研究以彰化縣簽約之老人福利機構或護理之家為主，其所收容照顧對象涵蓋「老人」、「身心障礙者」兩大群體，極符合此服務計畫方案之目標對象。

三、喘息照顧的方案規劃理念和定位

本節將從喘息照顧的方案規劃理念、方案定位、服務對象、服務輸送的考量因素、執行風險等，分析機構式喘息照顧服務方案在社區照顧的推動成效。

(一)服務輸入方由

■喘息照顧方案目標

此方案的理念以「去機構化」的社區照顧政策為目標，紓解家庭照顧者的壓力和負荷，強化家庭照顧的功能。受訪機構表示，從此方案可看到機構發展的新市場和契機，是可開發的另　個福利市場版圖。此外，也有機構表示，希望在服務輸送過程能提供老人接觸機構照顧的機會，做為案主或家屬判斷是否長期進入住宿機構的「嘗試機會期」，所以機構提供的喘息照顧已成為老人安置機構的前適應期。

此外，有些失能長者長期在進行治療，在結束治療之後，如果馬上由醫院接回到家中，家庭主要照顧者若尚未做好出院照顧的準備時，機構式的喘息照顧服務，正好可做為由機構返回家中的「緩衝空間」，解決家屬的焦慮與不安。由此可見，機構式的喘息照顧已成為老人進住機構照顧一個「緩衝期」，以及機構安置的一個「適應機會」，是老人未來入住機構的一個「暖身方案」。

■喘息照顧方案的定位和功能

服務方案的定位是為求照顧資源、服務對象、工作者，以及所提供的服務內容有明確的功能和角色，因為提供服務之機構若沒有明確的角

色定位，就無法針對案主問題與需求提供個別化的服務，最後亦無法呈現滿足案主需求之正向效果。受訪機構中，有幾家表示接受此方案純粹為配合政府的美意，故服務之定位自認為是單純性地協助紓解家庭照顧者長期壓力，是一種「支持性」的服務方案效果之發揮。除此之外，有些機構認為此方案可以解決機構住宿率不高的問題，因為藉由此方案可獲得未來住宿機構的個案來源。

政府自推動此方案以來，希望藉由此服務能讓受益的家庭日漸增多，使家庭照顧者可稍作休息，以便繼續扮演照顧者的角色，及延長失能者繼續留在家中被照顧的時間。從研究個案發現，執行服務之機構對此方案之定位，除原本減輕家屬負擔外，還呈現執行單位是為解決其收容率不佳的問題，或只視為長期機構照顧個案來源管道之多元化的發展，與原本此方案之單純理念和定位已有所變化。

(二)喘息照顧的資源整合功能

■喘息照顧方案是一種家庭照顧政策

有些受訪機構對於政府推展喘息照顧服務的政策，已具有正確的理念認知，瞭解政府推展喘息服務除了要減輕家屬負擔外，就是要讓被照顧者「去機構化」，以迎合「在家終老」的福利目標，是一個家庭照顧資源被充分運用的政策，故此方案能讓家庭照顧者和失能者，在照顧期間產生互惠關係（care-recipient），而達到在地養老之目標。

■參與喘息照顧方案為增加社區互動

受訪機構表示，參與此方案也是為了讓機構與社區建立更深層的、良好的互動效果，達到「在社區照顧」（care in the community）之目的，以及建構資源相互支持體系。

■喘息照顧方案成為福利競爭的新市場

喘息服務方案支付受託機構，每年每人七天共有7,000元之補助，因

此有可能變成機構間相互競爭的市場大餅，而且在競爭過程中，有些機構還會變相地做為機構長期住宿收費的折扣。從此方案在目標定位和功能來看，其原本方案設計時之單純性的協助，解決家庭照顧者之壓力的目的，似乎已變成複雜性的目標，成為機構經營長住的個案來源及媒合管道之一。

四、服務介入過程

(一)喘息照顧方案的服務對象及費用概況

服務對象的需求是以政府「規範性」資格為主，由衛生局派員至申請者之家中進行失能者的巴氏量表評估，評估分數在七十分以下，為中重度失能，家庭又無僱用外籍看護者，即符合免費使用七天之資格。通過審核的家屬可以七天連續使用，也可以分開使用，以家屬需求來決定使用方式，發揮了「以需求為導向」之效果。但有受訪機構表示，七天的補助對於真正需要者效果不大；也有受訪機構表示，他們是很支持此方案，但許多家屬反應七天的補助天數太少了，大家也都覺得如果放寬為十四天的補助，就可以一個月使用一天，或者是逢年過節的時候可以多休個幾天，比較適合。

(二)喘息照顧方案的執行過程

目前國內提供機構式的喘息照顧，就是將失能者送至專業機構住宿的照顧，讓使用之家屬獲得較徹底的放鬆，較屬於「支持性」和「暫時替代性」的服務效果，家屬可以對自己有較多樣性的生活規劃和社會互動。機構受訪者表示，這樣個案的家屬就有比較輕鬆及休息的機會，可以安排自己的生活。而從訪談資料中也發現，機構受訪者亦肯定其所提供的專業效果。由於機構提供的照顧比在家中照顧來得專業，讓長期在家照顧的老人，也能因此而有機會接觸到較專業的照顧方式。

(三)服務供給者（機構）方面呈現的問題

■機構對老人疾病和照顧能力之擔憂

　　由於此方案是以巴氏量表對失能者做簡單的生活功能評估而已，對於潛伏期較長的隱性疾病難以被發現，而且也沒有要求住進機構之前，必須有傳染性疾病之體檢證明，因此擔心個案可能為機構帶來潛在傳染的風險，而造成機構之隱憂。由於政府評估的規定很簡單，在喘息照顧的整個評估作業上，其實還沒有辦法很完整的呈現個案的身體真實狀況，因為有些家屬是不會把老人的疾病說出來的，所以評估表單中，並無法完整的呈現出老人的真實狀況。

■目前所使用的評估量表項目過於簡單

　　目前所使用的評估量表項目過於簡單，機構的受訪者表示，使用對象之資格都是由政府單位進行審查和評估，他們只單純接受方案之執行而已，並無法掌握案主進住前的病況和需求。目前使用巴氏量表評估的項目因過於簡單，且評估單位和照顧單位呈現雙軌的運作，在此雙軌下彼此又無充分的互動，這導致執行單位對個案所隱瞞之病情甚感擔憂。

■方案受託機構出現服務人力調度的困難

　　受託機構表示，對於已經達到「滿床目標」的機構來說，若要再接受政府委託來承辦喘息服務的任務，會帶來原有服務設備及人力不足的問題，造成服務品質的低落。此問題乃由於合格又優質的機構，較易達到收容目標量，政府又對這些機構也較有信心，因此會要求機構要參與方案之執行，以展現績效。而機構方面表示，「心有餘而力不足」，怕若不配合政府，會破壞與政府之間的互動關係，因此就「勉為其難」的參與方案之委託。

■喘息照顧服務過程之責任歸屬困難

　　責任歸屬是一種責信制度的表徵（高迪理，1999），其影響在於

是否能明確的指出執行目標的過程中，應由哪個執行者來負責執行。由於喘息照顧服務在國內推展時間尚短，因此執行過程中的管理規範和機制仍在摸索建制中，故受訪機構表示，對此服務方案的責任歸屬和風險仍存有灰色地帶，例如機構擔心的風險是在接送病患的過程中若發生意外，家屬若未能全程參與，可能引來許多照顧上的糾紛。因此老人在接送（交接）的過程要特別注意其「責任」歸屬問題。

■喘息照顧因時間短暫無法充分掌握案主狀況

除交通接送過程中可能產生緊急突發事件之風險外，受訪機構也表示，因為政府喘息照顧只補助七天，因此在提供照顧的時間內，對案主的狀況無法深入瞭解和掌握，深怕若在此服務期間，失能者身體狀況剛好發生變化或危險，會影響到機構的聲譽和形象。例如，萬一老人進來時有狀況產生，還是要送醫，人心難測，一旦發生事情就賴給你，家屬還可能要告你。由此可見，機構就此方案責任之歸屬和管理機制仍有所擔心。

■需要政府提供相關訓練及志工服務

受訪機構表示政府此方案的推展，除了應給予完整的評估和個案相關病歷之外，還希望能夠提供相關的訓練和諮商課程以及志工人力協助諮詢，以便為老人進行較多心理諮詢和協助。課程訓練以「諮詢」最為迫切，並希望能借助志工力量，為老人多提供一點心理方面的協助。目前有些機構不願加入此方案的原因，就是覺得整個方案的執行或責任，並未有一套完善的管理機制，承受責任的風險太高。

五、服務輸出方面

(一)機構方面產生的影響

■福利資源之誤用與濫用

在服務方案輸送過程中，資源適當的使用是方案評估的重點。例如該方案進行申請評估時，若無法確實查證是否已有僱用外籍勞工者，可能導致有些家庭既僱用外籍勞工又申請喘息服務的情況，造成有限福利資源被誤用、濫用，而這亦顯示衛生單位、勞工部門和社政部門之間，並未做好事先聯繫及整合工作。

■政府法令宣導不夠，服務資訊不對稱

受訪機構表示此方案的宣傳並不夠普遍，使得許多真正需要使用服務的家庭仍然不知道有此福利，甚至對此福利資訊產生誤解，要機構乾脆發給他們現金。例如受訪者說：很少人知道喘息服務這個社會福利，福利訊息的接收不容易，要如何用它也不清楚，往往連要去哪裡找相關的管道都不知道，尤其住在鄉下的人。另從使用家屬訪談資料發現，其獲得資訊的管道是從「無意中」知道的。此外，還有人對資訊傳播產生誤解，要機構把補助的部分用「現金」給他們就好了，所以有很多民眾都還不瞭解什麼叫做喘息照顧。故政府對福利服務方案之資訊不對稱，資訊管道未能落實，造成福利資訊易被誤用之現象。

■申請程序和家屬需求，無法彈性配合

訪談過程中發現，有些家庭因緊急之需，必須先將老人送到機構接受喘息照顧時，衛生局又規定必須依程序，先對個案進行評估之後，才能確認可否使用此方案，因此在一往一來之間，呈現時間點無法充分配合的障礙，讓人覺得政府美意不足，導致整個服務效益大打折扣。故執行上比較困難的地方是無論個案多緊急，政府規定一定要衛生所的人去做完個案評估後，才同意是否可使用服務方案。所以當老人剛出院時

是最有需要的，也必須等一切手續完成後才可以接案，在時間的配合上有一些問題。故政府對於程序之要求會失去政策之美意，在方案執行時應提供執行單位彈性的空間，如此才能更確實達到方案之目的。

■部分機構要求案主進行體檢，才提供服務

被照顧者是否符合接受喘息服務之前，雖然衛生單位已先到申請個案家中進行探訪與評估，但對於執行喘息服務的機構，因擔心這些老人帶有傳染病，而要求案主在入住前必須持有醫院體檢證明以為防範，但這個要求也讓家屬覺得很麻煩而放棄使用服務的機會，影響方案的目的和效果。此問題凸顯政府在資格審查和評估合格後，受委託的執行機構是否仍有權力要求個案在審核資格之外的體檢，來保護院內其他老人可能被傳染的機率和權益，這是一個值得探究的問題，而這也正呈現出方案的管理運作機制還必須再全盤檢討，才能建構出供需雙方的一個平衡點，才是一個「可及性」、「可接受」的服務輸送系統。

■政府檢視服務績效方式欠公平

由於方案必須進行顧客滿意度調查，以做為服務績效，但機構抱怨喘息照顧只提供七天，無法與家屬建立深入的互動關係，政府此項要求或調查結果會缺乏客觀公正的評量。受訪機構表示：「只有一個禮拜的時間，就要以滿意度調查來蓋棺論定是不公平的，因為家屬對機構瞭解還不夠深刻，也不瞭解整個作業流程。」

■受託機構認為方案只是在消化預算，效果有限

有受託機構認為此服務方案只是在消化預算而已。受訪機構表示：「這個短期的喘息照顧服務，大都是由衛生單位在推動，社政單位並沒有相關的預算編列及推動，並沒有真正用心的配套措施。」所以，方案成果之評量方式，必須就方案之實況進行更謹慎的設計和修正，才能達到品質或績效評量之真正目的，讓資源更有效運用。

(二)服務使用者（家屬）方面所產生的影響

在服務方案的影響效果中，就使用方案的家屬進行評估，發現家屬在使用時仍有所憂心，可能此方案的技術或管理層面仍在萌芽階段，尚待完善建構。問題分析如下：

■方案使用後的正向效果

◎家庭照顧者因不堪負荷與壓力，「自費」送案主去機構暫託

長期照顧是一項艱難的超級任務，照顧者除身心健康和自由都受到影響，其工作類型也要調整，才能照顧案主，而且照顧者通常也不願連累其家人。受訪家屬表示：「現在有一個重殘的人在家，我們要做什麼，或要跟別人去郊遊什麼的，都沒有辦法參加，就是多了一種約束，我們的精神一直都處在緊繃的狀態，經濟壓力也很重。」當然也有家屬表示照顧的壓力「已習慣」了，之前還曾得了憂鬱症去治療，現在老了，體力上已不堪承受照顧這項工作，會「自費」暫托機構，並已經調整自己的生活方式。就此，也發現家屬舒壓的方式都採「個人式」的自我處理和調適，除非罹患嚴重的心理疾病，才會求助專業治療；照顧工作大都由家庭主照顧者自己一手承擔，也不想拖累其他親人，除非自己身體不行了，才會想到送機構安置。

整體而言，大部分受訪的照顧者都表示已「習慣」、「調整」了自己的生活方式。此介入方案可以讓他們在照顧時間上，有稍微休息一下的機會，但心理上仍無法完全「輕鬆」、「放鬆」。

◎提供社會支持的系統和資源

大多數老年人都希望居住在自己家中，因為家庭成員可提供許多的照顧和資源，即使不符合政府補助的對象，弱勢家庭也能透過家庭而得到支持和協助，除非完全無家人的獨居失能老人才會尋求正式服務，將老人送至機構安置（Krause and Borawski-Clark, 1995）。故社會支持體系

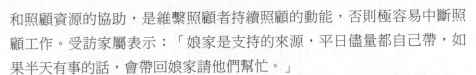

和照顧資源的協助,是維繫照顧者持續照顧的動能,否則極容易中斷照顧工作。受訪家屬表示:「娘家是支持的來源,平日儘量都自己帶,如果半天有事的話,會帶回娘家請他們幫忙。」

但也有受訪者表示,家人的支持系統弱,家人甚少過問照顧工作的事,所以才需要用到此服務。受訪家屬表示:「家裡的事情他們都不會過問啦!都是我一手在照顧的,像我兒子、女兒,都沒有人願意幫我忙,才去申請使用。」由此可見,短期的喘息照顧,是照顧者沒有「替手」時的重要支持系統,但有些照顧家屬對使用此方案時,仍出現焦慮、罪惡感等心理障礙。

◎服務具有暫時性的替代效果

一般照顧者使用正式服務,大都是基於家庭資源缺乏或不得已,才會使用此方案,而且藉此方案之提供,才能有參與社會活動的機會。受訪者表示:「因為有時星期六、日要帶小孩子出門,剛好又沒人手的時候,就可以使用這個服務來幫我代為照顧一下。」受訪者還表示,現在使用喘息照顧是因為自己有參加社會服務活動,當他們的志工團體有服務活動時,才會拿來使用它。所以,喘息照顧方案除了是照顧者的壓力紓解機會,也是獲得社會互動需求的重要機會。

◎使用家屬對提供此方案的專業服務信任度

有些家屬會事先去看機構的專業設施、設備再做決定,但也因為只有短暫的七天補助時間,所以可能比較不會擔心。另外也發現,使用此項方案的家屬表示,因為使用時間短且使用方式具有彈性,如受訪者表示:「時間方面比較彈性,機構會配合我們需要服務的時間。」此外家屬也表示:「整體感覺機構照顧的衛生、環境都還不錯,他去那邊住都『笑咪咪』的。」所以自己也會自費送案主去接受短期照顧,而且有專車接送,一天只收700元,感覺服務是零缺點,由使用者(案主)的表現也可掌握其照顧的滿意度,如案主在使用期間的互動笑容。因服務便利

性高，因此家屬表示，自己若有需要時也願意自掏腰包，以付費方式來繼續使用。

■ **方案使用後的負向效果**

◎補助天數太少及使用權益無法保障

提供服務的機構他們對於喘息服務的提供，也會以家屬的角度來看待此服務，例如只有七天的時間，就要老人去體檢覺得對家屬而言是麻煩的；或表示使用喘息服務的人會被其他人指責為「不孝者」，或家屬尚無法體會喘息服務的真正美意。 短期的喘息服務雖然每年提供七天的免費供給服務，且時間可以分開來使用，但是有些家屬擔心自己所節省使用的天數，放到年終要使用時，會被挪用到其他人身上。所以，申請使用之家屬依政府規範申請通過之後，因多擔心其權益受損，保留天數怕被挪用，所以不敢「分開」來使用，故政府應要確實保障使用者之權益。

◎家屬怕被貼上「不孝」的標籤與對機構照顧不放心

根據受訪者也表示，如果只是為了外出遊玩而申請使用喘息服務，把老人家送往機構，街坊鄰居可能會給照顧家屬貼上「不孝」的標籤，會被別人指指點點。此外，由於失能者已長期由家庭成員照顧，對案主的需求甚為清楚，若要將失能者送至機構接受喘息照顧，有些家屬也會因此擔心機構照顧者無法了解被照顧者的需要。這從接受訪談的機構也有相同的發現，他們也表示有些家庭將老人送到機構後，仍無法完全放心去做其他的事，家屬反而顯得更不安心、不放心，因而呈現出另一種始料未及的反效果。由此觀之，有些照顧者尚未能適應和案主的暫時分離與不捨，這也顯示長期的照顧工作已成為家屬「日常生活」的一部分，故使用此服務時，反而是家屬未能適應。

◎希望目前的居家服務方案也能更具彈性

喘息照顧服務的推出已幫助許多家庭，家屬在方案使用期待除希望

未來方案的使用品質能不斷提升之外，還能針對政府辦理的居家服務方案有所建議，受訪家屬表示：「喘息照顧的時間我們可以自己安排就很好，如果政府的居家服務也能再彈性一點會更好。」所以，家屬也希望其他老人服務方案，如居家服務，同樣也能具有彈性化的配合，可以隨時調整服務的時間，而非固定的硬性時間，以符合家庭照顧者的真正需求。

家庭成員在家中照顧失能老人或障礙者，是具有相當壓力負荷的家庭情境，尤其在高齡化的社會裡，可預期家庭面臨到照顧長期失能老人的問題會愈來愈多，故推展社區照顧服務方案，正是為建構照顧資源，以因應家庭危機的發生，它提供給照顧壓力過大者一個減壓的機會，進而擴大照顧服務的機能。

陪他走過人生的最後一站：安寧療護

老人機構是否可以是安寧療護的選擇？在所服務的養護中心照顧一位老爺爺有兩年的時間，從他意識清楚到罹患癌症、化療然後又復發，意識逐漸也變得不清楚。當醫院的醫師判定他即將不久人世之後，家屬商量是否要將爺爺送到臨近城市醫院的安寧病房？最後，家屬決定送爺爺回他熟悉的社區養老院，離家近，家屬探訪較容易，且希望原本機構的工作人員們繼續照顧他到生命的最後。

機構的照顧團隊找來家屬一起商量如何共同照顧爺爺，於是機構的特約醫師每天中午都來看爺爺，並給予診斷用藥減緩疼痛，護理照顧人員則隨時給予注意身體的舒適與清潔，社工及其他員工、志工（牧師、教友）、親友們每天兩次為爺爺進行讀經、唱詩歌、禱告。有一天爺爺突然又說話了，我們找來很多人不斷地聽到底他想說什麼？後來確認爺爺似乎說著想要見到家人，於是我們緊急聯絡所有爺

爺的親人，約有20人到機構探視，大家一起幫爺爺讀經、禱告、唱詩歌，並輕聲告訴他，太太、兒子、媳婦、女兒、女婿、孫子們都來了……

那一天家屬們一起開個會議，討論爺爺的心願與後事的處理方式，選了一套爺爺鍾愛的西裝，一星期之後，爺爺安詳地走完他的一生……。

資料來源：作者實務案例整理。

第五節　喘息照顧之服務效果

目前喘息照顧方案是政府提供的補助服務，一則為維持失能者的生理、心理功能，一則是為強化家庭照顧者應付照顧失能者的能力和情境需求的支持，所以它是一項重要的社會支持方案，可使家庭功能恢復，並維持資源與需求之間的平衡。國外在社區照顧政策的發展下，大量提供各類社區支持性的服務方案，讓越來越多的失能者或家庭照顧者，可選擇接受政府照顧協助的方式。由個案研究之結果，茲將喘息照顧的服務輸送效果，歸納為四大類：

1.補充（支持）效果。
2.替代效果。
3.緩衝效果。
4.保護效果。

其中以具支持和補充效果最為普遍，而此兩類效果在實務領域中的解釋是較不易被明顯區分的，兩者具有重疊之可能；至於此方案帶來的

隱性效果，即老人可能因此適應機構照顧方式，而長住於機構中產生的替代效果；而緩衝性的效果乃來自家庭首次遭遇病人出院時，能給予家屬的一個緊急緩衝之空間。此外，此方案還具有預防照顧者在長期壓力下，可能產生忽視或虐待事件的保護效果，這是另外一個重要的附加及無形的功能（見**表8-1**）。

上述四大類影響效果的類型各有其目的和功能，這些影響具有「**層次性互補**」功能，大都屬於支持性的效果，如以紓解照顧者長期的壓力為主，但也給予了失能者和家屬適應機會而具有緩衝效果；以及對高危險群的個案或高風險的家庭者而言，此方案的介入可預防老人被忽視、虐待的不幸問題發生，具有保護性效果，但替代性效果並非本服務方案之預期目標，而且有違「去機構化」之目標。然而發現家庭使用喘息照顧服務之後，其照顧責任依舊落在家庭身上，接受政府契約委託執行機構，只是扮演著代替政府服務的供給角色和承接服務之執行而已。

政府當局在推展喘息照顧服務時，無論扮演經費補助的政府，或受政府委託執行機構，皆立基於「**填補性**」的服務目標，最終目的還是在於家庭功能的發揮，故定位方案的功能在「補充性」或「支持性」。就此觀之，英國推展喘息照顧的實務面是被定位為社區照顧政策，而且是要避免機構安置之「替代性」服務方案（Tester, 1996）。美國對此方案則視為避免失能者或障礙者戶外安置之「**支持性**」服務（Salisbury,

表8-1　喘息照顧影響效果類型建構

補充性（支持性）效果	純粹提供照顧者放鬆、喘氣及紓解身心壓力，並有機會參與社會活動。
替代性效果	失能老人因先行進入機構安置之試住機會，而可能成為留在機構長住的個案。
緩衝性效果	從醫院出院到回家照顧的中途站，為壓力的緩衝站。
保護性效果	對於照顧者精神狀態不佳，可能出現忽視和虐待情況的一種預防保護措施。

資料來源：作者整理製作。

1990）。所以喘息照顧服務對非正式照顧體系的照顧者而言，會產生一種「幸福感」「安適感」（well-being）的效果（McNally, Ben-Shlomo, and Newman, 1999），這和本研究個案發現具有相同的效果呈現，但發現它與社區照顧的「去機構化」目標是相抵觸的，亦即出現案主或家屬因方案之提供，漸而適應機構之生活和信任，成為永久性的機構安置之對象。

對照顧者的支持方案是必須用心經營，如此方案評估時，才能見到明顯的效果，而本個案的研究發現，機構式喘息照顧方案對家屬使用之服務效果，可歸納為四大類型：

1.社會互動型。
2.家庭生活型。
3.單純解壓型。
4.出院緩衝型。

使用需求性愈高者，方案目標性愈低，亦即喘息照顧方案的目標性，是以家庭照顧者的社會、互動參與為最高目標，但真正以此目標來使用該方案者卻有限，反而以面臨失能者出院時給予緩衝空間為最直接的效益，也是病患出院準備時，家屬的最大需求（**表8-2**）。故方案的供

表8-2　服務使用需求與方案目標

低 ← 使用需求性 → 高（左側縱向標示）

影響類型	影響層面	影響內容
社會方面	社會互動型	增加服務者、社會參與及人際關係，進而也讓被照顧者（案主）有與外界互動的機會
家人方面	家庭生活型	促進與其他家人的互動和正常生活
照顧者方面	單純解壓型	照顧者能徹底的喘口氣和休息
案主和照顧者	出院緩衝型	案主出院之準備及試住機構之機會

高 ← 方案目標性 → 低（右側縱向標示）

資料來源：作者整理製作。

給內容在實際服務輸送上，其實還是被使用需求者帶著走的，亦即「以需求為導向」，有需求性就會有供給項目出現的市場化現象，只是供給者對該方案之市場性或前瞻性沒有把握。

　　機構式暫托的喘息照顧是社區照顧擴大服務機能的方案，它是一種服務的策略，它優於長期居宿型的機構式照顧，而且可抑制機構照顧成本的提高，極符合社區照顧中追求「在地老化」的需求目標（Cummins, 2001），故此服務方案除減輕照顧者壓力的直接影響效果外，還具有維持家庭照顧的功能。雖然家庭照顧者對於喘息照顧方案的提供，多少充滿著衝突的需求與矛盾的期望，但這並非否定此方案的重要性，因為社區照顧方案的確對於家庭照顧者的身心健康壓力解除帶來正向的效果，使家庭原來的緊張關係變緩和了，而此和國外研究的結果也相同，如照顧者的健康提升、家人關係的促進和社會人際關係的擴展，使原本緊張的照顧角色轉換成照顧者的自我成長和幸福感（Kramer, 1993; Gilmour, 2002）。

　　喘息服務的設計規劃原本就以「去機構化」和「在地老化」為目的，因此要發揮機構式喘息照顧方案的設計和介入效果，必須首先獲得正確理念之支持和提供長期照顧者家庭真正的需求，才能發揮方案效益。機構式的喘息照顧，雖是一種短暫性替代性的機構安置之照顧設計，使非正式照顧者能從長時間的照顧工作中，減輕照顧負荷及情緒紓解，讓家庭主要照顧者能繼續扮演照顧角色的目標外，無形中還具有預防長期失能者在家被虐待或被忽視的風險。雖然有許多失能者本身和其家庭仍無法接受機構短期性的安置方式，然而社會結構的變遷，現代家庭普遍缺乏傳統大家庭的支持系統，長期照顧工作的壓力變得比昔日更加重，照顧壓力的呈現是一種表達性的福利需求，而此喘息照顧服務方案設計，協助了許多照顧者獲得些許自由喘氣的空間。

喘息服務提供老人人際互動機會，也讓家庭照顧者減輕照顧壓力

照片提供：新竹市東區老人文康活動中心。

第六節　喘息照顧服務之實務建議

　　喘息照顧服務方案是「四方」共同獲益的，為求方案效能達到更佳的效益，從本個案研究之發現，針對未來相關政策之配套措施和實務執行，提出下列幾點建議，以做為未來實務工作者或政策方案制定者之參考：

一、持續擴大推展暫托喘息照顧的服務方案

　　目前此項暫托喘息照顧服務方案均由於政府編列預算補助，尚未發展市場化階段，特別是此項方案補助經費逐年減縮之下，有許多真正需要者未能受益，且造成某些原本受惠者必須被刪除或減縮給付天數外，對於仍未能使用此項服務之需求家庭，更感覺到此政策方案是「紙上畫畫，牆上掛掛」的宣示性福利服務措施而已。從研究發現，此方案對家

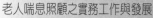
庭之支持性功能具有明顯效果，除緩解家屬照顧壓力外，也能提升整體家庭生活的品質，故未來不僅不能減縮補助之經費，更應擴大辦理，以落實「社區照顧」政策方案之目標。因為協助家庭照顧機構式的暫托服務方案之建立，在家庭功能的維繫效果上是極具關鍵性影響的，否則將有更多老人被迫提早進入機構照顧，屆時必然增加社會成本及公共財政的鉅額負擔。

二、發展喘息照顧方案，邁向自費的市場功能

雖然長期失能者都希望能留在家中被照顧，然而有許多重度失能者仍須以機構照顧為未來之「替手」，故當這些老人福利機構和政府有機會合作時，應更積極發揮專業照顧之表現，達到顧客滿意之目標。尤其服務方案要邁向「市場化」的發展時，必須特別留意使用者的財力、文化、態度、資訊和溝通等問題，因為這些都是影響照顧者使用此方案的重要因素（Allen, 1983）。我們發現這些使用短暫喘息的個案，有可能成為機構未來長期性居宿的顧客，也是機構極力爭取的客源，故此方案正是提供機構一個自我表現、照顧行銷的最佳機會，所以機構參與此方案，不僅是福利市場另一個版圖的開發，也是機構未來多角化、多層次經營的一個生存模式，機構應當抓住此時機，審慎規劃發揮此方案之最佳功能，以「物超所值」和「專業主義」來開創市場的需求和發展。

三、針對服務需求對象，加強重點地區的宣導

對照顧者而言，使其獲得充分並具教育性的相關喘息照顧服務方案資訊，能夠讓照顧者知道如何善用此方案，而這也是一種失能者和照顧者公民權利的表現（Hanson, Tehey and Clarke, 1999）。然而我們發現社會政策在執行時，常因礙於經費限制而不敢擴大宣導，尤其當面臨更多

走入社區做福利宣導，讓民眾更瞭解社會服務資源

照片提供：新竹市東區老人文康活動中心。

需求民眾時，就會將原來之福利條件門檻提高，或福利資源稀釋化等。例如原本通過申請者，一年有七天之使用權，且可分開使用是一大彈性的設計，但後來因中央政府的預算不足和申請民眾漸多，因此便採取原本申請使用家庭保留於年底要使用之天數，挪給其他申請民眾使用，造成保留使用之民眾不滿，無法因應福利市場需求而進行經費之調整，故就此實務工作者對案主之「充權」（empowerment）和政策之倡導必須再強化。此外，有些申請通過使用者，其在福利資訊豐富，資源利用率高，因此出現有限資源被重複使用之情形，故執政當局必須落實推展照顧管理計畫，建立個案需求資訊、資源支持和市場供給之溝通平台，以掌握個案福利資源之使用狀況，讓照顧資源做最有效的分配和供給的連結。

四、機構式「暫托」喘息照顧應建立團隊服務模式

政府向來以「殘補式」的福利服務扮演最後一道社會安全的防線，而積極推展的社區照顧政策又以「在家老化」為最終目標，故依此必須

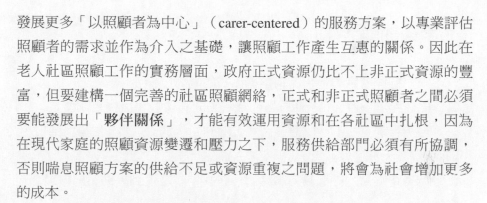

發展更多「以照顧者為中心」（carer-centered）的服務方案，以專業評估照顧者的需求並作為介入之基礎，讓照顧工作產生互惠的關係。因此在老人社區照顧工作的實務層面，政府正式資源仍比不上非正式資源的豐富，但要建構一個完善的社區照顧網絡，正式和非正式照顧者之間必須要能發展出「**夥伴關係**」，才能有效運用資源和在各社區中扎根，因為在現代家庭的照顧資源變遷和壓力之下，服務供給部門必須有所協調，否則喘息照顧方案的供給不足或資源重複之問題，將會為社會增加更多的成本。

社會服務設計之重要目標必須要注意到照顧的品質，及增強被照顧者的自尊（self-esteem），才能達成失能者和照顧者雙方健康與溫暖的提升（Payne, 2000）。在社區照顧的政策下，服務使用者對於非正式和正式服務支持方案的規劃、運用，必須整合性協調方案之執行，並以跨專業合作做為資源整合的團隊動力。

第七節　結論：以專業自覺提升服務方案的品質

長期失能者的照顧服務，「家庭」一直是扮演著主要供給者的角色，雖公部門和志願部門已提供相關的服務支持體系，但極為有限。今日在政府與民間提供相關服務方案時，如何進行方案的評估和資源的整合，是目前強化方案執行過程的有效機制，而且也唯有專業的自覺，才能不斷提高服務方案的品質和績效，對高危險群的家庭也才能達到有效的介入和協助。社區照顧之運作模式，已由「照顧經理人」（機構負責人）和「社工專業者」，趨向以「使用者」和「照顧者」兩者權益為中心，逐漸重視社會的需求和服務品質。

問題與討論

一、喘息照顧的定義為何？何謂機構式的喘息照顧？

二、喘息照顧服務（respite care service）的功能和目標有哪些？

三、台灣目前實施的「喘息（臨托）服務」遭遇到哪些問題與限制？

四、喘息服務對於服務機構與家屬各產生什麼正負面的影響？

五、您覺得喘息照顧服務方案應如何設計，才能達到更優質的效果？

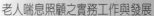
 **參考文獻**

一、中文部分

吳怡眞（2001）。《家庭照顧者之支持性服務需求》。台灣大學衛生政策與管理研究所碩士論文。

吳淑瓊、林惠生（1998）。〈台灣功能障礙老人家庭照護者的全國概況剖析〉，《中華衛誌》，第18卷第1期，頁44-53。

李開敏、工增勇、王玠、萬育維譯（1996），Abraham Monk原著。《老人福利服務》。台北：心理。

周月清、鄒平儀（2004）。〈成年心智障礙者及其主要照顧者使用臨托服務影響之研究〉，《社會政策與社會工作學刊》，第8期，頁39-82。

林松齡（1993）。〈老人社會支持來源與老人社會需求：兼論四個社會支持模式〉，載於王國羽主編，《社會安全問題之探討》。嘉義：中正大學。

林敬程（2000）。《失智老人家庭照顧者之負荷與支持性服務需求之探討》。高雄醫學大學健康科學院行為科學研究所碩士論文。

胡幼慧（1996）。〈台灣老年人口的依賴結構初探：以老年婦女為例〉，《人口學刊》，第17期，頁83-112。

胡幼慧、周雅容（1994）。《社區性長期照顧之支持性體系之研究：看護工、義工、專業網絡及病家網絡之需求與規劃之探討》。台北：行政院衛生署。

高迪理譯（1999），Peter M. Kettner、Robert M. Moroney、Lawrence L. Martin原著。《服務方案之設計與管理》。台北：揚智。

陳玉枝、劉影梅（1999）。〈喘息服務在慢性病患長期照護的應用〉，《護理雜誌》，第46卷第2期，頁40-44。

陳武宗（1994）。〈家庭照顧及其支持系統：概念與議題〉，《家庭與社會福利學術研討會論文集》。高雄：中山大學。

陳美妙（2001）。《機構式喘息服務對失能老人主要照顧者負荷之影響》。台北醫學大學護理學研究所碩士論文。

陳燕禎（2005）。〈社區老人照顧支持體系及政策探討〉，《社區發展季刊》，

第110期，頁158-175。

陳燕禎、謝儒賢、施教裕（2005）。〈社區照顧：老人餐食服務模式之探討與建構〉，《社會政策與社會工作學刊》，第9卷第1期，頁121-161。

劉惠敏、林秀美、賈寶楠、吳佩玲（2009）。〈近九成照顧者　慢性神經衰弱〉，《聯合報》，2009年2月12日，A5版話題。

劉淑娟、蘇秀娟、謝美娥（1998）。〈北市失能老人其主要照顧者資源需求之初探〉，《長期照護雜誌》，第2期第2卷，頁31-47。

謝美娥（2001）。〈成年子女與照顧失能老年父母之影響：一個探討並以台北市為例〉，《社會政策與社會工作學刊》，第5卷第2期，頁57-112。

謝美娥（2002）。〈失能老人與成年子女照顧者對失能老人遷居歷程與解釋：家庭到機構〉，《社會政策與社會工作學刊》，第6卷第2期，頁7-64。

二、英文部分

Allen, I. (1983). *Short-Stay Residential Care for the Elderly: Policy Studies Institute*. London.

Anderson, R. (1987). 'The unremitting burden on carers'. *Brit. Med. J. 294,* 73-74.

Ashworth, M. and Baker, A. H. (2000). 'Time and space: Carer's view about respite care'. *Health and Social Care in the Community, 8(1)*, 50-56.

Brader, J. E. (1985). 'Respite care: Temporary relief for caregivers'. *Women and Health, 10,* 39-52.

Broduty, H. and Gresham, M. (1992). 'Prescribing residential respite care for dementia-effects, side-effects, indications and dosage'. *International Journal of Geriatric Psychiatry, 7,* 357-362.

Cummins, R. A. (2001). 'The subjective well-being of people caring for a family member with a severe disability at home: A review'. *Journal of Intellectual and Development Disability, 26(1)*, 83-100.

Dwyer, J. W. and Lee, G. R. (1994). 'Reciprocity, elder satisfaction, and caregiver stress and burden: The exchange of aid in the family caregiving relationship'. *Journal of Marriage & the Family, 56(1)*, 35-44.

Gilmour, J. A. (2002). 'Dis / Integrated care: Family caregivers and in-hospital respite

care'. *Journal of Advanced Nursing, 39(6)*, 546-553.

Green, H. (1998). *Informal Carers*. London: HMSO.

Griffith, D. C. (1993a). 'Respite care'. *Hospital and Community Psychiatry, 39(3)*, 291-295.

Griffith, D. C.（1993b）. 'Respite care'. *The British Medical Journal, 326*, 160.

Haley, W. E. (1997). 'The family caregiver's role in Alzheimer's disease'. *Neurology, 48(6)*, 25-29.

Hanson, E. J., Tehey, J. and Clarke, A. (1999). 'Respite care for frail older people and their family carers: Concept analysis and user focus group findings of a pan-European nursing research project'. *Journal of Advanced Nursing, 30(6)*, 1396-1407.

Hoenig, J. and Hamilton, M. (1965). 'The schizophrenic patient in the community and his effect on the household'. *International Journal of Social Psychiatry, 12*, 165-176.

Hooyman, N. R. and Kiyak, H. A. (2002). *Social gerontology: A multidisciplinary perspective* (6th ed.). US: Allyn and Bacon.

Kosloski, K. and Montgomery, R. (1995). 'The impact of respite use on nursing home placement'. *The Gerontologist, 35*, 67-74.

Kramer, B. (1993). 'Expending the conceptualization of caregiver coping: The importance of relationship-focused coping strategies'. *Family Relations, 42*, 383-391.

Kramer, B. (1997). 'Gain in the care giving experience: Where are we? What next?' *The Gerontologist, 37*, 218-232.

Krause, N. and Borawski-Clark, E. (1995). 'Social class differences in social support among older adults'. *The Gerontologist, 35*, 498-508.

La Veist, T. A., Sellers, R. M., Brown, K. A. Elliott and Nickerson, K. J. (1997). 'Extreme social isolation, use of community-based senior support services, and mortality among African American elderly women'. *American Journal of Community Psychology, 25*, 721-732.

Mckillip, J. (1987). *Need Analysis: Tools for Human Services and Education*. Beverly Hills, Calif.: Sage.

McNally, S., Ben-Shlomo, Y. and Newman, S. (1999). 'The effects of respite care on informal carers' well-being: A systematic review'. *Disability and Rehabilitation,*

21(1), 1-14.

Miller, L. (1991). 'Models for respite care'. In W. C. Chenitz, J. T. Stone and S. A. Salisbury (eds.), *Clinical Gerontological Nursing,* pp. 559-611. Philadelphia, PA.: W. B. Saunders.

Miller, S. (2002). 'Respite care for children who have complex healthcare needs'. *Pediatric Nursing,* 4(5), 33-38.

O'Brien, J. (2001). 'Planned respite care: Hope for families under pressure'. *Australian Journal of Social Issues, 36(1),* 51-66.

Ory, M. G., Hoffman, R. R., Yee, J. L., Tennstedt, S. and Schulz, R. (1999). 'Prevalence and impact of caregiving: A detailed comparison between dementia and no dementia caregivers'. *The Gerontologist, 39,* 177-185.

Payne, M. (1997). 'Care management and social work'. In J. Bornat, C. Pereira, D. Pilgrimt and F. Williams (eds.), *Community Care: A Reader.* London: Macmillan.

Payne, M. (2000). *Teamwork in Multi-Professional Care.* Printed in Malaysia.

Posavac, Emil J. and Carey, Raymond G. (1992). *Program Evaluation: Methods and Case Studies* (4th ed). US: Prentice-Hall.

Salisbury, C. L. (1990). 'Characteristics of users and nonusers of respite care'. *Mental Retardation, 28,* 291-297.

Sharkley, P. (2000). *The Essentials of Community Care: A Guide for Practitioners.* London: Macmillan.

Starrels, M. E. and Ingersoll-Dayton, B. (1997). 'The stress of caring for a parent; effects of the elder's impairment on and employed adult'. *Journal of Marriage and the Family, 59(4),* 860-872.

Stone, R., Cafferata, G. and Sangl, J. (1987). *Caregivers of the Frail Elderly: A National Profile.* Washingtion, DC: U.S. Department of Health and Human Services.

Szwarc, B. (1993). *Respite Care in Focus: Review of Respite Foster Care Service.* Melbourne, Naticom Childrens' Bureau of Australia.

Tester, S. (1996). *Community Care for the Older People: A Comparative Perspective.* London: Macmillan.

Theis, S. L., Moss, J. H. and Person, M. A. (1994). 'Respite for caregivers: An evaluation study'. *Journal of Community Health Nursing, 11*, 31-44.

Tobin, S. S. and Toseland, R. W. (1990). 'The model of elder service'. In A. Monk (eds.), *Handbook of Gerontological Services* (2nd ed). NY: Columbia University Press.

Walker, A. (1997). 'Community care policy: From consensus to conflict'. In J. Bornat, C. Pereira, D. Pilgrimt and F. Williams (eds.), *Community Care: A Reader.* London: Macmillan.

Weber, N. D. and Schneider, P. (1993). 'Respite care for the visually impaired and their families'. In Tepper, L. M. and Toner, J. A. (eds.), *Respite Care: Programs, Problems and Solution*, pp.62-77. Philadelphia, PA: the Charles Press.

Chapter 9

老人長期照顧體系與發展實務

■前　言

■長期照顧的意涵與準則

■台灣長期照顧體系之發展

■照顧服務產業與國家建設之融合

■台灣長期照顧資源分析

■台灣長期照顧制度發展之省思

■結論：建立公私部門夥伴關係的服務輸送

第一節　前言

　　健康政策已是全球化共同關心的議題，尤其已開發國家面臨人口快速老化帶來的老人長期照顧（long-term care）問題，它將面對人口、經濟、資源的轉變及社會需求的挑戰。根據聯合國（United Nations, 2000）報告，1999年10月世界總人口已超過60億人，其中超過60歲者約為5億9,300萬人，約占全人口的10%；推估到2050年時，世界上的總人口數可能達到95億，屆時65歲以上的高齡長者約占16.7%，為16億人（U.S. Census Bureau, 2009）。台灣的老人人口的相對數和絕對數也都在快速上升中，高齡化人口結構之現象和老人長期照顧問題將成為國家建設的重要政策之一。

　　行政院主計處曾於2000年所做的戶口普查報告中指出：需要長期照顧之老人有172,321人（9.1%）；又根據內政部2006年的台灣地區老人狀況調查結果摘要分析的資料顯示：65歲以上老人患有慢性病或重大疾病者占65.20%，以患有循環系統疾病者占55.16%最多（內政部統計處，2006）；再根據台灣國內已領有身心障礙手冊人數統計：至2007年底已達102萬760人，較2006年底增加近4萬人，占總人口比率亦微升為4.4%，其中65歲以上的老人數有371,088人（5.91%），獨居老人有51,901人（3%）（內政部統計處，2008）。這三者的統計數字雖有重複情形，但仍有多數需要長期照顧之老人，未被確實掌握通報，因此實際面將有更多長期的照顧需求人口，而機構資源供給之總床數也不足，雖然供給量已逐漸成長，但皆不足於應付需求量，且多數機構皆表示有經營之困難（中華民國長期照顧專業協會，2002，2006a），如果再加上非老人照顧部分將更為可觀，對長期照顧的需求將更為迫切。據調查這些需要長期照顧者，大部分（80%至90%）都住在自己家中，且長期由家人親友照護，但由於缺乏政府或外力的協助，負荷甚鉅（吳淑瓊，1999）。目

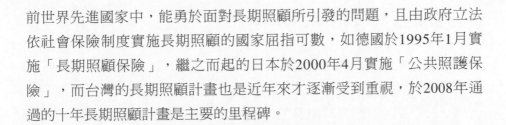
前世界先進國家中，能勇於面對長期照顧所引發的問題，且由政府立法
依社會保險制度實施長期照顧的國家屈指可數，如德國於1995年1月實
施「長期照顧保險」，繼之而起的日本於2000年4月實施「公共照護保
險」，而台灣的長期照顧計畫也是近年來才逐漸受到重視，於2008年通
過的十年長期照顧計畫是主要的里程碑。

 第二節　長期照顧的意涵與準則

照顧是一個連續體，是不能被切割的（Moore, 1993; Tester, 1996; Jack,
1998），長期照顧的對象雖不一定限於老人，但不可否認地，已開發國
家仍以老人的長期照顧為主軸。一般而言，長期照顧以下列四大目標為
宗旨：

1.成本（costs）。
2.品質（quality）。
3.效果（effects）。
4.發展（development）。

其實人口老化帶來的老人長期照顧「成本」的快速增加，是一個可
預測的未來，所以英國認為健康（衛生部門）和社會照護（社會部門）
「分離」的服務供給是極為重要的，且在社區照顧政策下的服務供給部
門，政府已不再扮演唯一的供給角色，已擴及家庭照護及非正式部門的
多元供給服務。高齡人口引起的結果與問題是巨大的、震盪的，因此必
須發展更精確的方法預測老化的效果（effect），尤其必須對其定義清
楚，才能提供社會照顧服務的優先順序和準則，以逐步克服人口老化所
帶來長期照顧工作之困境。

一、影響長期照顧發展的因素

　　影響先進國家長期照顧發展的因素為：(1)人口結構高齡化；(2)疾病型態改變；(3)家庭類型改變；(4)婦女就業力提升；(5)照顧品質改善等。台灣長久以來，失能者的照顧工作均由「家庭」擔負，當家庭因人力或經濟等因素，無法完全獨立照顧失能之家庭成員時，才會轉而尋求政府之資源協助，此時，政府和民間整合力量就成為極重要的社會支持來源。而到底長期失能的照顧問題、照顧需求和照顧服務之供給有哪些，是必須進行探討的。

二、長期照顧的定義

　　Kane和Kane（1987）對長期照顧的定義為「長期照顧的服務對象包括先天或後天失能者，提供醫療照護、個人照顧和社會性之服務等一系列的照護措施，服務的時間是『長期性』的」。McCall（2000）將「住宅」涵蓋在長期照顧服務之範疇內，認為「長期照顧」係指針對罹患慢性健康問題而無法自行處理日常生活所需之活動者，所提供之系列性的支持服務，包含傳統醫療服務、社會服務，以及住宅服務。簡言之，若要發展社區式的長期照顧，住宅問題是不能被排除的。英國的社區照顧也一直以「住宅」政策最具主流和占據特別的角色。

　　英國自1999年3月設立了長期照顧皇家委員會（The Royal Commission of Long Term Care），就將「住宅」政策列入重要核心點。因為長期照顧者行動不便、生活自理困難，因此亟需居住場所設施、設備的改善及生活輔具之配合，方能獨立地留在家中，而引進新科技資訊的協助，讓社會福利達到可及性、可近性之目標，長期照顧者才有實現獨立「自我照顧」（self care）之可能。

　　Stone（2000）將長期照顧研究的焦點放在失能者輔具、環境之改

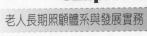
造，認為這些長期照顧中具有必要且重要的支持功能，故「長期照顧」是指持續性對慢性失能者在日常生活中所提供之協助，可以運用科技的服務來協助失能者的復健和服務，這些服務包括日常生活活動、家事性日常生活活動之協助、輔具提供、住屋環境改造等，服務提供方式包括由專人直接陪伴或督導性的協助。

三、長期照顧的準則

我國行政院衛生署（1998）已將預防和治療列為長期照顧之範疇，並將照顧者之需求也納入，指出「長期照顧係指針對需長期照顧者提供綜合性與連續性之服務；其服務內容可以從預防、診斷、治療、復健、支持性、維護性以至社會性之服務；其服務對象不僅須包括個案本身，更須考慮到照顧者的需要。」陳惠姿（2000，2004）就長期照顧準則提出 "5R" ，認為長期照顧涵蓋一系列的照護服務，而最終目的就是為長期失能者保有尊嚴，享有優質的生活。其5R為：

1.以合理之價格（right cost）。
2.在合適之場所（right place）。
3.由適當的服務者（right provider）。
4.在適當的時段（right timing）。
5.提供恰如所需之服務（right level of services）。

瑞典在1960年代就提出「在地老化」（ageing in place）的照顧理念；英國於1980年代開始將精神醫療領域之社區照顧概念應用在老人長期照顧上；美國也於1980年代受到醫療費用給付之衝擊後，至1990年「社區照顧」已逐漸蔚為老人長期照顧之主流政策。歐洲國家也大都在1990年時，讓老人接受居家或社區式照顧，其使用比率約為機構式照顧之2倍（OECD, 1996）。至於亞洲地區的日本，其機構式照顧資源之使用

遠高於社區式之資源，但為了因應其高齡之老人照護需求，自2000年4月
起實施「長期照顧保險」，接受介護服務之老年人中，已有62%使用居
家或社區式，只有38%失能老人使用機構式照顧（古治一好，2001）。
總之，高齡化先進國家近四十年在長期照顧發展過程中之經驗，均可成
為台灣地區推展長期照顧之借鏡。

第三節　台灣長期照顧體系之發展

一、我國長期照顧的推展目標

　　我國至1993年9月正式邁入高齡化國家之林，人口老化不斷在加速之
中（見**表9-1**）（行政院經建會，2009）。根據內政部統計處資料顯示，

表9-1　台灣老年人口成長比率

項目 時間	65＋		65－69		70－74		75－79		80＋	
	人數*	%**	人數*	%**	人數*	%**	人數*	%**	人數*	%**
1980	762	4.28	350	1.97	217	1.22	118	0.66	77	0.46
1990	1,264	6.21	545	2.68	346	1.70	222	1.09	151	0.74
1994	1,556	7.37	645	3.05	443	2.10	255	1.21	213	1.01
2000	1,895	8.52	665	2.99	572	2.57	375	1.69	283	1.27
2010	2,357	9.86	758	3.17	625	2.61	479	2.00	494	2.07
2020	3,460	13.83	1,397	5.58	831	3.32	568	2.27	664	2.65
2030	5,040	19.60	1,629	6.33	1,414	5.50	1,082	4.20	915	3.56
2036	5,607	21.65	1,538	5.94	1,490	5.75	1,242	4.80	1,337	5.16
2046	7,510	35.0	1,826	8.51	1,573	7.33	1,432	6.67	2,681	12.5
2056	7,616	39.5	1,508	7.82	1,562	8.10	1,614	8.37	2,932	15.2

＊以千人為單位。

＊＊占總人口的百分比。

資料來源：行政院經建會（2009）。

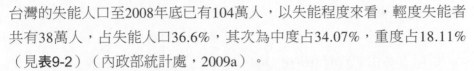

台灣的失能人口至2008年底已有104萬人，以失能程度來看，輕度失能者共有38萬人，占失能人口36.6%，其次為中度占34.07%，重度占18.11%（見**表9-2**）（內政部統計處，2009a）。

依據2000年12月底行政院主計處辦理之「戶口及住宅普查」報告顯示，估計台閩地區約有33萬8千餘人需要長期照顧，其中屬於65歲以上老年人口占53.9%，有18萬2,351人，占全體老年人口9.7%。又依據內

表9-2　全台失能人口統計

	總計	男	女
總計	1,040,585	599,664	440,921
極重度	117,033	60,309	56,724
重度	188,535	105,436	83,099
中度	354,579	207,082	147,497
輕度	380,438	226,837	153,601

資料來源：作者整理自內政部統計處（2009a）。「身心障礙者人數：障礙、縣市及年齡別」。網址：http://sowf.moi.gov.tw/stat/month/m3-05.xls。

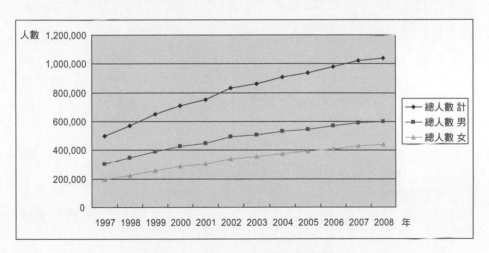

圖9-1　失能人口人數逐年趨勢

資料來源：作者整理自內政部統計處（2009a）。「身心障礙者人數：障礙、縣市及年齡別」。網址：http://sowf.moi.gov.tw/stat/month/m3-05.xls。

政部2005年委託辦理之「我國長期照顧財務制度規劃研究」（鄭文輝、鄭清霞，2007）報告顯示，預估2006年全人口當中具有「日常生活基本能力」（ADL: Activities of Daily Living）及「工具性日常生活功能」（IADL: Instrumental Activities of Daily Living）失能者人數合計達55萬餘人，預估2016年將達72萬餘人，總人數較2006年成長近30%，顯示長期照顧需求問題不容小覷（行政院經建會，2009）。而內政部統計2009年長期照顧服務需求人數有249,368人，2010年增為256,277人，2015年增加至310,083人，2020年將達到380,054人（內政部，2007，見**表9-3**）。

　　目前國內老人長期照顧工作，在行政上橫跨衛生及社政部門，長期照顧機構雖在1997年老人福利法修正時就放入該法的第二章第九條，

表9-3　台灣地區未來65歲以上長期照顧需求人口數推估

年份		僅IADL失能且獨居 合計（a）	ADL失能				長期照顧需求人口數總計（a+e）
			1-2項 ADLs 合計（b）	3-4項 ADLs 合計（c）	5-6項 ADLs 合計（d）	總計 （e=b+c+d）	
2009	男	2,004	25,893	16,052	58,248	100,193	102,197
	女	4,475	33,566	21,970	87,160	142,696	147,171
	計	6,480	59,459	38,022	145,408	242,888	249,368
2010	男	2,025	26,150	16,186	58,866	101,202	103,228
	女	4,645	34,820	22,783	90,802	148,405	153,050
	計	6,670	60,970	38,969	149,669	249,607	256,277
2015	男	2,274	29,551	18,138	66,490	114,179	116,453
	女	5,819	43,782	28,640	115,390	187,811	193,630
	計	8,093	73,332	46,778	181,880	301,990	310,083
2020	男	2,642	34,828	21,265	77,951	134,044	136,686
	女	7,156	54,969	36,040	145,203	236,212	243,368
	計	9,798	89,796	57,305	223,154	370,256	380,054

資料來源：內政部（2007）。「我國長期照顧十年計畫：大溫暖社會福利套案之旗艦計畫」。網址：http://sowf.moi.gov.tw/newpage/tenyearsplan.htm。上網檢索日期：2009年4月13日。

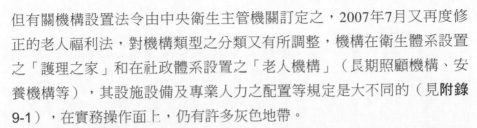

但有關機構設置法令由中央衛生主管機關訂定之，2007年7月又再度修正的老人福利法，對機構類型之分類又有所調整，機構在衛生體系設置之「護理之家」和在社政體系設置之「老人機構」（長期照顧機構、安養機構等），其設施設備及專業人力之配置等規定是大不同的（見**附錄9-1**），在實務操作面上，仍有許多灰色地帶。

為突破長期照顧分化的服務體系，1994年由內政部與衛生署成立跨部會小組，制訂「長期照顧中長程計畫」，政府部門以法規及獎助辦法鼓勵護理之家和老人養護機構大量林立，使得機構式照護資源迅速發展。1995年3月，全民健康保險開辦後，更將「居家護理」服務涵蓋在保險給付範圍中。1996年11月「護理之家」比照居家護理納入全民健保給付；1997年「立案養護機構及長期照顧機構」相繼比照居家護理也納入健保給付，「居家護理」服務遂成為居家或社區式之重要照護資源。行政院衛生署為推動長期照顧，也提出「老人長期照顧三年計畫」，以「整合性長期照顧服務網絡」為主要內容，並建立單一窗口的長期照顧模式為主軸，並成立「長期照顧管理示範中心」（行政院衛生署，1998）。不過在行政體系及長期照顧示範中心之內部，目前仍有許多問題與困難亟待解決與突破（阮玉梅、李孟芬、詹均，1999；蘇淑貞，2000）。目前國內機構式和社區式長期照顧的供需調查情形，見**表9-4**。

二、新世紀健康照護計畫

數量化目標乃希望推展「居家式」及「社區式」的長期照顧方向。居家式及社區式的照護在新世紀健康照護計畫中，預估可以年成長20%，亦即在整體發展方向以**社區式**長期照顧為主要模式，在長期照顧資源的發展目標，國內分為機構式照顧與社區式照顧，而這兩者間分布比重應為何，並無特殊的研究證明，但在1996年行政院衛生署科技顧問會議中，專家學者就依各國經驗討論出共識，機構式照顧資源與社

表9-4 「居家及社區式」、「機構式」長期照顧供需表

	1997年	1999年	2001年	2003年	2007年	2010年
需求數						
需長期照顧人數	106,211	110,150	179,577	---	245,511	270,324
需居家式及社區式長期照顧人數（70%估算）	74,347	77,315	53,873	---	171,857	189,227
需機構式長期照顧人數（30%估算）	31,863	33,135	53,873	---	73,653	81,097
「供給床數」（含私營的立案數）						
護理之家	1,120	5,657	9,720	12,438	22,733	24,573
社政養護、長期照顧機構	4,237	13,968	30,335	39,847	41,067	53,184
退輔會榮民之家	2,151	2,151	15,171	13,022	11,036	11,413
小計	7,508	21,779	55,226	65,307	74,052	89,170

資料來源：作者整理自內政部（2007），「我國長期照顧十年計畫：大溫暖社會福利套案之旗艦計畫」；及內政部統計處（2009b），「老人長期照顧、安養機構概況」等。

區式照顧資源為30%與70%的發展目標（中華民國長期照顧專業協會，2002）。至於在老人長期照顧三年計畫中，目前各縣市已普遍設置長期照顧管理示範中心，並完成作業規範運作手冊及相關專業訓練等。台灣地區的長期照顧機構和護理之家亦逐年成長，護理之家至2008年底止，也已有347家成立，病床總數為24,573床；居家護理部分的機構家數，至2008年底已有484家（行政院衛生署，2009，見**圖9-2**，**表9-5**）。

三、我國長期照顧計畫目標與願景規劃

由於國內人口老化問題的急速且嚴重，長期照顧計畫目標訂為：

1.綜合性：統籌衛生和社政資源。

2.多元性：增進民眾選擇權利。

3.社區化：營造社區式長期照顧資源發展的有利環境。

表9-5　台閩地區護理機構家數及病床數一覽表

地區別	家數			病床種類		
	護理之家	居家護理	日間照護	護理之家		日間照護服務量
				許可數	開放數	
台北市	14	31	0	1336	905	0
高雄市	35	30	1	1738	1738	1
基隆市	8	6	1	383	383	0
新竹市	6	7	0	246	236	0
台中市	18	25	2	1829	1609	60
嘉義市	11	11	1	1109	1031	0
台南市	14	8	2	987	814	0
台北縣	37	54	0	2017	1778	0
桃園縣	23	17	2	2437	1703	0
新竹縣	7	20	0	729	609	0
苗栗縣	8	16	0	493	453	0
台中縣	25	16	4	1746	1652	15
彰化縣	21	19	1	1778	1482	25
南投縣	13	11	0	936	936	0
雲林縣	11	28	2	661	561	0
嘉義縣	8	24	0	686	544	0
台南縣	28	24	0	1643	1437	0
高雄縣	27	31	0	1753	1516	0
屏東縣	15	30	0	872	796	0
宜蘭縣	7	17	0	451	381	0
花蓮縣	4	21	0	323	205	0
台東縣	5	21	0	336	272	0
澎湖縣	2	9	0	84	84	0
金門縣	0	5	1	0	0	0
連江縣	0	3	0	0	0	0
總計	347	484	17	24573	21025	101
97年11月底人口數：23,027,672						
床／每萬人口	9.13					

資料來源：引自行政院衛生署（2009）。「公告台閩地區護理機構資源」。網址：http://www.doh.gov.tw/CHT2006/DM/DM2_p01.aspx?class_no=211&now_fod_list_no=9172&level_no=1&doc_no=70185。資料截止日期：2008年11月30日。上網檢索日期：2009年3月3日。

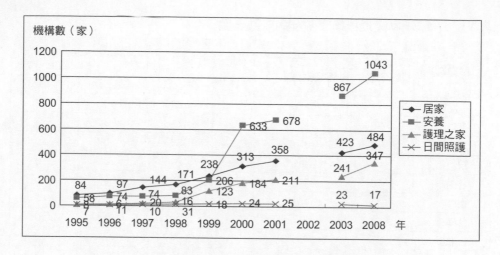

圖9-2　1995至2008年台閩地區長期照顧機構歷年成長

註：1.安養數值包含安養護機構、榮家安養護機構及長期照顧機構（2008年底）的
　　　家數。

　　2.護理之家數值包含護理之家機構、榮家護理之家機構的家數。

　　3.2002、2004至2007年無統計數據資料。

資料來源：中華民國長期照顧協會（2006b）及行政院衛生署（2009）。

4.人性化：優先提供居家支持服務。

5.效率化：建立管理機制。

6.可近性：研議長期照顧財務機制。

至於政府工作願景在近程、中程、長程分別訂定目標。其內容如**表
9-6**：

我國老人長期照顧計畫是屬於**社會投資**（social investment），也是
社會服務的一種，短期內可能還看不到明顯效果，尤其長期照顧體系必
須有更多重要環節的整合協調，並從上游、中游至下游一一加以連結，
民眾才能獲致連續性及完整性的福利服務。

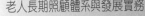
表9-6　政府長期照顧計畫工作願景：近程、中程、長程分別之目標

近程	1.進行長期照顧需求評估 2.均衡護理之家資源 3.鼓勵增設失智症護理之家及日間照護 4.擴大喘息服務的補助 5.建立績優護理機構獎勵辦法 6.建立長期照顧相關人員留任措施 7.擴大建立整合性服務網絡
中程	1.營造有利居家社區式設施發展環境 2.各類長期照顧機構簡併 3.檢討全民健康及急性後期給付制度
長程	1.將現行分立且行政權力不對稱的衛生部門（行政院衛生署）和福利部門（內政部社會司）合併，成立衛生福利部或福利衛生部 2.規劃長期照顧保險

資料來源：作者整理製作。

 第四節　照顧服務產業與國家建設之融合

　　1997年「老人福利法」修正通過後，已對長期照顧發展更向前推進一大步，同年，衛生署也發表「衛生白皮書──跨世紀衛生建設」，提出長期照顧發展重點在健全發展長期照顧體系，並以居家或社區式長期照顧為主，而機構式照護服務為輔。2007年此次的修法精神，除將1991年「聯合國老人綱領」中制訂之五項要點：獨立、參與、照顧、自我實現、尊嚴，列為老人福利推動原則外，亦將包括：「權責分工、專業服務」、「促進經濟保障」、「在地老化、社區化服務」、「多元連續性服務」、「促進社會參與」、「強化家庭照顧支持」、「強化老人保護網絡」等七大原則納入制度設計架構之中，並依此規範子法修訂方向，以落實母法建立完善的老人福利之制度設計。

　　行政院經濟建設委員會也在同年將長期照顧納入「跨世紀國家建設計畫」，長期照顧至此納入國家建設計畫，並對長期照顧之發展提出五項原則：

　　1.整合性。

　　2.社區化。

　　3.人性化。

　　4.公平性。

　　5.自主性。

　　由於中央政府在政策面之宣示，使得長期照顧資源迅速發展，但是這些蓬勃發展之照護資源彼此之間卻缺乏銜接性，因此衛生署又於1998年提出「老人長期照顧三年計畫」，以及由內政部提出「老人照護安養方案」，兩者均由政府編列預算，以積極辦理獎勵與補助，進行老人長期照顧的整合發展工作。行政院社會福利推動小組於2000年底，又再度推動「建構台灣長期照顧體系先導計畫」，期程為三年，乃參考世界各國發展長期照顧之經驗，進行我國長期照顧體系建構之前置作業，並同步進行實驗社區式長期照顧的試辦計畫，規劃評估長期照顧制度的合理財務機制（吳淑瓊，2000）。人口老化也創造出許多新興產業的機會，2002年行政院經濟建設委員會就會同內政部、衛生署、勞委會、農委會及輔導會共同規劃「照顧服務產業」，此方案並經行政院列為「挑戰2008：國家發展重點計畫（2002至2007）」中推展第十項計畫「新故鄉社區營造」之子計畫之一（行政院經建會，2002）。

　　「照顧服務產業」方案之推展，乃鑑於國內高齡化社會之需求，提供失能國民身體和日常生活照顧服務，並以專業化、企業化之方式，藉提高國民就業率為目標。初期預估在三年內要創造兩萬個就業機會，未來將逐步擴展至其他對象，以建立完整的福利產業，進而全方位拓展就業機會。此方案雖以解決國內中高齡失業為終極目標，但對長期照顧工作的推展而言，確有助於社區式照護資源之累積。政府為了有效推動「照顧服務產業」方案，所訂定之具體措施包括：

　　1.建立照顧服務管理機制，加強服務輸送系統。

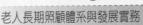
2.引進民間參與機制，充實多元化照顧服務支持體系。

3.全面提升照顧服務品質，保障服務使用者權益。

4.健全照顧服務人力培訓與建立認證制度，促進照顧服務專業化。

5.配合本國照顧服務產業發展，適度調整外籍監護工之引進政策。

6.相關法規鬆綁及措施調整，排除民間參與障礙。

7.推動溝通及宣導工作，建立照顧服務資源網絡。

而照顧服務產業方案之預期效益包括：

1.建構多元化照顧服務體系。

2.促進人力資源有效運用。

3.照顧經濟效益極大化。

　　總之，此方案除有助於積極開發社區照護資源，及運用社區居民之積極參與力量來照顧社區失能老人外，未來所發展之社區照護資源可以邁向更具地方人文色彩，融合社區文化價值觀，有利於逐步落實「福利社區化照護」，讓「在地老化」（ageing in place）的理念和目標能在台灣本土落實。

　　先進國家的長期照顧體制的發展以社區照顧模式運作，而社區照顧的主要目的基本上有下列幾點（甘炳光，1993；呂寶靜，1997；陳燕禎，1999；黃源協，2001；Walker, 1982）：

1.去機構化或轉機構化，即非醫院式的照顧。

2.即使長期必須生活在機構中，也要有「似家」（home care）的自由和溫暖感。

3.儘量讓老人能生活在熟悉、有安全感的社會網絡中。

4.鼓勵更多的家庭和非正式的志願組織提供溫暖的照護服務。

5.減少政府財政的負擔。

6.福利混合經濟模式（mixed economies of welfare）的發展。

事實上，目前老人長期照顧在台灣地區一直存在著三大體系，即：(1)
醫療照護體系；(2)社會福利體系；(3)輔導會體系（李孟芬，2002）；若加
上以農村人口老化為主的農委會和以外勞照顧為主的勞委會，共有五大部
門的資源投注在此領域中，各體系之服務模式都各有不同，見**表9-7**。

表9-7　我國長期照顧服務體系及其服務模式

內容說明項目 服務體系		醫療照護體系	社會福利體系	退輔會體系	其他服務體系		
主管機關		1.中央：衛生署 2.地方：衛生局、衛生所	1.中央：內政部社會司 2.地方：社會局	退輔會及其所屬機構	勞委會	農委會	經建會
服務類型	機構式	1.護理之家 2.慢性病床	1.安養機構 2.養護機構 3.長期照顧機構	1.榮民醫院 2.榮民之家 3.自費榮民之家	--	農村試辦養護機構	統籌「照顧產業」方案
	社區式	日間照護	1.日間托老 2.外展服務（out reach）	--	--	農村日間照護或托老服務試辦計畫	
	居家式	居家護理（含護理、物理、職能、營養及口腔照護）	居家服務	--	外籍家庭監護工服務	生活照護服務	
	支持式	1.機構式 2.喘息服務	1.居家式喘息服務 2.問安電話 3.醫療輔助 4.生命連線 5.送餐服務 6.老人保護專線	--	照顧產業居家服務之人力推動，解決中高年齡失業問題，照顧服務員丙級技能檢定	--	
	聯結式服務	個案管理長期照顧資源管理示範中心	居家支援中心	--	--	--	
	特殊照護服務	安寧療護機構、植物人照護機構、呼吸器依賴之照護（居家及機構式）	老人失智症照護機構	失智症照護機構	--	--	

資料來源：作者整理。

老人疾病知多少？

　　老人幾乎與「疾病」脫離不了關係，而究竟老年人罹患各種慢性病的狀況為何呢？以筆者所服務的老人日托中心為例（94年度），罹患一種疾病者占26%、兩種者占29%、三種者占14%、四種以上者占31%，而其所罹患的疾病以中風的比例最高，占36.7%，其他依序是失智傾向（33.3%）、糖尿病（30%）、高血壓（30%）、心臟疾病（23.3%）；更進一步看，老人可能有失智傾向或失智症診斷的人數，兩者合併之後，則整體日托中心有46.6%老人，可能正遭遇失智症之疾病（詳見**附表1**）。

附表1　日托中心老人健康狀況（複選）

類別	次數	百分比	類別	次數	百分比
中風	11	36.7	退化性關節炎	2	6.7
失智傾向	10	33.3	白內障	2	6.7
失智症	4	13.3	失眠	2	6.7
糖尿病	9	30.0	氣喘	1	3.3
高血壓	9	30.0	青光眼	1	3.3
心臟疾病	7	23.3	泌尿系統疾病	1	3.3
胃疾	4	13.3	食慾不振	1	3.3
重聽	3	10.0	腎臟病	1	3.3

註：失智傾向是根據家屬陳述與第一線照顧工作人員之觀察，老人有記憶力
　　衰退，時間、定向不清楚等，但尚未進入正式醫療服務系統。

　　在護理之家老人的健康方面，有47%的老人同時罹患兩種慢性病，53%的老人同時罹患三種及以上的慢性病。根據**附表2**的資料顯示，老人有中風、高血壓的比例最高，占60%，其他依序是糖尿病（40%）、心肺疾病（26.7%）。

附表2　護理之家住民健康狀況（複選）

類別	次數	百分比	類別	次數	百分比
中風	9	60.0	重聽	2	13.3
高血壓	9	60.0	失智症	1	6.7
糖尿病	6	40.0	腎臟病	1	6.7
心肺疾病	4	26.7	白內障	1	6.7
胃疾	3	20.0	青光眼	1	6.7
泌尿系統	2	13.3			

資料來源：作者實務案例整理。

第五節　台灣長期照顧資源分析

　　長期照顧問題事實上是家庭照護的問題，因此，發展長期照顧體系，除考量失能者的實際需要之外，更要支持家庭主照顧者能繼續扮演照顧的角色，以延緩失能者住進機構式照顧的時間，所以如何維護既有的家庭照護體系與功能，是當前推展工作的重點。

　　依台灣官方資料顯示，失能者的年齡多發生在60歲以後，占95.7%，尤其以65至69歲年齡層發生比例最高，這些無自我照顧能力的老人，91.4%住在一般家中，其中又以家人照顧的比例最高，占家中照顧的91.7%；而機構照顧僅占8%且分散於醫院、療養及安養機構，但此一比例已逐年攀升，至1996年官方之調查，機構式照顧已增至10.3%。至於由家庭提供照顧的比例91.7%中，其主要照顧者為「配偶」（尤其是妻子），其次是媳婦、兒子與女兒，多以女性照護者為主（內政部，2004）。家庭照顧者在照顧長期失能老人中，面臨了極大的心理及生理的壓力與負擔，此於國內外研究中常被提出，且受政府相關的重視，而若將其影響之壓力概分為三類，其中影響最大的是「社會」與「心

理」兩大層面，影響最小的是「經濟」層面，故家庭之照顧的問題，也是在長期照顧的政策上必須關心的層面，如目前推展喘息服務（respite service）三、四年了，但因政策經費短絀，因此無法大量提供此服務輸送，使得需要的家庭無法受惠。

一、幫助老人儘量留在家中照顧

「如何幫助人們儘量獨立在家」，也是英國政府及健康部門積極推動社區長期照顧及減少照護成本的重要目標（DOH, 2000a, 2000b），其服務項目正可供國內發展之參考：

1. 由家庭照護服務和個人自我協助（幫助個人和家庭的需求）。
2. 自己不能炊食者提供送餐服務（meals on wheels）。
3. 提供為障礙者服務。
4. 家裡設施及設備的改善，以增加個人的適應能力。

推展社區式的長期照顧或由家庭提供長期照顧之選擇，必須考慮下列數項要點（Anthea, 2000）來進行評估：

1. 可近性（feasibility）。
2. 可接受性（acceptability）。
3. 成果（effectiveness）。
4. 經濟成本（economics costs）。

另外，社區式的長期照顧之原則如下：

1. 促進獨立性（promotion of independence）。
2. 促進正常化（normal）的生活方式。
3. 以對抗長期照顧者被烙印的生活方式。
4. 從剝削中獲得應有的安全（safety）和自由（freedom）的權利。

5.能即時反應長期照顧者（個人）的喜好和選擇（choices）。

6.此照護方式對個人生活狀況必須是不會變壞的（worsen）。

二、運用新科技力量進入長期照顧服務系統

　　老人照顧數位家庭發展的新趨勢，就是必須吸取國外經驗，並與科技業者合作，落實跨領域整合服務。日本在2000年11月提出資訊科技基本戰略，建立全國性的網路基礎建設，也正式揭開日本資訊科技發展的新紀元。日本更於2004年6月推出"u-Japan"計畫，將日本帶入一個全面性連網的時代。 日本政府推動u-Japan計畫結果，使得各大企業皆以「安心安全」為產業發展的口號，相關的產品與服務發展獲得重視，這些新產品及服務為提升日本民眾的生活福祉為依歸，並已應用於老人及小孩照顧身上，落實數位家庭的概念。所以，運用「科技」來改善失能者的生命品質與增進健康照護的效率，已成為高齡化社會的新產業發展重心。人口老化雖帶來已開發國家成本（costs）支出的不斷增加，但改善健康照護卻是每個國家重視個體生命品質的核心（Frenk, 1994），所以，照顧服務提供者已有醫院、醫生、藥局、復健、營養、社工、志工和科技研發等部門，並已成為國際化的照顧團隊系統（Peet, 1991）。Robin（2000）曾表示社區照顧若以「科技」為核心，將產生「三合一」的效果，受惠者有正式部門照顧者、非正式部門照顧者及服務使用者三者。

　　台灣地區由於婦女就業率增加，雙薪家庭日益普遍，因此傳統的家庭功能已面臨照護人力嚴重短缺的問題，加上全民健康保險的實施與老人生活費用逐漸獨立等因素，已無形提高機構照顧的危險因子，因此社區式或居家式的長期照顧模式勢必成為當前危機下的出路，因此借用新科技力量介入居家式長期照顧之使用，將成為不可避免之趨勢（陳燕禎，2004）。中國文化極注重家庭觀念，家庭一直扮演長期照顧的重要

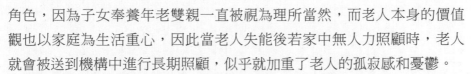

角色，因為子女奉養年老雙親一直被視為理所當然，而老人本身的價值觀也以家庭為生活重心，因此當老人失能後若家中無人力照顧時，老人就會被送到機構中進行長期照顧，似乎就加重了老人的孤寂感和憂鬱。

Hagerty和Williams（1999）研究指出，老人憂鬱和孤寂感，與社會支持和社會網絡具有相關性，在機構中就有64%的憂鬱個案會出現孤寂感和社會支持的缺乏。根據我國官方統計，住在長期照顧機構的老人於1986年占0.78%，到1996年已占0.90%，此十年間增加不多，但至2000年則已大幅增加至5.59%，而2008年占2.00%（內政部統計處，1996，2000，2009c）。而2008年住在長期照護、安養機構的老人占1.59%（內政部統計處，2009b），由此顯示出家庭結構改變，以及在家庭照顧的沉重壓力下，將失能者送到機構照護的比率也越高，但大多數的長期失能者還是在家中被照顧的，因此藉由科技力量確實可解決一部分家庭照顧者的負荷和人力資源問題，且更重要的是，可以讓失能老人借助科技產品跟外界社會互動。新科技產品介入照顧系統，將是未來對一個長期失能者重要溝通的媒介，其運用將對老人本身、照顧者及機構三者都能獲益。台灣地區長期照顧的需求市場已是可預見的未來，因此若忽略當前最主要的家庭照顧者的資源和需求問題，以及照顧資源的市場開發，（如科技產品的力量），將對社區式長期照顧制度的發展產生更多阻礙。

在外公房間尋寶

　　不久前，我寫過一篇《外公的房間是金庫》，說外公喜歡到處藏錢或金飾。當時他還很健康，我把刊登出來的文章念給他聽，他還笑著對我說：「將來外公死了，你們都來挖寶，誰找到就給誰。」

　　沒想到兩個月前，外公在睡夢中往生，辦完他老人家後事，全家

人在外公房間尋寶的時刻真的來臨。

小舅分派尋寶工作，我和大表哥負責外公的衣櫥，姊姊和表姊負責外公的書桌及書櫥，兩個表弟負責搜索外公的鞋子、襪子，姨媽、小舅仔細翻外公的枕頭、棉被。

約十分鐘後，大表哥在外公的一件大衣裡摸索，突然驚叫：「我找到一枚戒指。」「哇！真的耶！」大家更加起勁地搜索，希望找出更多寶物。

「我找到一條金項鍊。」「這裡有五千塊。」「哇！外公的鞋子裡有一枚印章。」「我找到外公的……」「我找到……」驚叫聲此起彼落。一個上午，我們在外公的房間，總共找到八條金項鍊、十五枚金戒指和五萬多元現金。

下午，小舅帶著大家和所有尋找到的東西，一起到外公墓前燒香拜拜，告知外公他分配外公遺物的情形，因為外公比較疼女兒和孫女，家中女生每人分到一條金項鍊和一枚戒指，男生每人分得一枚戒指和五千元現金；剩下的東西和錢，全數捐給慈善機構。

望著外公留給我的金戒指，我覺得很難過，因為外公一生節儉，從不亂花錢，他把自己所有的財產都留給子孫。外公，謝謝您！

資料來源：文文（2009）。《聯合報‧E4版‧繽紛》。2009年2月4日報導。

第六節　台灣長期照顧制度發展之省思

一、整合社政與衛政資源，強化照顧管理體系

台灣目前不管在社會福利部門或衛生部門，在長期照顧的發展目

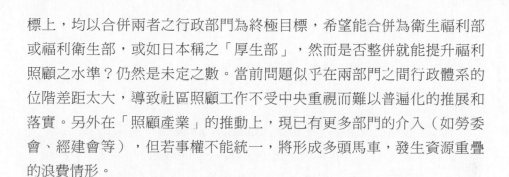

標上，均以合併兩者之行政部門為終極目標，希望能合併為衛生福利部或福利衛生部，或如日本稱之「厚生部」，然而是否整併就能提升福利照顧之水準？仍然是未定之數。當前問題似乎在兩部門之間行政體系的位階差距太大，導致社區照顧工作不受中央重視而難以普遍化的推展和落實。另外在「照顧產業」的推動上，現已有更多部門的介入（如勞委會、經建會等），但若事權不能統一，將形成多頭馬車，發生資源重疊的浪費情形。

二、結合科技力量，並建立多元照顧管理團隊

英國政府曾為落實人性化的長期照顧的社區政策，將「科技」引進，以科技整合列為其今後發展長期照顧之重點。「工欲善其事，必先利其器」，「科技」在長期照顧的介入，是具有多方獲益的功能，使用者、正式部門照顧者和非正式部門照顧者同時雨露均霑。然而台灣目前對於長期照顧或銀髮產業市場未見投入，這也是當前要落實社區照顧或福利社區化的難題之一，故所謂的社區照顧政策恐只是政府應有照顧責任的**撤退藉口**，最後又淪為傳統的家庭照顧罷了。長期照顧工作是一個永不停止的照護，它必須有**照顧管理**（care management）計畫的配套措施，才能提供**無縫隙**（seamless）的完善服務，並由照顧管理者進行**包裹**（package）服務的需求評估與設計。照顧管理是以結合資源為主要內涵，因此在照護管理的搭配下，才能結合運用社區力量，爭取社區的支持和接納，而非社區遺棄或社區排斥。長期照顧工作絕對不容許有灰色地帶，它必須是一個連續性的照護體系的提供，因**單一窗口**（one door）服務和跨專業團隊的建立是必要的運作機制，否則將流於形式和空談。

三、建立以使用者為中心的社區照顧模式

社區式的長期照顧理念是讓使用者在熟悉的環境裡，提供人性化、溫馨化的照護服務。英國學者曾指出四種社區照顧實務運作模式：

1.以經理管理者為中心的模式（manager model）。
2.以專業化人員為中心的模式（professional model）。
3.以照顧者為中心的模式（carer model）。
4.以使用者為中心的模式（user model）（陳燕禎，1999）。

此四種模式又「以使用者」（user）為主流取向，積極倡導使用者的使能（enable）和充權（empowerment）的福利理念，然後再依據社區之環境結合其他三種模式融合運作。台灣就此社區照顧政策而言，仍處在殘補式（residual）、消極性的機構安置照顧，且照顧工作以基本的生理滿足或身體清潔為主，在老人心靈及權利層面的福祉仍未被普遍重視。雖然最近國內學者專家的大力倡導已見政府重視，在政策方面也有顯現些微的成果，然而在整個實務工作上仍然零碎且緩慢，未見從中央到地方政府對此政策有一貫性的同步作業，讓人感覺似乎在交差或表面應付的居多，故這中間要檢討的是社區照顧政策，在台灣社會或其民族性下的可行性。

四、規劃長期照顧保險制度，研議財務處理機制

「老人長期照顧三年計畫」已成功的建置台灣長期照顧體系的雛形，並逐步邁向30%機構照顧的設施，和推展70%社區化照顧服務的目標，然而當前此計畫存在的迫切問題為：

(一)相關資料庫的需建立

失能者的相關資料是建構長期照顧資源、服務提供、財務支持等策略之重要依據；目前國內急需建置全國長期照顧的供需資料庫，以做為研擬長期照顧保險制度的實證基礎。

(二)資源分布不均

在居家及社區式照顧方面，此三年計畫之前預估需要居家及社區式照顧人數約77,315人（70%），但目前僅提供36,000人之服務，約僅滿足四成五失能者的需要（行政院經建會，2009）。究其原因，乃缺乏周邊配套設施的支持，以及我國長期以來引導的照顧趨勢是「重機構、輕社區」（蔡闓闓，2002）。因此必須繼續擴大推展居家照顧及喘息服務（respite care service），並優先獎勵醫院或護理之家提供「日間照顧」服務，以延長失能老人留居所熟悉之社區。

(三)欠缺財務機制的建置

財務機制的建置可促使資源以及服務正常發展，也有助於「在地老化」的落實，就此應通盤整體檢討所有急性醫療後期給付與社福救助補貼等措施，包括推動出院準備居家照護、居家呼吸照顧、居家安寧療護等各方面的給付，加強急性醫療與長期照顧之銜接機制，以減少長期照顧個案誤用急性醫療資源，使急慢性醫療資源達到最適當使用的目的，讓生活照顧部分由社會福利資源來支持，並引導長期照顧資源多元發展，鼓勵民間參與經營，以「醫療保健及照顧服務」為核心，並建立溝通平台，以便串聯相關照顧產業的合作互動。

他們不是親人，但比親兄弟還親，83歲及92歲的爺爺互相扶持之情景，令人感動

照片提供：作者攝於桃園榮民之家。

大學生至機構服務學習，和老人聊天互動愉快

照片來源：作者攝於桃園眾生護理之家。

藉由大學生帶領老人的團體活動，達到老人復健及娛樂的效果

照片來源：作者攝於桃園榮民之家。

第七節　結論：建立公私部門夥伴關係的服務輸送

　　老人健康照護的最終目的，不只在於延長其壽命，更希望老人能擁有高品質且有尊嚴的生活。長期照顧工作絕非能由政府部門能獨立完成，必須依賴與民間的合作，整合跨專業工作團隊的緊密能量，才能提供長期照顧的連續服務，進而促進社區健康營造，落實社區照顧政策。我們期待能藉由先進國家對長期照顧政策的措施，來發展我國長期照顧政策，使我們國家的年老長者或失能者皆能夠享有「適時、適地、適人」的「三適服務」，擁有高品質且人性化的健康。

　　健康問題已是整個家庭、社會、國家的問題，它是不可分割的2C（cure：治療；care：照顧），由「cure（治療）到care（照顧）」必須是一個「連續體」的照顧概念。已開發國家對健康照顧所關心的是如何抑制成本的上揚；開發中國家則關心如何維持預算及提升實現（health for all）的政策，而對台灣而言，長期照顧是迫在眉睫，因為整個長期照顧所面對的時間是凝結而延長的，因此老年人的虛弱或失能者的臥床，必須有一套整合性的照顧政策和跨專業團隊管理，除在衛生與社政部門

及其他相關部門的資源必須協調整合之外，亟需建立公部門與私部門的夥伴（partnership）關係，以整體醫療保健和社會服務的團隊模式進行服務輸送，並且這個團隊的服務模式必須是：以「人」為優先（people first），「失能」次之（disabled second）的理念出發，，才能呈現長期照顧的績效和人類長壽的生活品質。

問題與討論

一、長期照顧服務的定義為何？

二、長期照顧準則提出的 "5R" 是指什麼？

三、台灣長期照顧計畫的目標有哪些？

四、先進國家的長期照顧體制發展是以「社區照顧模式」運作，而社區照顧的主要目的有哪些？

五、長期照護保險開辦可能產生之影響為何？試申論之。

參考文獻

一、中文部分

中華民國長期照顧協會（2006a）。《台閩地區機構式照護家數與床數分布表：依機構類別分》。台北：中華民國長期照顧協會。

中華民國長期照顧協會（2006b）。《台閩地區護理之家機構床數歷年成長圖（1995至2003年）》。台北：中華民國長期照顧協會。

中華民國長期照顧專業協會（2002）。《建立台閩地區失能老人機構照護供給資源分布現況：先驅性研究》。台北：內政部委託研究。

內政部（2004）。《2000年台閩地區身心障礙者生活需求調查提要報告》。台北：內政部。

內政部（2007）。《我國長期照顧十年計畫：大溫暖社會福利套案之旗艦計畫》。台北：內政部。

內政部統計處（1996）。《中華民國八十五年老人狀況調查報告》。台北：內政部統計處。

內政部統計處（2000）。《中華民國八十九年老人狀況調查報告》。台北：內政部統計處。

內政部統計處（2006）。《中華民國九十四年老人狀況調查摘要分析》。台北：內政部統計處。

內政部統計處（2008）。《九十七年第六週內政統計通報：96年底列冊身心障礙者人數統計》。台北：內政部統計處。

內政部統計處（2009a）。《身心障礙者人數：障礙、縣市及年齡別》。台北：內政部統計處。

內政部統計處（2009b）。《老人長期照顧、安養機構概況》。台北：內政部統計處。

內政部統計處（2009c）。《九十八年第十一週內政統計通報：九十七年底老人長期照顧及安養機構概況》。台北：內政部統計處。

文文（2009）。〈在外公房間尋寶〉，《聯合報》，2009年2月4日，E4繽紛版》。

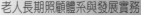

古治一好（2001）。〈日本介護保險實施現況〉。《日本公共介護保險制度施行》，發表於2001年4月衛生署主辦研討會。

甘炳光（1993）。《社區支援網絡介入策略的實踐：獨居老人服務計畫》。香港：集賢社。

行政院主計處（2000）。《台閩地區戶口及住宅普查初步綜合報告》。台北：行政院主計處。

行政院經建會（2002）。《照顧服務產業發展方案》。台北：行政院經濟建設發展委員會。

行政院經建會（2009）。《中華民國台灣地區民國84年至民國145年人口推計》。台北：行政院經濟建設發展委員會。

行政院衛生署（1998）。《老人長期照顧三年計畫》。台北：行政院衛生署。

行政院衛生署（2009）。《台閩地區護理機構家數及病床數一覽表》。台北：行政院衛生署。

吳淑瓊（1999）。〈台灣長期照顧展望〉，《社區發展季刊》，第88期，頁162-167。

吳淑瓊（2000）。《建構台灣長期照顧體系先導計畫》。台北：行政院。

呂寶靜（1997）。〈老人社區照顧模式之研究〉。內政部社會司研究報告。

李孟芬（2002）。〈長期照顧體系〉，載於陳惠姿主編，《長期照顧實務》。台北：永大書局。

阮玉梅、李孟芬、詹均（1999）。〈我國長期照顧管理示範中心現況之分析〉，《長期照顧雜誌》，第3卷第1期，頁14-27。

陳惠姿（2004）。〈緒論〉，《長期照顧實務》。台北：永大書局。

陳燕禎（1999）。〈老人社區照顧之運作模式〉，載於台灣師範大學主編，《高齡者學習權與教育權》，頁109-129。台北：師大書苑。

陳燕禎（2004）。〈台灣地區老人長期照顧模式發展之探討〉，《全球華人孝親敬老研討會論文集》，頁130-144。主辦單位：中國老齡事業發展基金會、香港社會服務發展研究中心、香港大學秀圃老年研究中心、香港特別行政區安老事務委員會。香港。

陳韻宜（2008）。《老人機構提供醫療服務模式之探討：以桃園地區為例》。桃園：元智大學社會暨政策科學研究所碩士論文。

黃源協（2001）。〈社區照顧服務輸送模式之探討〉，《社會政策與社會工作學刊》，第4卷第2期，頁179-219。

蔡誾誾（2002）。〈長期照顧政策與發展規劃〉，載於陳惠姿主編，《長期照顧實務》。台北：永大書局。

鄭文輝、鄭清霞（2007）。〈我國長期照顧制度的費用估算與財務處理〉。《台大社工學刊》，第15期，頁167-218。

蘇淑貞（2000）。〈新世紀長期照顧政策現況與展望〉，《2000年長期照顧專題演講講義》。中華民國長期照顧專業協會主辦。

二、英文部分

Anthea, T. (2000). *Are Alternatives to Family Care for Older People A Realistic Option*. In UK & SINGAPORE Seminar on Health Care for the Elderly UK Administration Press.

DOH (2000a). *The NHS Plan: The Government's Response to the Royal Commission on Long Term Care*. Presented to Parliament by the Secretary of Stete for Health By Command of Her Majesty. http://nhs.uk/natiuna/plan/longtermcare.pdf.

DOH (2000b). *Better Care, Higher Standards: A Charter for Long Term Care*. London: DOH.

Frenk, J. (1994). 'Dimensions of health system reform'. *Health Policy, 27(1)*, 19-34.

Hagerty, B. M. and Williams, R. A. (1999). 'The effects of sense of belonging, social support, conflict, and loneliness on depression'. *Nursing Research, 48(4)*, 215-219.

Jack, R. (1998). 'Institutions in community care'. In. R. Jack (ed.), *Residential Versus Community Care-The Role Institutions in Welfare Provision*, pp.10-40, London: Macmillan.

Kane, R. A. and Kane, R. L. (1987). *Long-Term Care: Principles, Programs, and Policies*. NY: Springer.

McCall, N. (2000). 'Long term care: Definition, demand, cost, and financing'. In Nelda McCall, *Who Will Pay for Long-Term Care: Insights from Partnership Programs*. Chicago: Health Administration Press.

Moore, S. (1993). *Social Welfare Alive*. Cheltenham: Stanley Thornes.

Organization for Economic Cooperation and Development (OECD)(1996). *Social Policy: Caring for Elderly People*. France: Head of Publication Services.

Peet, J. (1991). 'Health care: The spreading sickness'. *The Economist, July 6*, 3-18.

Robin. B. (2000). *Housing and Care for the Silver Revolution*. In UK & Singapore Seminar on Health Care for the Elderly UK Slide Presentations.

Stone, R. (2000). *Long-Term Care for the Elderly with Disabilities: Current Policy, Emerging Trends, and Implications for the Twenty-First Century*. NY: Milbank Memorial Fund.

Tester, S. (1996). *Community Care for the Older People: A Comparative Perspective*. London: Macmillan.

U.S. Census Bureau (2009). "U.S. and World Population Clocks POPClocks". Home Page: http://www.census.gov/ipc/www/idb/worldpop.html.

United Nations (2000). *Long-Range World Population Projections: Based on the 1998 Revision*. The Population Division, Department of Economic and Social Affairs, United Nations Secretariat.

Walker, A. (1982). 'The meaning and social division of community care'. In A. Walker (eds.), *Community Care-The Family, the State and Social Policy,* pp.13-39, London: Basil Blackwell & Martin Robertson.

附錄9-1　老人福利機構設置規定之比較

分類	衛政體系	社政體系				
類別	**護理之家**	**長期照顧機構**			**安養機構**	**其他老人福利機構**
		長期照護型	**養護型**	**失智照顧型**		
服務對象	1.罹患慢性病需長期護理之病人 2.出院後需繼續護理之病人	以罹患長期慢性病,且需要醫護服務之老人為照顧對象	以生活自理能力缺損需他人照顧之老人或需鼻胃管、導尿管護理服務需求之老人為照顧對象	以神經科、精神科等專科醫師診斷為失智症中度以上、具行動能力,且需受照顧之老人為照顧對象	以需他人照顧或無扶養義務親屬或扶養義務親屬無扶養能力,且日常生活能自理之老人為照顧對象	提供老人其他福利服務
病患評估原則	1.對其服務對象,應於收案四十八小時內,由醫師予以診察 2.應依病人病情需要,至少每月由醫師再予診察一次	1.對所照顧之老人,應由醫師予以診察;並應依老人照顧需要 2.至少每個月由醫師診察一次				
主管單位	衛生主管機關	社會福利主管機關	社會福利主管機關	社會福利主管機關	社會福利主管機關	社會福利主管機關
申請資格限制	公立、私立(財團法人、獨立型態)	公立、私立(財團法人、小型)	公立、私立(財團法人、小型)	公立、私立(財團法人、小型)	公立、私立(財團法人、小型)	公立、私立(財團法人、小型)
規模(床數)	1.平均每床應有16平方公尺以上(不包括車庫及宿舍面積) 2.設有日間照護者,按登記提供服務量計,平均	1.按收容老人人數計算,平均每人應有16.5平方公尺以上 2.樓地板面積,平均每人應有7平方公尺以	1.大型:樓地板面積,以收容老人人數計算,平均每人應有16.5平方公尺以上 2.小型:其樓地板面積以	1.按收容老人人數計算,平均每人應有16.5平方公尺以上 2.平均每人應有7平方公尺以上。每一寢室以服	1.大型:收容人數五十人以上、三百人以下為原則。樓地板面積,以收容老人人數計算,平均每人應有20	室內樓地板面積不得少於200平方公尺,並應具有下列設施: (1)辦公室、社會工作室或服務室 (2)多功能活動

（續）附錄9-1　老人福利機構設置規定之比較

分類	衛政體系	社政體系				
類別	護理之家	長期照顧機構			安養機構	其他老人福利機構
		長期照護型	養護型	失智照顧型		
規模（床數）	每人應有10平方公尺以上（不包括車庫及宿舍面積）	上。每一寢室至多設六床 3.照護區走道淨寬至少140公分。走道一側有居室者，淨寬至少160公分	收容老人人數計算，平均每人應有10平方公尺以上	務一人為原則	平方公尺以上 2.小型：樓地板面積以收容老人人數計算，平均每人應有10平方公尺以上	室 (3)教室 (4)衛生設備 (5)其他與服務相關之必要設施
醫師	視業務需要得置專任或特約醫師	視業務需要得置專任或特約醫師	視業務需要得置專任或特約醫師	視業務需要得置專任或特約醫師	視業務需要得置專任或特約醫師	視業務需要得置專任或特約醫師
護理人員	1.每十五床至少應有一人 2.二十四小時均應有護理人員值班 3.設有日間照護者，按登記提供服務量，每登記提供二十人之服務量，應增置一人	1.隨時保持至少有一人值班 2.每照顧十五人應置一人；未滿十五人者，以十五人計 3.設有日間照顧者，每提供二十人之服務量，應增置一人	1.隨時保持至少有一人值班 2.每照顧二十人應置一人未滿二十人者，以二十人計	1.隨時保持至少有一人值班。每照顧二十人應置一人 2.未滿二十人者，以二十人計	隨時保持至少有一人值班。	1.大型：隨時保持至少有一位護理人員值班 2.小型：得以專任或特約方式辦理，隨時保持至少有一位護理人員值班
藥師	視業務需要得以專任或特約方式辦理	視業務需要得以專任或特約方式辦理	視業務需要得以專任或特約方式辦理	視業務需要得以專任或特約方式辦理	視業務需要得以專任或特約方式辦理	視業務需要得以專任或特約方式辦理
物理治療人員	視業務需要得以專任或特約方式辦理	視業務需要得以專任或特約方式辦理	視業務需要得以專任或特約方式辦理	視業務需要得以專任或特約方式辦理	視業務需要得以專任或特約方式辦理	視業務需要得以專任或特約方式辦理

（續）附錄9-1　老人福利機構設置規定之比較

分類	衛政體系	社政體系				
類別	護理之家	長期照顧機構			安養機構	其他老人福利機構
		長期照護型	養護型	失智照顧型		
職能治療人員	視業務需要得以專任或特約方式辦理	視業務需要得以專任或特約方式辦理	視業務需要得以專任或特約方式辦理	視業務需要得以專任或特約方式辦理	視業務需要得以專任或特約方式辦理。	視業務需要得以專任或特約方式辦理
服務人員	每五床應有一人以上	1.日間每照顧五人應置一人；未滿五人者，以五人計 2.夜間每照顧十五人應置一人；未滿十五人者，以十五人計 3.夜間應置人力應有本國籍員工執勤，並得與護理人員合併計算	1.日間每照顧八人應置一人；未滿八人者，以八人計 2.夜間每照顧二十五人應置一人；未滿二十五人者，以二十五人計 3.夜間應置人力應有本國籍員工執勤，並得與護理人員合併計算	1.日間每照顧三人應置一人；未滿三人者，以三人計 2.夜間每照顧十五人應置一人；未滿十五人者，以十五人計 3.夜間應置人力得與護理人員合併計算	1.大型：每養護八位老人應置一人 2.小型：每養護八位老人應置一人。機構內隨時保持至少有一位服務人員值班	1.日間每照顧十五人應置一人；未滿十五人者，以十五人計 2.夜間每照顧三十五人應置一人；未滿三十五人者，以三十五人計 3.夜間應置人力應有本國籍員工執勤，並得與護理人員合併計算
社會工作人員	1.未滿一百床者，應指定專人負責社會服務工作 2.一百床至二百以下者，應有一人 3.二百床以上者，至少應有二人	1.照顧未滿一百人者，至少置一人 2.一百人以上者，每一百人應增置一人 3.但四十九人以下者，以專任或特約方式辦理，	1.照顧未滿一百人者，至少置一人 2.一百人以上者，每一百人應增置一人 3.但四十九人以下者，以專任或特約方式辦理，	1.照顧未滿一百人者，至少置一人 2.一百人以上者，每一百人應增置一人 3.但四十九人以下者，以專任或特約方式辦理，	1.照顧未滿八十人者，至少置一人 2.八十人以上者，每八十人應增置一人 3.但四十九人以下者，以專任或特約方式辦理，	隨時保持至少有一人值班。

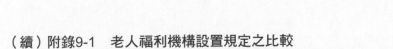

（續）附錄9-1　老人福利機構設置規定之比較

分類	衛政體系	社政體系				
		長期照顧機構			安養機構	其他老人福利機構
類別	護理之家	長期照護型	養護型	失智照顧型		
社會工作人員		採特約方式辦理者，每週至少應提供二天以上之服務	採特約方式辦理者，每週至少應提供二天以上之服務	採特約方式辦理者，每週至少應提供二天以上之服務	採特約方式辦理者，每週至少應提供二天以上之服務	
其他	1.應有指定人員管理護理記錄 2.視業務需要得置專任或特約營養師		1.收容有需鼻胃管、導尿管護理服務需求之老人者，應依第十一條規定配置工作人員 2.機構得視業務需要，置行政人員、營養師或其他工作人員		1.大型：視業務需要得置行政人員、專任或特約營養師或其他工作人員 2.小型：視業務需要得置專任或特約社會工作人員及其他必要人員	1.大型：視業務需要得置行政人員、專任或特約營養師或其他工作人員 2.小型：視業務需要得置專任或特約社會工作人員及其他必要人員

資料來源：引自陳韻宜（2008）。

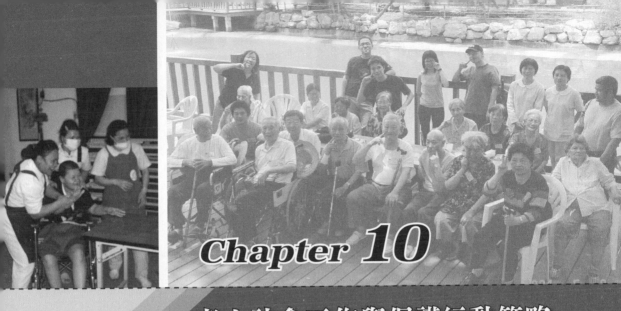

Chapter 10

老人社會工作與保護行動策略

■前 言

■老人的權益與福利

■發展「不分年齡，人人共融」的社會

■家庭結構變遷，老人保護工作迫切

■老人保護個案實例分享

■建構完善老人保護網

■專業社工介入老人保護網絡

■社會工作專業應有的準備

■結論：「專業」是老人照顧的唯一出路

第一節 前言

一、實現聯合國的保護老人之目標

　　高齡化人口的問題已對社會經濟發展造成很大的影響和衝擊，目前各國都在進行社會、經濟和政治方面的變革，採取必要的行動力，確保老人不斷融入社會，並激發他們應有的權益和福利，以實現聯合國的保護老人之目標。在美國，85歲以上的老人是增長最快的人口群體，而且據預測**生育高峰代**（baby boomer）中有4%的人將活到100歲以上（Hooyman and Kiyak, 2002）。我國老人人口的成長趨勢更快，依行政院經建會人口推估資料顯示，2016年將會增至314萬人，占總人口13.4%，到2026年，增加為498萬人，占總人口21.1%，到2056年止，老人人口將占總人口39.5%（行政院經建會，2009）。在我國面對來勢洶洶的老人福利需求時，從事老人社會工作者也應有新思維和新作為，尤其是對老人權益和保護行動的策略和準備。

二、老人社會工作以「全方位」專業服務為目標

　　老人社會工作以「全人、全程、全方位」的專業服務為目標，並從消極的老人保護到積極的生活品質提升，都有一套完善的專業訓練和接受挑戰的能力，才能稱為具有「專業化」的工作。檢視社會工作的意涵就是指社會工作是一門助人的專業工作，因此今日社會老人人口數量急增之時，老人社會工作面對當前的老人問題除提供解決方案外，還須有預防問題的能力，這也是近年來社工專業積極倡導的「**充權**」（empowerment）和「**使能**」（enable）的重要概念，希望激發老人的自我潛能，使老人問題獲得更徹底解決和預防，過著有尊嚴、有價值、

有意義的晚年生活，所以當代老人社會工作必須具有積極的「權益」和「福利」的保護理念與行動力。

 ## 第二節　老人的權益與福利

壽命的延長本來是一件值得引以為傲的事，惜長壽未必帶來「長健」，故各先進國家都以積極的態度來面對高齡化的老人照顧問題，以確保老人的生命尊嚴。在台灣，我們發現有關老人照顧和受虐問題層出不窮，長期照顧者壓力高，老人照顧需求市場大，所以近年來老人社會工作和老人事業管理也已成為一門顯學，但如何提升專業照顧品質，並和世界高品質接軌是重要的課題。1991年聯合國訂頒的「老人行動綱領」，就是呼籲高齡化國家必須以共同維護老人權益與福利保障為標竿。

老人行動綱領之主要精神，主張在每個社會體系和文化價值中，每個老人都應獲得充分的權益與福利照顧。其行動綱領有五個要點，分為：(1)獨立性（六項原則）；(2)參與（二項原則）；(3)照顧（五項原則）；(4)自我實現（二項原則）；(5)尊嚴（二項原則）（見**圖10-1**、**表10-1**）。

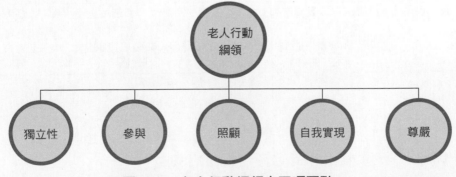

圖10-1　老人行動綱領之五項要點

資料來源：作者繪製。

表10-1　老人行動綱領之五項要點和精神原則

要點	精神原則
一、獨立性	1.老人應該能夠透過經濟援助、家庭和社會支援以及自助，而確保獲得足夠的食物，擁有居所和健康關懷。 2.老人應有工作的機會，以獲取收入。 3.老人應該能夠有權決定自己何時退出勞動市場。 4.老人應該能獲得合適的教育和培訓。 5.老人應該能夠住在安全的、適合個人需要和變化的環境中。 6.老人應該盡可能維持「原居、在家」養老。
二、參與	1.老人應該仍是社會整體中的一分子，積極參與制訂和實施那些直接影響他們生活的政策，並且與年輕一代分享他們的知識和技能。 2.老人應該能夠尋求和發展社區服務的機會，能夠根據自己的興趣和能力擔當志工，為社會提供服務。 3.老人應該能夠參加老人運動或老人組織。
三、照顧	1.老人可在每個社會體系和文化價值中，獲得家庭及社區照顧和保護。 2.老人應可透過醫護服務，維持或重獲最佳的身體機能、精神及情緒狀況，並且能有效預防疾病。 3.老人可以從社會和法律服務中，提升自主能力、自我保護及照顧能力。 4.老人可以利用適當的機構服務，在具有愛和安全的環境下獲得保護、復健和精神層面的激勵。 5.老人在任何居住場所、護理或者治療機構，都應該能夠享受人權和基本的自由，包括尊重他們的尊嚴、信仰、需要和隱私，以及對照顧生活品質自決的權益。
四、自我實現	1.老人應該有權發掘並全面發展自己潛能的機會。 2.老人應該能夠有機會接觸社會的教育、文化、精神和娛樂文化。
五、尊嚴	1.老人應該有尊嚴和有保障地生活，不應受到剝削及身體和精神上的虐待。 2.不論年齡、性別、種族和民族背景、身心障礙或其他因素，老人都應該受到公平的對待，而並非只考慮老人的經濟貢獻。

資料來源：作者整理製作。

　　「獨立性」主要是關注老人在他們的環境中，獲得生理、經濟、智識和社會資源的權益，並爭取最大限度的「獨立」。

　　「參與」主要以老人社會權益、代際間的交流、志願服務活動為

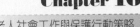

主，為老人進行權益的倡導和實踐。

　　「照顧」本身就是一種動態過程，故必須在此過程中，對老人提供有尊嚴和足夠的家庭照顧、社區關懷、健康照顧、醫療護理、法律關心和社會關懷，老人是有權益擁有良好的生活照顧品質的。

　　「自我實現」應關注在老人有權益去獲取資源，來發展他們自己的潛能，進而服務貢獻社會。

　　「尊嚴」就是要關注老人有權益過著公平、自主的生活，老人需要有尊嚴的生活和照顧服務。

一起為豐盛的菜餚做準備，貼近日常生活

照片提供：財團法人中華基督教福音信義傳道會，附設台中縣私立信義老人養護中心。

第三節　發展「不分年齡，人人共融」的社會

一、老人權益與共享社會的精神理念

　　1992年聯合國發表「老化宣言」，希望共同創造一個「不分年齡，人人共享」的社會。為了達成「老化宣言」的目標，聯合國於1999年的國際老人年會上，公布了「聯合國老人法」，以當年為「國際老人年」，並將10月1日訂為「國際老年日」，以宣揚老人權益與共享社會的精神理念。換言之，聯合國鼓勵所有國家在發展老人政策時遵循這些原則，此計畫共有十八條有關老人政策的原則，台灣目前雖然不是聯合國的會員國，但所推動的老人福利政策也必然受其影響。有關聯合國的理

念和工作綱領，是要高齡化國家必須依循其研究和宣言共同去面對和行動，這也是我國必須重視的世界潮流目標。2002年，聯合國又提出「老人問題國際行動戰略」，目的就為了回應二十一世紀人口高齡化的社會和挑戰。此一行動戰略的最終目標，在促進和發展一個「不分年齡，人人共融」的社會。老人問題國際行動戰略是社會各階層的共同責任，是各國政府必須去承擔的主要責任，國家、區域和地方政府、國際機構、老人本身、民間團體，包括非政府、非營利機構，以及營利部門之間如何有效的結合，都是重要且必要的行動戰略，這個聯合行動戰略包括利益關係者的參與和如何建立夥伴關係，如專業組織、公司、工會、研究、學術、新聞媒體和其他教育與宗教機構等的參與和合作，該行動戰略各有優先方向和實際發展的行動方案，不過最終的目的就是要保障老人的基本權益和發展老人的潛能。

二、不應有任何老人被歧視和被忽視的事件發生

聯合國對老人權益和福利的保護立場是明確的，認為老人有權獲得良好生活品質所需的資源，並受到公平的對待，亦即不應有任何老人被歧視（ageism）、被忽視的事件發生。換言之，尊敬和照顧是高齡化國家對待老人應有的基本態度。聯合國所訂的這些原則，其實和中國自古以來「老吾老以及人之老」的傳統文化不謀而合，只是我國一向只重視理念和抽象層次，在行動戰略欠缺專業有效的規劃和具體做法，故要展現我國傳統文化和社會倫理精神，就需要建構完善、合理的老人權益政策，而如何實施所建立的政策方案，行動戰略更是重要的關鍵。要制定一個完善的老人政策和發展專業老人社會工作並不簡單，因為老人價值觀不同，個別化的需求多，異質性又高，提供服務的原則和發展不同的服務項目，所應準備動用的資源數量亦有所不同，因此需要仰賴大量老人社會工作專業者提供照顧計畫，主動伸出援手去找出需要幫助的老人，而非認為整日坐在辦公室等待老人求助，或在辦公室紙上作業就能

解決問題，所以老人社會工作者工作的重點，是放在如何有效提供服務輸送以解決問題，設計「以成效為基礎」的方案。而無可否認的，老人社會工作者是必須有高度的專業訓練和豐富的實戰經驗，才有足夠知能去發現問題癥結，進而執行方案以有效解決問題。

七旬嬤抱病做志工　行善忘了痛

「看到這麼多老人的痛苦，我的病痛就不算什麼了。」七十多歲的陳桂英，退休後到關山聖十字療養院擔任志工，她身子不太好，她覺得看到很多老人家的痛，就忘了自己的痛，志工阿嬤篤信佛教，連修女都說她是位可敬的「活菩薩」。

「哪裡不舒服？你吃飽沒？」在療養院裡，陳桂英殷勤地探問每位坐在輪椅上的院民，陪著老人家聊天、為他們蓋棉被、按摩，她的鼓勵與疼惜，在寒冬裡，對院內的病患宛如暖暖冬陽。

不喜歡曝光，這位習慣默默行善的志工阿嬤說：「我比較喜歡躲在角落裡。」不過療養院的修女還有員工們，你一言我一語，還是讓陳桂英的善行「曝了光」。

院內員工稱為「陳老師」的陳桂英是客家人，池上鄉福原國小老師退休後擔任志工，除了出力以外，每個月還捐款5,000元。

陳老師身體不太好，不過她覺得在家只會專注自己的病痛，在這裡為病患服務，可以讓她忘記身體的痛。十幾年來，一個星期固定二到三次，都由先生接送到療養院，另外還拉了潘金花、李金鳳兩位阿嬤進來當志工。

修女說，像陳老師長期奉獻的志工相當難得，她除了分擔照服員繁重的工作以外，對每位院民更有如活菩薩。

資料來源：莊哲權（2009）。《中國時報・C3社會新聞》。2009年1月13日報導。

第四節　家庭結構變遷，老人保護工作迫切

　　世界衛生組織預測老人人口的分布有兩種模式，一為大部分的老人都會是健康的老人，縱使身體有小毛病但亦不會影響其日常生活；另一小部分的老人則會長期患病，這些疾病很多是無法治癒，必須接受長期照顧。換句話說，我們會在生活中看到非常健康的老人，也會看到許多罹患慢性疾病和虛弱的「老老人」，因此社會工作專業服務的設計目的和原則，不外乎就是要保護老人和提升老人生活品質。然而，反觀中國傳統孝道文化在現代社會結構的急速變遷衝擊下，家族功能和社會價值觀已改變，老人的保障和權益也連帶受到影響和挑戰，甚且造成諸多不幸事件發生。故就當前社會環境變遷所衍生的家庭和老人照顧問題，分述如下：

一、家族功能外部化、弱體化，老人受虐機會增加

　　高齡社會來臨，需要保護的老人的確愈來愈多，尤其因我國孝道文化的影響，社會對家族的「援助」和「保護」期待更高。然而人口結構改變的事實，家庭人力資源和功能的變遷，以及女性加入職場對家庭照顧工作的衝擊和影響，使得家族功能逐漸外部化、縮小化和弱體化，因此老人的照顧和保護問題就成為家庭和社會的負擔。1970年代，西方國家的老人保護主義議題興起，更加凸顯老人照顧和保護需求的問題，我國也不例外，因我國老人的自殺率一直是在自殺年齡層中，占最高的比例，這已透露出我們雖是進入高齡化社會，但還處於一個「責備」老人活得長壽的環境。

二、社會結構改變，老人社會地位低落

老人的問題，除了生理功能、心理功能的衰退外，其實最嚴重的問題來源，來自外部社會環境給的障礙，如老人被社會排除、疏離，經濟的困頓或社會結構改變，都使得老人的社會地位低落，無法實現自己的選擇和喜好，遭遇嚴重傷害或潛在危險的機會也逐漸增多，這是可預期的結果，尤其當活到85歲以上的老老人或成為失能老人時，因臥床機會增加，大多數不能保護自己，因此易處於被忽視、被虐待的情境，一旦這些事件被揭露或爆發時都極為嚴重，故為保障老人的基本生存權，老人社會工作應首重專業保護服務（protective service for the aged），以確實保護任何一個老年人都應受到「國家父母」的保障。老人基本上有五項權益：(1)選擇權益；(2)隱私權益；(3)獨立自主權益；(4)生活品質權益；(5)保護與安全權益。這五項基本權益是每位從事老人服務者必須認真思考的，這些老人基本權益在台灣老人的身上是否存在？目前的家族結構下，老人被保護情況和專業處遇的結果又如何？上述種種問題都是實務工作者和執政當局必須面對的課題和任務。

三、勿忽略老人情感需求，陷入「責備受害者」情境

Bartholomew和Horowitz於1991年沿用「依附理論」探討人類的情感依附需求，使用正向或負向的「自我意象」及「他人意象」兩個向度分析，將成人時期的依附理論分為四種類型，分別是：

1. 安全（secure）依附。
2. 焦慮（preoccupied）依附。
3. 逃避（fearful）依附。
4. 排除（dismissing）依附。

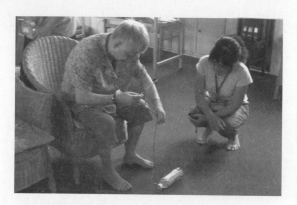

社工員運用生活事物來訓練老人手眼協調
照片提供：新竹市東區老人文康中心。

有研究發現遭受家庭暴力者，在依附模式中因所受教育不同而有差異，並以「排除依附」類型為最多的互動狀態。雖然個人自我肯定程度會影響其依附類型，但社會支持體系和社會資源投入的多寡，也會影響其依附類型的變化。受虐對一個人的影響層面除了生理，還包括心理層面的痛苦，尤其人在長期受暴之後可能有的反應，除了有**學習無助感**（learned helplessness）、「低自卑」、「社會隔離」外（沈慶鴻，2000），其實互動不佳的老人，還會有異常、負向的人格特質。類似這樣的特質，其實是在長期受忽視之後，人格特質被扭曲，而變成異常的人格特質，不應與其基本的人格特質相提並論。諸多老人受虐問題至今仍被忽視和隱瞞，尤其當老人受虐後，能獲得的社會關心是極為有限的。社會工作就是要避免對受虐老人的歧視，千萬勿陷入「責備受害者」的處遇方式，才能確實協助老人，故社會工作必須瞭解老人受虐的狀況和身心變化，掌握受虐者的問題根源並及時介入輔導，對老人基本權益和福利都有充分的認識，才能同理、支持受虐者，並提供專業處遇的權益和保護工作。

第五節　老人保護個案實例分享

一、接案資訊

1. 個案來源：財團法人○○基金會通報。
2. 求助原因：案主為該基金會之居家服務之個案，從服務過程中得知因案夫（相對人）長期照顧中風行動不便的案主，感到身心俱疲，案夫會以威脅的言語或身體上之毆打要案主聽話，以發洩照顧壓力，使案主處於易發生的暴力情境中。
3. 服務時間：2008年○月○○日至○○年○月○○日。

二、個案基本資料

(一)家系圖

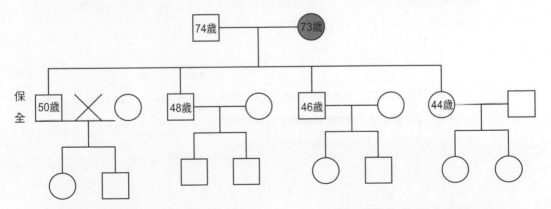

案夫不願透露案子女聯繫方式，此乃社工調手抄本戶籍所查，案子女順序無誤，但案孫子女部分的正確性仍有待確認。

PS：1. 案長子會與子女不定期到個案家中共進晚餐。
　　2. 其他案子女不定期會來探望案主。

(二)生態圖

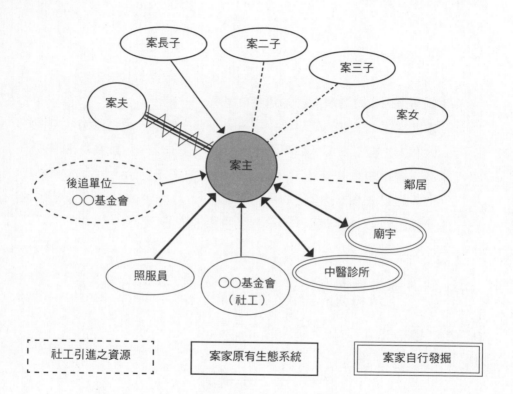

生態圖符號說明	表示給、取關係	➡	正向關係	──	正向親密	▬▬
	關係過度親密	══	關係破碎	------------	溝通中斷	─┤├─
	衝突又親密	∿∿∿	關係衝突	⋁⋁⋁⋁	關係惡化	─////─

三、個案親屬成員

1. 案主：73歲，中風已四年多，目前身體癱瘓，坐輪椅，生活無法自理，日常照顧皆由案夫照顧。
2. 案夫：74歲，自述計程車司機退休，目前為案主主要照顧者。
3. 案長子：50歲，已與案長媳離異，目前從事保全工作，每日晚上都會帶子女至案家吃晚餐。
4. 案二子：48歲，已結婚，生有二子，居住在○○市區，開設五金行。
5. 案三子：46歲，已結婚，生有一男一女，居住在○○市區，開設五金行。
6. 案女：44歲，已結婚，生有二女，在電信局上班。

四、案主生活概況

1. 詢問鄰居案主與案夫之情況。表示平日案夫會對案主大小聲，但也會帶案主外出洗髮，家中經濟無困難（案子女每月給的生活費與敬老津貼為11,000元，案主夫妻每月約有22,000元可以使用）。
2. 案夫因案主身體狀況，平日會載案主至廟宇、中醫診所，甚至考量到案主行動不便，會請醫生或洗髮店小姐來案家為案主針灸或洗髮。
3. 案長子每日會帶子女至案家共進晚餐，而其他案子女也會不定時探望案主，唯因案夫對案主之暴力行為，案子女表示已無力解決。

五、主要問題分析

案夫對案主有照顧責任感，因照顧壓力及案夫體力上的限制，使案

夫產生生理與心理上之壓力，而採取以暴力脅迫方式與案主相處，案夫以打案主的方式，教育案主聽話及促發案主復健之動力。案夫對案主有複雜的情感，一方面對案主提供良好的照顧，另一方面又因照顧壓力，若案主不聽話就對案主咒罵、恐嚇甚至動手。

六、服務處遇過程

1. 先以電話訪問案夫，說明致電用意，與案夫約○月○日上午十一點進行家訪。

2. 約定訪視當日未遇，案家居住在五樓，進出樓有管制，故社工在一樓撥打電話給案家，但電話一直沒有人接聽。詢問鄰居案主與案夫之情況，鄰居表示平日案夫會對案主大小聲，但也會偶爾帶案主外出洗髮，家中經濟應無困難。

3. ○○日下午再與通報人○○基金會社工聯繫，討論案主與案夫狀況。社工再度致電告知案夫，約好○○時間再度訪視，但時間一到仍未見案主與案夫。事後案夫表示載案主去竹山四處求神就醫。所以社工又與案夫再次約於○月○日上午十一點進行家訪。

4. 進行家訪時，發現案主雙眼周圍「淤青」，但案夫表示是案主自己不小心跌倒所致，但觀其傷口卻不像是跌倒引起。社工再向案夫表示，已有人告知案夫會對案主施以暴力，此行為是犯法的，請案夫勿再有暴力和動手，社工還會持續訪視案主狀況。由於訪視當日，案夫一直在場，故社工無法獨自與案主進行會談。社工有詢問是否要由子女照顧，案主搖頭，但在進一步詢問是否由案夫照顧時，案主即點頭。社工欲想與案子女聯繫，但案夫不願意透露子女聯繫電話。

5. 社工調閱案主全戶手抄本戶籍，透過案次子當地政府部門的協助，找到案次子聯絡電話，電話由案次媳接聽，表示案夫有對案主發生

暴力行為，而其子女表示早已知道，只是無力插手，案次媳表示案主如需安置機構，願意負擔費用，也從案次媳得知其他案子女的聯繫電話。

6. 終於聯繫到案女，其表示當時案主中風時，與案三子安排案主入住機構，但惹得案夫不悅與吵鬧，雖知道案夫對案主有暴力行為，但無可奈何。但案主如需安置機構，願意支付機構費用，但前提必須由社工安排，因為怕自己干預後，案夫又會跑來爭吵。

7. 社工於居家服務照服員服務時間到案家訪視，發現案主未有新淤青，其案夫表示，○○基金會另請此照服員來協助案主做復健，案主狀況有進步，很滿意這位照服員。社工再次向案夫表達勿對案主有暴力行為。

8. 社工再度致電○○基金會，因該基金會負責此個案之社工恰巧不在，所以請其他社工代為轉達相關處理情況。社工雖嘗試以其他方式（如機構安置），讓案夫遠離案主，但案主卻不願意離開案夫，只願意讓案夫照顧。

9. 目前案子女會不定期探望案主，每週會有兩次（週一上午的九點至十一點與週五的十二點至十四點）照服員至案家協助案主做簡易復健。而還是有人注意到案主之安危，但經評估後，暫時採取不安置案主，但轉介至接受該市政府委託的老人保護工作之○○單位（○○基金會），進行老人保護的後續追蹤與輔導。

10. 社工將相關資料轉介單給該基金會，並請該基金會協助後續追蹤和輔導工作。

11. 該受託老人保護業務之基金會社工來電，告知已至案家訪視，並說案夫表示欲尋找喘息服務資源。社工也已告知案夫向衛生局進行申請的相關手續。

12. 社工早上收到基金會○○社工傳來的個案記錄，得知案主已住進機構，並再度確認案主是否於○月底入住機構，該基金會○○社

工表示，案主已經進入機構安養。

13.因案主已入住機構，故本案予以結案。

（本案例由台中市政府提供）

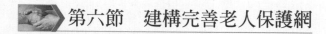

第六節　建構完善老人保護網

一、社會出現「家有一老，必有一倒」的現象

變遷中的台灣家庭的老人照顧問題，如家庭人口結構的轉變、家庭照顧的變遷、老人的經濟安全及子女的奉養心態，都將決定老人的生活品質和自主尊嚴。目前台灣照顧老人的模式，在經濟壓力和孝道文化規範的束縛下，子女奉養父母的態度已改變，令人更加憂心對老人的照顧何去何從（陳燕禎，2006，2008；Chen, 2006）。這可由政府保護通報數據中，獲得實證。

二、「棄養」、「虐待」或「忽視」老人的事件多

根據內政部之統計資料，2008年底老人保護通報專線所接獲通報的服務人數中，遭受「遺棄」及「疏忽」（neglect）者分別為212人及170人，而遭到「虐待」（abuse）更是占所有「不當對待」方式之首，共有938人，此以「女性老年人」居多（內政部統計處，2009）（見**表10-2**）。

三、虐老形成因素愈加「複雜化」

現代的虐老問題和形成因素呈現更加**複雜化**（李瑞金，1994；陳燕

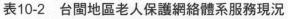
表10-2　台閩地區老人保護網絡體系服務現況

老人保護網絡體系	服務人數			服務人次
	男	女	合計	合計
法律訴訟及諮詢	590	559	1,149	2,123
驗傷醫療	68	92	160	218
個案輔導	1,058	1,172	2,230	4,528
個案追蹤輔導訪視	1,274	1,442	2,716	5,963
問安電話	1,553	1,628	3,181	6,650
委託安置	269	143	412	733
遺棄	257	166	423	1,971
虐待	810	1,027	1,887	7,059
疏忽	173	207	380	1,358

資料來源：作者整理自內政部統計處（2009a）。上網檢索日期：2009年4月13日。

禎，1996；黃志忠，2002）。老人受虐問題不再是單一因素，而是多重因素，甚至受到社會結構條件改變的影響所致。在老人虐待的實務工作上，發現以言語刺激和精神虐待最多，但也因而易被忽視。尤其精神虐待包括了譏笑、羞辱、責備、忽略，也就是侵害了另一人的自我尊嚴和自我價值，或是讓受虐者在朋友、家庭和鄰居之中，給予孤立，無法抬起頭來（Wiehe, 1998）。所以老人受虐待或忽視，已非用昔日「家醜不可外揚」或「清官難斷家務事」的簡單一句話，就能解決實際存在的問題，而是必須以積極行動來避免老人遭受暴力，特別是針對失能老人的協助與保護。

第七節　專業社工介入老人保護網絡

老人虐待事件的發生，極容易在「封閉」的社會系統中循環下去，因此當虐待發生後，國家的角色若不強制介入，社會結構或家庭功能不

改善，將使虐待容易持續發生和不斷循環，甚至擴散，可惜至今老人受虐的社會支持系統所能提供的協助一直很有限。因此，積極建構完善的社會支持體系和運用跨專業照顧團隊的服務模式，是幫助受虐老人最直接的途徑，也是最有效的服務方式。

一、老人保護行動，須成立跨專業服務團隊

　　老人社會工作除必須保護老人人身基本安全外，還必須有策略和目標管理，制定全面綜合的老人政策及發展不同類型需求的服務。許多受虐者通常認為暴力只是單一事件，即使暴力模式已形成，受虐者也已意識到暴力已非單一事件時，但卻仍缺乏意願及實際的行動來改變現況。研究指出，就遭受「婚暴」者而言，「向外求助」系統是影響其是否得以順利脫離受虐關係的重要因素（趙葳，2003）。而當缺乏社會支持系統時，將使受虐者難以脫離暴力關係，但一旦他們向外求助，則以求助社會福利機構的社工員為最多（陳若璋，1992；陳婷蕙，1997）。故整體而言，家庭受虐者的支持體系至今仍非常薄弱、欠缺和不足，「得不到社會支持」是受虐者形成「習得無助感」之因素，尤其當虐待事件一旦發生，它就會「一再發生」，周而復始循環，因為它是一個長時間被忍受的受暴模式，除非受虐者有「自覺意識」，以及社會具有完善的支持系統，才能幫助更多受虐者走出來。所以當我們面對的是一群高齡、虛弱又失能的老人受虐者，身為社會工作者，必須採取更積極性的保護策略和專業處遇，否則當無力、無奈又無助的老人族群受虐時，也只能一再忍受，讓其惡性循環。

二、以專業社工介入老人保護網絡

　　老人受虐個案是需要各種專業投入，進行預防及介入協助，才能達

到嚇阻效果，但是受虐事件發生後的補救工作，或受害者的各項服務需求的問題，是當前專業社會工作者進行服務處遇的必要工作。因此社會工作者在老人保護和暴力防治的實務工作上，可參考下列步驟，進行專業的評估和處遇：

1. 評估與調查：即必須進行老人保護調查工作，老人虐待及其他多重受虐案的調查評估，老人受虐、受忽視的事實及需求評估。

2. 緊急安置與庇護：提供二十四小時保護專線服務、緊急庇護、協助完成報警及驗傷、提供緊急救助金、協助取得保護令與保存證據。

3. 個案（照顧）管理的服務：媒合案主及家庭所需要的服務，包括醫療、法律、庇護、社會福利、經濟補助、緊急安置、陪同出庭等等，並減少這些服務輸送過程中，對案主可能造成的二度傷害，提供更為尊重及符合人性的友善環境。

4. 加強輔導諮商方案：為預防案主被剝奪權益為主的工作模式，例如家訪、個別諮商、團體活動方案都是常用的方法。

5. 倡導代言和建立支持資源：倡導社會對暴力受害者創傷反應的瞭解與接納，澄清社會傳統觀念的迷思，積極拓展暴力家庭所需要的支持資源。

6. 監督執行和問題回應：以案主需求為中心，落實對被害人的保護責任及暴力防治義務，並對防治網絡中的單位與個人，提出善意的監督與回應。

社工員藉由撕貼畫的小組課程，增進老人的手眼協調運動

照片提供：新竹市東區老人文康中心。

7. 提出改革行動策略：

針對既有的服務網絡缺失、社會價值的誤導，提出指證，以激發改變行為。

高齡化社會的發展，其服務的優先發展方向之一，就是不得剝奪任何個人應有的發展機會。因此，老人必須成為發展進程的充分參與者，也必須公平享有發展進程的種種好處。由於高齡問題對社會經濟發展造成影響，而且目前各國都在進行社會、經濟和政治方面的變革，必須採取緊急行動，以確保老人不斷融入社會，並賦予他們權益。將所有人口群體都融入社會發展進程，這才是實現「老化宣言」目標的關鍵之一。

第八節　社會工作專業應有的準備

只要人口繼續老化，預期壽數延長，老人所需的支持服務便會增加。老年福利服務和老人事業管理工作的前途是光明的，市場是活絡龐大的，不僅僅因為對受過專業培訓的人才需求大大增加，而且老人工作的環境也將會變得更多樣化。二十一世紀的老年社會工作將是最有前途的專業服務領域，我們需要做好萬全準備，尤其在社會工作專業時代，老人社會工作更必須具有全盤規劃和願景：

1. 提升專業人員和團隊的實務工作能力：專業人力或服務志工都需要不斷接受在職進修和培訓，才有能力為老人提供溫馨服務方案設計，並重視老人的參與，和老人們一同規劃，安排發展計畫以發揮專業服務的效益。

2. 高齡化社會，重視跨領域專業合作：有關老人研究除應考慮當代老人的生理、心理、社會等多元影響因素外，相關的課程和研究都應是跨領域、跨學科的，並加強理論與實務結合，整合各方資源，建構產官學的溝通對話平台。

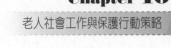

3. 重視生命歷程的發展，促進個人自我健康管理：國民健康計畫的重點，應放在盡可能及早地開展老人疾病預防和健康管理，提高生命健康品質的「體適能」活動。此外，社會善用高齡人口的人力資源，老人將是新的社會和人力資本，所以專業社會工作者必須就老人再就業、再教育和從事志工服務，做有系統、有計畫的服務方案設計，並充分使用老人的人力資源、潛能和經驗以貢獻社會。

4. 關心女性長壽風險帶來的受虐問題：就性別而言，女性因長壽而易出現罹患疾病和陷入需要被照顧的風險，加上她們所擁有的經濟資源較少，無法滿足漫長晚年時期的生活需求，所以在提供老人專業工作服務規劃時，必須更加關注她們（老老人）的生活服務，為她們提供特殊的疾病預防和健康促進計畫，讓她們生活得更長久，也更健康。

5. 老人社會工作者必須獲得基本生活保障：全球化、財政緊縮以及人口日益老化等問題，帶給正式社會保護制度的壓力，因此如何使所有工作人員，包括那些非正式部門的工作人員能夠獲得基本的社會保障，持續滿足收入保障和養老金是非常重要的，否則工作人員在無法安身立命的生活壓力下，或成為漂流社工，或人才斷層，除面臨專業人力的斲喪，更無法建構永續社工專業的傳承。

為了使老人保護處遇方案具有成效，在社區建立一個保護老人的專業團隊是必要的，並且需動員社區人力資源予以協助，調處和預防老人受到忽視和虐待。總之，老人權益的提倡和生活照顧，除了要避免老人受到忽視、受到虐待外，最重要的就是要發展社會工作專業。而身為老人社會工作者，在老人權益與福利的保護問題上，必須展現並發揮專業的、多元的角色功能。

第九節　結論：「專業」是老人照顧的唯一出路

　　面對社會、家庭和人口結構的變遷，老人照顧的確面臨更多的挑戰，但不管社會如何變遷，任何人都不得剝奪或漠視任何一個老人應有的基本權益和機會，這是聯合國老化行動宣言目標的重要關鍵。高齡化社會對老人基本權益和社會保護更為重要，今日專業社會工作已被運用在服務老人和保護老人的身上，因此進行社會工作專業處遇時，必須結合各種社會資源，以整合力量提供服務和保護，以專業團隊力量和個案管理方式，一起為案主倡導權益和提供福利輸送，在服務過程中，也要給老人更多「充權」和「使能」，積極參與制定計畫及行動，以擁有自主和尊嚴的人生。當然，老人本身自己也要努力，成為自我權益和福利服務的重要參與者和捍衛者，積極追求公平的生活品質。總之，「專業」是社會工作者獲得社會認同和連結資源的必要前提，也是今後的工作重點和趨勢，老年社會工作若缺乏專業行動力和保護老人的網絡功能，將會失去未來市場生存的機會和服務的舞台。

問題與討論

一、老人行動綱領精神原則為何？

二、在社會環境變遷下所衍生的家庭和老人照顧問題有哪些？

三、社會工作者在老人保護和暴力防治的實務工作上，應如何介入與協助受虐老人？

四、台灣家庭結構變遷使得老人保護工作更為迫切，究其原因為何？

五、老人社會工作應有哪些專業準備和發展策略？

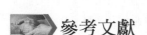 **參考文獻**

一、中文部分

內政部統計處（2009）。《老人福利服務》。台北：內政部統計處。

行政院經建會（2009）。《中華民國台灣民國97至民國145年人口推計》。台北：
　　行政院經建會。

李瑞金（1994）。《台北市老人保護服務需求及其因應策略之研究》，台北市政
　　府社會局。

沈慶鴻（2000）。〈婚姻暴力受虐者習得的無助感之分析研究〉，《實踐學
　　報》，第31期，頁53-91。

陳若璋（1992）。〈台灣婚姻暴力之本質、歷程與影響〉，《婦女與兩性學
　　刊》，第3期，頁117-147。

陳婷蕙（1997）。《婚姻暴力中受虐婦女對於脫離受虐關係的因應行為之研
　　究》。東海大學社會工作學系碩士論文。

陳燕禎（1996）。〈台灣地區的老人保護工作：探討一個背後隱藏的問題〉，
　　《社會福利》，第122期，頁26-38。

陳燕禎（2006）。〈家庭政策：老人照顧資源變遷之初探〉，《社區發展季
　　刊》，第114期，頁239-248。

陳燕禎（2008）。《老人福利理論與實務：本土的觀點》。台北：雙葉書廊。

黃志忠（2002）。《高雄市老人保護個案資源網絡之研究》，高雄市政府社會局
　　長青綜合服務中心委託計畫。

趙葳（2003）。《婚姻暴力受虐婦女的「依附」及「習得的無助感」之研究》。
　　東海大學社會工作學系碩士論文。

莊哲權（2009）。〈七旬嬤抱病做志工　行善忘了痛〉，《中國時報》，2009年1
　　月13日，C3社會新聞版。

二、英文部分

Bartholomew, K. and Horowitz, L. M. (1991). 'Attachment styles among young adults: A test of a four-category model'. *Journal of Personality and Social Psychology, 61(2),* 226-244.

Chen, Yen-Jen (2006). 'Study of elderly care model changes in Taiwan based on Confucian filial piety'. Filial Piety International Conference. Global Impact: Concerns for an Aging Population. US: San Diego. Chinese Service Center.

Hooyman, N. and Kiyak, H. A. (2002). *Social Gerontology: A Multidisciplinary Perspective* (7th ed.). USA: Boston Allyn and Bacon.

Wiehe, V. R. (1998). 'Understanding family violence: Treating and preventing partner'. *Child, Sibling, and Elder Abuse.* Thousand Oaks, CA: Sage.

Chapter 11

老人福利需求與服務使用評估

■前　言

■老人福利需求類型與福利內涵

■個案研究之探討分析：以南投縣為例

■老人福利需求與服務使用之建議

■結論：依有限資源排定老人需求之優先順序

第一節　前言

我國近年來隨著經濟成長及醫學進步，國民平均壽命逐年提升，加上國人平均生育率的下降，使得人口結構產生重大變化，老年人口大幅擴張，自1993年起，台灣已正式跨入聯合國所訂之高齡化社會水準。台灣的老化速度相較於西方國家，以將近十倍的速度成長。台灣的人口已完成由高出生率、高死亡率轉型為低出生率、低死亡率的階段，人口老化是人口轉型的必然趨勢，因此老人需求與問題只是反映出近代社會急速變遷的樣貌。

老人問題是工業社會中社會制度變遷下的產物，審視當前世界的福利思潮，老人福利政策已從過去「保障老人的基本生活」，提升為「維護尊嚴和自主的老年」，老人不再只是被救濟的對象，而是擁有經濟、安全、醫療保健、居住安養、社會參與、就業、教育休閒及持續性、完整性照顧等需求和權益，並建構本土化的老人照顧服務輸送模式，以符合國情和地方文化之需求（陳燕禎，2006；陳燕禎、謝儒賢、施教裕，2005）。這些都是政府責無旁貸的責任，政府的政策及施政腳步，應隨著時代需求與社會現實狀況做回應和調整。特別在現今社會福利意識高漲，但觀念模糊化的老人問題上，政府部門有責任徹底找出老人生活福祉需求的關鍵點，才能落實老人福利政策和服務方案之目標。

第二節　老人福利需求類型與福利內涵

隨著高齡化社會的來臨，老人問題、老人福利政策、甚至老人學的探討，均受到學術界及政府單位的高度重視。老人問題的屬性已從昔日個人責任歸因取向，轉化為社會結構歸因，老人問題不再只是個人生

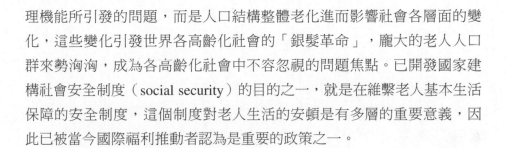

理機能所引發的問題，而是人口結構整體老化進而影響社會各層面的變化，這些變化引發世界各高齡化社會的「銀髮革命」，龐大的老人人口群來勢洶洶，成為各高齡化社會中不容忽視的問題焦點。已開發國家建構社會安全制度（social security）的目的之一，就是在維繫老人基本生活保障的安全制度，這個制度對老人生活的安頓是有多層的重要意義，因此已被當今國際福利推動者認為是重要的政策之一。

一、老人福利需求的類型

台灣社會工業化之後，人民對社會福利之意識高漲，需求多元而複雜，亟待政府的介入及解決，因此「需求」（need）概念的探討就變得相當重要，所有的社會福利都是為了滿足人類的需求而生（Doyal and Gough, 1995）。在社會福利需求方面，Bradshaw（1972）針對福利需求提出分類標準，分為四個面向來探討，此四大層面需求，因個體和居住地區而有不同的需求反應：

1.規範性需求（normative need）。
2.感覺性需求（felt need）。
3.表達性需求（expressed need）。
4.比較性需求（comparative need）。

需求的判斷與掌握是社會福利運作及社會福利制度規劃的基礎（李明政，1991；萬育維，1998；McKillip, 1987; Smith, 1980）。徐立忠（1989）曾指出，研擬老人問題對策，首須針對老人基本需求模擬試驗和調整，以獲得最適合老人之決策。謝高橋（1994）曾蒐集有關老人需求調查，並在研究論文中做分析，將老人的需求歸納為五大重要關注面向：即健康醫療需求、經濟安全需求、教育及休閒需求、居住安養需求、心理及社會適應需求。陳燕禎（2008）認為須再加入「家庭關係需

求」和「老人保護需求」，因為以現代家庭結構和老人居住方式，更需要家庭資源網絡和社區支持關係的維繫，才能滿足長壽社會的老人照顧需求，尤其近年來老人議題凸顯，老人虐待問題也受到關注，老人需求除因個體需求外，社會環境的不同和時代的差異變遷，要落實保護老人免於被忽視、被虐待、被遺棄的不幸事件發生，家庭關係的維持更是老人生活福祉重要的來源。是故高齡化社會的老人福利需求，至少可歸納出七項，而彼此息息相關，此七項如**圖11-1**：

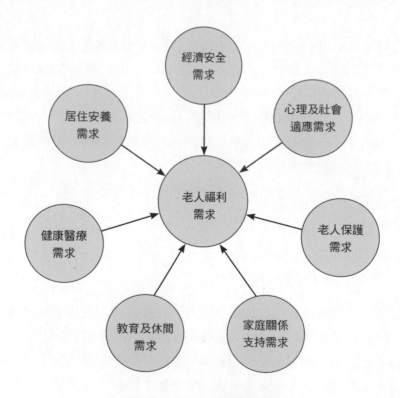

圖11-1　老人福利需求圖

資料來源：作者製作。

二、老人福利需求具個體差異性

福利需求會因個體實際情形而有所不同，影響因素包括性別、教育程度、職業、居住地區、生活習慣及生理方面等，尤其老年人是一異質性相當大的人口群，因此不能對所有的年長者一概而論，忽略其個體特質。蔡美華（1995）為台灣地區老人社會福利需求做一綜合

分享、欣賞自己繪畫的成果，老人心中有無比愉悅
照片提供：財團法人中華基督教福音信義傳道會附
設台中縣私立信義老人養護中心。

研究，整合國內有關老年人社會福利需求之重要發現，指出不同地區的老年人，最需要的福利服務不同：都會地區的老人最需要的是醫療保健和居住安養；城市老人是以進修學習為第一優先，其次是醫療保健和居家服務；鄉鎮地方則以居家護理、醫療保健等為老人迫切需要。老人福利需求依不同的分類標準可以區分為許多面向，黃耀榮（1997）則特別針對老人對休閒環境的需求分析其城鄉差異，研究結果顯示，城市地區與鄉村地區對於休閒場所的環境以及設施方面的要求，有極大差異性存在。黃源協（2000）的諸多研究更主張積極發展老人社區照顧政策，落實老人「在地老化」之需求。謝登旺等人（2004）在桃園縣的老人需求研究也發現，不同的人口族群和年齡層的老人有極大不同的生活狀況和使用需求。

三、老人福利措施利用情形及使用滿意度探討

老人的社會福利需求與實際的福利措施使用情形，其實有極大的差異存在。目前相關的老人福利服務，大致上涵括津貼補助、生活照顧、居住及保護服務、文康休閒等項目，福利服務之主要內涵可歸為：

1.支持性服務（supportive service）。
2.補充性服務（supplementary service）。
3.替代性服務（substitutional service）。

「支持性服務」是政府單位扮演使能者之角色，協助案主運用自己的力量減輕其所處弱勢環境的服務，因其致力於讓案主情境改善卻不造成重大的改變，因此為福利服務體系之第一道防線，如老人保護專線、預防走失的手鍊、老人大學、老人文康活動中心等等；「補充性服務」則是政府針對案主能力不足之處，補充其所需功能之服務，包括家庭功能、經濟功能等等，為福利服務體系之第二道防線，如敬老福利生活津貼、居家服務、問安電話；「替代性服務」是指案主遭遇嚴重問題，政府或相關單位以強制介入之形式改善案主情境，如機構收養，為福利服務體系之第三道防線。老人福利服務推廣至今，各福利項目的使用狀況在比例上尚有差異。

國外研究指出，個人的潛在因素會影響服務的使用和效益，如具有某種特質者，較適合利用某項服務，包括性別、年齡、教育、職業等（Andersen, 1968, 1995）。謝穎慧等（2002）藉由為期四年之世代追蹤研究發現，社區老人對於家事服務、餐飲準備、持續性照顧、個人照護及護理照護等各項服務，無論是使用及自覺需要的比例皆呈現上升趨勢，然而社會暨娛樂活動服務一項，則有將近60%之受訪老人未曾使用或自覺需要該項服務。楊桂鳳等人（2004）研究發現，老年世代對老年人形象之看法，傾向認為老年人重視金錢及與子女家庭的關係，以及覺

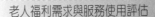
得老年人未受到社會的尊重；另外，健康狀況較好及生活滿意度較高的老人，對老人需要持正向的看法。

　　總結以上各項文獻結果，在老人的各項需求中，仍以經濟上的支援最能符合老人的實際需要，主要原因在於老年生活處於生產力停滯且醫療費用龐大的階段，因此消耗多於生產，政府在早期的福利政策制定中，多以社會作為福利體系中的第一道防線，但津貼補助長久下來，若未有完善配套措施及經費來源，則形成社會大眾的龐大負擔，面臨高齡化社會所帶來的衝擊，現今在福利制度中，漸漸有以社會保險為第一道防線的觀念，如此防範於未然，始能真正解決接踵而來的難題。

你我對失智老人的瞭解？

　　老年人罹患失智症的比例有多高？從相關的文獻資料顯示，隨著年齡的增加，罹患失智症的比例更高，以筆者曾服務的老人養護中心為例，有三成左右的老人有失智傾向（沒有經過醫師診斷，但在照顧上確實有相關症狀）或確定診斷為失智症；在日間托老中心則有超過四成的比例有失智症的狀況。從我們的臨床經驗發現，有許多家屬並不願承認老人有失智症，他們寧願用記憶退化來解釋老人所有的行為，也因此機構在對失智老人的認定與瞭解可能有低估的事實。

　　在挪威的老人機構，失智症的比例又有多高呢？在2005年8月參訪挪威幾個老人機構，機構皆反應一事實狀況：有70%至80%的老人罹患失智症，失智老人的照顧需要非常「多」且「迫切」。因此，挪威現行機構有的將空間重新規劃，將失能與失智老人分區照顧，此外，將最躁動的失智老人在保護限制的安全空間內照顧。

資料來源：作者實務案例整理。

第三節　個案研究之探討分析：以南投縣爲例

一、研究範圍與對象

　　南投縣是台灣唯一不靠海的縣市，土地面積占第二大，僅次花蓮縣，南投縣人口老化問題就全國平均來說，在2008年全國老年人口比率為10.26%之下，南投縣的老年人口有70,429人，比率已占全縣的13.24%，是全國老年人口比例占第四高的縣市（內政部統計處，2009），其人口老化問題就全國平均來說算是相當嚴重。又依南投縣政府主計室2008年公布資料（南投縣政府主計室，2008），在南投縣十三個鄉鎮的老年人口比率中，除信義鄉和仁愛鄉的老年人口比率未達10%外，其餘各鄉鎮均高達10%以上，其中名間鄉、集集鎮、鹿谷鄉、中寮鄉、魚池鄉、國姓鄉、水里鄉的老年人口比率已高達14%以上（南投縣政府主計室，2008），已超過聯合國定義的高齡化國家老人占7%的1倍以上，其中中寮鄉更高達19.15%，是一個「老老人鄉」。這些數據已充分顯示南投縣人口老化問題的嚴重程度，故應積極針對老人問題與需求，規劃一套完整且快速連結之福利服務網絡，提供南投縣境內老人兼具完整性、多元性、可近性和及時性的專業服務。老人問題的成因可以由經濟、家庭、休閒教育、居住安養及醫療制度進行探討，是故掌握南投縣65歲以上老人之基本資料、目前老人之生活狀況、老人福利需求之因素，及老人福利服務使用之情形與障礙，將更能精準提供南投縣未來規劃老人福利政策之參考，並邁入已開發國家的「老有所養」、「老有所安」、「老有所用」、「老有所終」的老人社會。

二、研究內容與目的

本研究主要在探討南投縣老人日常生活狀況以及福利需求，並探討老人對於現行福利服務內容之認知狀況、使用狀況及滿意度，並分析老人之基本特質（性別、年齡、婚姻狀況、經濟狀況、宗教信仰、教育程度、居住地等）對於福利需求與福利服務使用狀況之交叉比對。本研究假設老人的各項基本特質會影響老人目前的生活狀況、福利服務之認知程度、使用福利服務情形及使用滿意度。生活狀況調查主要探討老人生活中的六個面向：經濟狀況、居住安養狀況、家庭關係（如老人受虐狀況）、健康狀況、教育休閒生活和老人保護狀況等。藉由此六面向所反映的需求事實、需求的優先順序和福利服務使用狀況，預測未來可能衍生之問題。

三、研究方法與抽樣

本研究主要針對南投縣之老年人口群進行調查（陳燕禎、黃志忠，2006），研究方法採**調查研究方法**（survey research）。在資料蒐集方面，則採結構式問卷方式，針對南投縣65歲以上居民進行調查，探討關於老人需求的社會與心理諸變項間的彼此影響情形、分配狀態、相互關係，以瞭解其福利需求情形，及過去福利服務使用之情形與滿意程度。為滿足研究目的和調查項目的分類設計，首先考量各鄉鎮的性質和人數區分為抽樣層次。為使研究成果充分達到預期目標，希望每層都有最起碼的推論樣本數，而總樣本數要控制在1,000人之內，依各鄉鎮人口比例分配樣本數。

四、研究分析與結果

在本研究調查中，受訪老人的三個基本資料變項上，性別、年齡與居住區域，對於老人生活的各大面向均有一定程度的影響，其中性別對於免費健康檢查的需求程度造成顯著差異；而不同年齡層的老人則在日間照顧中心需求、居家服務需求程度、志工親自到家關心需求程度、注意生命安全需求程度、定期性義診活動需求程度、日常生活自理困難程度，與整體使用金錢滿意程度，有明顯不同的表現；居住區域的差異則在居家服務需求程度、志工親自到家關心需求程度、注意生命安全需求程度、整體使用金錢滿意程度、休閒活動安排滿意程度，與社區互動情形滿意程度等議題上，有明顯的影響。研究結果分析如下：

(一)老人基本資料分析

■受訪者身分類別

老人身分類別，以**領有老農津貼之資格**居多，占50.0%；在教育程度方面，以不識字所占比例最高，占44.9%，其次是「小學（含肄業及日式教育）」：

1. 受訪者宗教信仰：以「一般民間信仰」居多，占65.5%；婚姻狀況方面，以「已婚且與配偶同住」者居多，占70.0%。
2. 受訪者的語言使用：以「台語」居多，占92.7%，其次是「國語」，占19.4%。
3. 受訪者的居住區域之分布情形：以住在「埔里鎮」者為最多，有191人，占18.9%；其次是「南投市」，有181人，占17.9%。

(二)目前的生活狀況

■健康需求狀況方面

1. 南投縣老人的健康狀況整體來說並不差，且日常起居活動大部分皆

　　表示不會有困難，都可以「靠自己」完成自我照顧。

2.在健康需求方面，南投縣老人對健康醫療需求高，因此提供定期性義診活動及免費健康檢查或「行動醫院」、巡迴醫療等的服務供給，讓每個社區都有醫療資源的介入。

3.經濟的補助與醫療服務是長輩最需要的福利服務，五成二的長輩需要經濟補助，醫療補助則有三成七。

■經濟狀況方面

1.南投縣老人有二成的比例仍繼續投入勞力市場，其中工作性質以長期性的有酬工作居多，職業類別則以務農比例占最高，約有七成二；而在退休前主要職業的分布情形中，從事農業的比例仍為最高，將近五成，顯示南投縣老人有極大比例以「從事農耕」生產工作，做為生計所需。

2.中國文化下老人之經濟來源向來是以子女奉養為主，然而在南投縣

懷舊之旅，老人體驗兒時快樂時光

照片提供：財團法人私立南投縣仁愛之家。

有將近四成三的比例，需要依賴政府的經濟補助生活，顯示政府的補助（中低收入、低收入戶、敬老福利生活津貼）對老年人的經濟生活保障有顯著重要性；至於子女（孫）奉養則次之，在南投縣僅占二成九。

3.南投縣老人每月所需生活費約為9,000元，顯示南投縣老人生活極為儉樸，在目前的物價環境仍算低，長輩自認自己收支平衡而小康充裕的占七成，可見長輩在經濟上仍可過得去，最大的支出為日常生活費方面占五成五，顯示長輩仍屬傳統典型消費方式，花費仍十分節儉。

4.南投縣老人普遍認為自己經濟狀況普通，收支平衡，而對於政府的經濟補助則表示高度需求，顯示出經濟補助需求與經濟狀況並無必然關係。

■居住安養狀況方面

1.南投縣老人仍以**住在自己房子**居多，其次是住在子女的房子，顯示老人擁有自宅的比例較高。而同住對象中大部分為與配偶及子孫同住，顯示南投縣老人的家庭型態以「**三代同堂**」占多數，且就其個人意願來說，三代同堂是他們最滿意的居住型態。

2.大多數的受訪者其日常生活仍以「**自我照顧**」為主，需要他人照顧者則多以**家人配偶**為主要照顧者。

3.在調查機構式安養設施的需求程度上，老人居住安養院的意願不高。而在機構內喘息照顧與日間托老中心的需求上，表示可以接受的比例略高於排斥的比例，不過差距甚小，資料顯示必須到老人「失能」時，才有「可能」去使用養護機構，然而老人「實際」會去使用的可能性仍應持保留態度。

4.在其他居家需求方面，老人對於居家服務、老人住宅及問安電話的接受度都不高，可能原因在於老人對服務內容不瞭解而不敢接受。

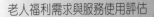

問安電話則顧慮到詐騙電話的可能性，所以不願意受到干擾，另外費用的問題也會影響到老人的需求程度；再者，南投縣老人還是以三代同堂居住的形式為主，但與配偶同住或獨居的比例也漸高，因此政府在提供相關福利方面，除「替代性」的機構照顧服務外，應以「家庭」為中心，同時以「老人和家庭」為主軸，發展支持家庭照顧功能之福利方案是非常重要的。

■老人保護狀況方面

1.在老人虐待方面，遭受虐待的比例極低，僅有0.4%，在性別上也無顯著差異。但這可能是因為南投縣仍屬於傳統的生活模式，對虐待、保護的概念仍需要多加宣導，以免不幸事件發生。對於目前的保護個案應列入高危險群服務對象，並給予個案管理。

2.在內政部所公布的資料中，老人遭受虐待的比例很高，然而在南投縣則未發現此結果，這可能跟南投縣的居民狀況與生態環境有關，因居民並無強烈都市性格，屬於比較傳統淳樸，可互相體諒、照料的互助型態，也希望鄉村傳統淳樸、互助的生活方式能延續下去。

■教育休閒狀況方面

1.長輩最多的休閒活動仍是看電視與聽音樂，有七成二的長輩，都屬於「慣坐性」的休閒活動，次之為「聊天」和「在社區裡面散步、逛街」，就此，政府應開發更多元、多樣適合當前老人生活背景和習性的休閒活動，如鼓勵園藝、文藝等休閒（如種菜、種花、編織等），訓練志工陪伴長輩聊天、說故事、散步，鼓勵長輩走出門參加活動。

2.在老人教育方面，老人參與社區大學比例僅有3.5%，而希望開設之課程以健康方面為主，顯示老人對健康訊息與知識的獲取極為需要。

■家庭關係及社會支持狀況方面

1. 老人的家庭關係與社會支持狀況，自認子女關心者占六成一，還算可以者占31.4%，受訪者認為自己子女對自己的關心程度還算足夠。

2. 如果有心事，六成以上的老人願意向他人吐露，顯示老人需要與他人聊天，獲得情緒上的支持；另外五成五以上的老人不曾感到孤單。

3. 目前常往來的人為家人占八成一，一成六為鄰居，因此其最主要的網絡仍是以家庭與生活環境為中心，受訪者對自己家人關係的滿意度高達78.6%。

(三)福利服務使用狀況與滿意度

1. 受訪者福利服務使用率：福利服務使用率排名前五名者，依序為**免費健康檢查**（68.5%）、**老年農（漁）民福利津貼**（48.9%）、重陽節敬老活動（34.2%）、老人活動中心場所（老人活動中心或集會所）（34.0%），以及敬老福利生活津貼（29.3%）。

2. 居住安養部分：受訪者的滿意度中，低收入戶老人公費安置安養護、自費安養護、中低收入老人住宅設施設備改善補助回答「滿意」為最多；補助社會福利機構設施設備則以「不滿意」為最多，占填答者50.0%，不過，此部分的福利使用率偏低，也影響滿意度結果之精確性。

3. 醫療保健部分：其中三項措施之滿意度均以「尚可」為最多，分別為免費健康檢查、中低收入戶醫療補助與溫馨巴士交通服務；而在中低收入戶老人重病看護費補助項目上，則以「滿意」為最多。

4. 經濟扶助部分：老年農（漁）民福利津貼、敬老福利生活津貼與急難救助之使用，滿意度均以「尚可」為最多，中低收入戶老人生活津貼與中低收入戶老人特別照顧津貼之使用，滿意度均以「滿意」

為多。

5. 老人保護部分：老人保護工作服務之使用、中低收入戶失能獨居老人在宅緊急救援連線服務、獨居老人關懷服務等三項老人保護服務，滿意度均以「尚可」為最多；法律諮詢服務之使用，滿意度均以「不滿意」為多。此部分之福利服務同樣因為使用率低而造成結果之不穩定。

6. 社區照顧部分：七項服務均得到使用者高度評價，滿意度均以「滿意」為多，分別為居家服務之使用、日間照顧服務（老人日托）、補助社會福利團體方案活動、社區關懷據點、中低收入老人營養餐飲服務、安裝扶手，與機構式喘息照顧服務等服務項目。

7. 文康休閒部分：老人活動中心場所（老人活動中心或集會所）與社區大學（老人文康及長青學苑）之使用，滿意度均以「尚可」為最多。

8. 敬老優待部分：使用滿意度以「尚可」居多的服務有老人免費乘車服務、敬老禮金、重陽節敬老活動與輔具補助（如助聽器、輪椅、氣墊床、四角扶手等）等服務；而辦理金婚鑽石婚紀念暨各類楷模表揚與免費裝置假牙服務之使用，則有「滿意」居多的評價。

9. 未使用相關福利服務之原因分析：

(1) 居住安養部分：五項福利服務均以「不需要」為最多，分別為低收入戶老人公費安置安養護、自費安養護、中低收入老人住宅設施設備改善補助、老人機構輔導考核及評鑑（未立案清查輔導、機構超收輔導及處罰），與補助社會福利機構設施設備；而在是否需要此項福利的問題上，回答則均以「否」為多。

(2) 醫療保健部分：四項福利服務均以「不需要」為最多，分別為免費健康檢查、中低收入老人重病住院看護補助、中低收入戶醫療補助與溫馨巴士交通服務；而在是否需要此項福利的問題上，除了免費健康檢查服務外，其餘服務之回答則均以「否」

社區照顧關懷據點提供老人健康活動和展現傳統手工藝的機會

照片提供：財團法人南投縣私立南投仁愛之家。

為多。經濟扶助部分，其中中低收入戶老人生活津貼、中低收入老人特別照顧津貼與急難救助三項，均以「不需要」為最多，而老年農（漁）民福利津貼與敬老福利生活津貼則是以「資格不符」為多；而在是否需要此項福利的問題上，前三項服務以「否」為多，而後兩項則以「是」為多。

(3)老人保護部分：四項福利服務均以「不需要」為最多，分別為老人保護工作服務、中低收入戶失能獨居老人在宅緊急救援連線服務、獨居老人關懷服務與法律諮詢服務；而在是否需要此項福利的問題上，回答則均以「否」為多。社區照顧服務部分，七項福利服務均以「不需要」為最多，分別為老人居家服務、日間照顧服務（老人日托）、補助社會福利團體方案活動、社區關懷據點、中低收入老人營養餐飲服務、安裝扶手、機構式喘息照顧服務；而在是否需要此項福利的問題上，回答則全部以「否」為多。

(4)文康休閒部分：老人活動中心場所（老人活動中心或集會所）

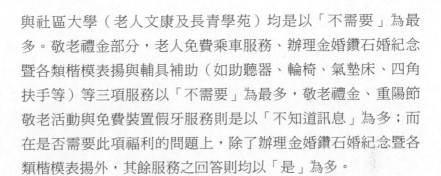

與社區大學（老人文康及長青學苑）均是以「不需要」為最多。敬老禮金部分，老人免費乘車服務、辦理金婚鑽石婚紀念暨各類楷模表揚與輔具補助（如助聽器、輪椅、氣墊床、四角扶手等）等三項服務以「不需要」為最多，敬老禮金、重陽節敬老活動與免費裝置假牙服務則是以「不知道訊息」為多；而在是否需要此項福利的問題上，除了辦理金婚鑽石婚紀念暨各類楷模表揚外，其餘服務之回答則均以「是」為多。

對於政府提供之老人福利服務，老人最需要的還是「經濟補助」，醫療服務次之，另提供交通服務方面亦有極高的比例。此乃老人的經濟狀況及健康狀況是處於弱勢為主要關鍵，在福利服務之提供方面應加強此兩項之措施，應將經濟、醫療、交通三者結合，讓照顧服務呈現整合性的服務輸送模式。老人休閒生活方面應增加其多元性選擇，建議可依老人較習慣性的「自強活動」開始，然後再逐步擴展相關休閒服務。

第四節　老人福利需求與服務使用之建議

理想的社會大環境是政府對老人照顧問題，有前瞻性、持續性的明確政策和完整的通盤規劃，相關配套措施如國民年金制、退休安養保障、老人醫護體系、老人教育體系等等，這些配套福利服務必須能相互呼應的發展，才能滿足老人社會的整體福利需求和效果（熊智銳，2006a，2006b）。台灣已是亞洲地區高齡化的國家，由於低死亡率和低出生率的雙低效應，加上戰後嬰兒潮出生的人口群即將邁入老年期，社會已浮現食之者眾、生之者寡的照顧資源問題，由於台灣是一個島國，因此全國老人的需求有許多層面是相同的，如醫療需求、經濟需求，但有些需求則出現地區性的差異，甚至還有城鄉之別。

　　經過檢視老人的需求及目前所提供的相關服務及政策後，雖然看似能顧及老人健康的各種層面，但實際上真正能受惠的老人有限，且主責單位及實施機構間的協調聯繫不佳，導致服務有重複、片段，或不連續之現象。因此老人政策之制訂應激發老人**自主性**（autonomy）和**充權**（empowerment），老人參與和社區的本身力量具體影響相關政策之制定，若只憑立法制定政策來強化家庭養老功能和提供適當的老人需求服務，將導致事倍功半的效果。就本研究之結果，提出以下建議：

一、健康醫療狀況

　　健康與經濟兩者一直是老人普遍重視的問題。在各類相關的健康醫療需求中，老人最重視的為免費健康檢查、免費醫療、健康醫療服務、設立療養機構與復健服務。

1.為預防健康老人發生慢性疾病，應著重推廣老人健康促進活動，鼓勵老人從事適合其年齡及身心狀況之運動，並舉辦營養及健康講座，宣導正確養生觀念，強調均衡飲食習慣，以防治老年心臟病及腦血管疾病等。

2.從研究結果可看出老人對於相關的健康服務，包括定期的健康檢查或義診活動的表達需求性都相當高。南投縣醫療系統的市場化活絡，許多中大型醫院均有針對高齡居民，提供免費健康檢查服務、巡迴性的義診活動或巡迴醫療車，因此未來政府可以扮演資訊傳遞的角色，將各大醫療院所提供的免費健康檢查服務之資訊，有效傳遞到老人手中，即可滿足老人在這方面的需求。

二、經濟狀況

1.在經濟工作方面，由研究結果顯示，許多老人仍然在經濟方面處於

弱勢，未來在中低收入戶的評估方面，應可以反應給中央，檢討現行過於嚴苛的中低收入戶評估標準，以達到保護老人經濟安全的目標。

2.研究發現隨著年齡的老化，老人在經濟安全上確實有越趨弱勢的情況，因此應該要加強稽核及宣導一般企業發放退休金的制度，使得有工作的老年人都能夠在退休的時候領取適當的退休金，以保障其老年的經濟安全生活。

3.研究發現南投縣老人從事農林漁牧業的比例相當高，顯示這些老人，在未來老年退休之後，沒有辦法擁有職場退休金的基本生活保障，可以預期這些老人雖然能在老年之後，繼續工作相當長的一段時間，但終究可能會落入經濟匱乏或貧窮。因此對於敬老福利生活津貼的持續發放有其必要性，此外需要國民年金制度的實施，才能逐步解決此部分的問題。

三、居住安養

1.南投縣的老人接受安養機構照顧的意願不高，須至身體失能時才會考慮去機構養護。研究資料發現年輕老人接受安養機構的比例較高，可以考慮舉辦安養機構、日間照顧及居家服務的參訪活動，使得老人能夠充分瞭解這些機構目前的狀況，以及政府推出的新型態福利服務的情況，以增加老人和家屬的接受度。而未來在老人機構人員的專業訓練中，可多針對不同族群、老人生活習慣及文化的瞭解和需求，使得老人機構目前團體制式的照顧方式，可以轉變為多元文化和體貼性的照顧方式。

2.在居家服務方面，以一般老人接受的程度相對較高，因此未來居家服務應該要推廣以收費的方式，讓一般的老人亦可申請享用，並加強針對一般老人的相關訊息宣導活動，相信未來會有相當大的市場

發展。

3. 在支持性的照顧服務方面，包括喘息照顧及日間托老部分，一般老人接受的意願稍微偏高，年輕老人接受的意願亦較高，榮民和原住民接受的意願也偏高，未來在推廣時，要注意這群人口可能為潛在市場，同時也必須針對原住民老人的團體或榮民退輔會的機構，加強宣導新型態的支持性服務，以增加服務單位同仁對服務內容的瞭解及認同。

4. 老人機構安養部分，目前的老人對機構的觀念，仍存有昔日被救濟的刻板印象，因此必須加強機構安養的宣導和安排老人及子女的參觀機會，以扭轉老人對機構安養的負面印象。南投縣好山、好水，是開發老人集合式住宅或辦理長期居住（long stay）的好地方，積極開發和民間部門做資源整合，是發展老人居住安養的重要策略。

四、老人保護狀況

1. 研究結果發現，雖然只有極少部分的老人是處於受虐的情況，但未來在相關服務議題上仍是不可忽視的。建議家暴中心在運作上面，應將老人保護這一塊分別運作，要有相對獨立的處理人員或專職人員，針對個案進行處理，專職人員應減少部分個案訪查工作，著重在危機個案處理上，加強個案管理者角色，這是過去較少重視的部分。

2. 老人對於子女之「情感依附」相當高，政府若能加強安排子女和老人之間共同活動與相聚的時間，將可成為未來的重點工作。最基本可行的方案為舉辦三代同遊的活動，提高其相處時間與互動頻率。新型態的照顧系統也是未來可以發展的方面，包括視訊的照顧系統，可以使在外工作的子女，隨時隨地跟家裡面的老人保持聯繫，這部分是未來應該努力的方向。

五、教育休閒生活狀況

1. 老人大學應掌握老人學習者的基本「人口年輪」資料，瞭解其學習需求，進行活潑多元的課程設計，特別是瞭解老人學習的特性，鼓勵老人學習者積極參與教育活動，並運用傳播宣傳管道與行銷策略，提供多元化的老人教育活動。老人學習也應注意多元「方言」的使用，以達到不同族群、年齡、教育之學習普及性，促進長者參與的意願。此外，老人大學或長青學苑所開設之課程時間，應儘量配合老人生活作息，避免安排在下午老人午睡時間或晚上的時間，以增進學習效果。

2. 一般老人最常使用的是社區內公園的設備，作為彼此娛樂及交流場所，因此未來在公園的設計方面，必須要考慮到不同年齡層老人使用公共場地的空間分配；在公園的規劃上，可以預留適合老人活動的場所，並多設座椅，加強無障礙空間之設計，增加長輩使用的方便性。在廁所設置方面，因老年人頻尿之生理特質，除應注意安全及衛生之外，設置數量與距離亦應納入考量重點，否則老人會因上廁所不方便，而不敢外出活動。此外，南投縣實施老人免費搭乘公車之福利項目應持續實施，以增加老人外出活動之意願及方便性。

3. 瞭解不同鄉鎮地區老人的不同休閒型態，未來在規劃相關的活動時，可以針對不同生態、族群老人的特性分別設計，以免因為目前固定而僵化的活動型態，僅能嘉惠到部分族群的老人，而忽略了其他族群老人的相對需求。

4. 有使用福利服務的受訪者，希望在社團經費或補助方面可以增加，因此應依社團的會員人數作為提供補助的計算基礎，以符合公平原則。老人喜歡戶外活動的休閒方式，所以可增加老人團體自強活動的補助經費，滿足老人的「感覺性」福利需求，讓老人覺得政府對其福利的關心，但補助時必須注意戶外活動和行車之安全，且必須

繪圖增進老人手眼協調，同時也藉由作畫過程讓老人回憶生命的故事
照片提供：財團法人南投縣私立南投仁愛之家。

補助其平安保險費（意外保險）。

六、建立福利資訊平台

1. 建立福利資訊溝通平台：一般老人福利服務不滿意原因之調查方面，許多受訪者表示有很多福利項目「不知道」，或「不知道要向誰申請」，顯示宣導不足及民眾獲取福利資訊的障礙程度高。由於老人每日看電視的時間長，因此可運用電視、地方節目台或收音機等作為福利資訊傳遞之管道。

2. 中低收入戶老人福利服務資訊之供給需求：加強現行居家服務人員、電話問安人員、地方村里幹事及公衛護士對中低收入戶福利資源之認識與瞭解，以便接觸中低收入戶時，能及時提供福利資訊，減少資訊使用障礙。

七、加強專業人力和知能

1. 高齡化社會來臨，老年人口快速增加，老人福利的服務對象有成長趨勢，為因應老人福利業務之執行成效及解決人力不足問題，專業社工員之配置應有所調整，相關工作人力（包括行政人員和社會工作員）應相對增加，才能滿足老人服務輸送之效果。此外，老人福利相關人員，應定期辦理專業在職訓練和教育，以免掉入「**專業過時**」或「**專業衰退**」之困境，以提升專業知能和方案規劃之前瞻性。

2. 研究發現老人保護問題仍未被普遍重視，面對台灣日益成長之老人保護業務，建議應設有**專責**社工員辦理高危險群的老人照顧個案，以及進行個案管理，以確實執行老人保護政策。

八、結合交通服務需求

1. 南投縣實施的老人免費乘車票卡，可考慮方便經常利用公車之老人長時間使用，亦即「便利性」是老人使用免費乘車之福利服務滿意度之重要關鍵。

2. 為顧及老人之乘車安全，公車服務應加強監督與訓練，有受訪者表示，公車司機服務態度不佳及缺乏耐性，造成老人乘車時有極大精神壓力並容易跌倒受傷，且經常有過站不停的情形發生，部分地區則有公車班次太少的問題，老人在交通上為弱勢，公共運輸工具的不便將影響其使用福利資源的機會。

九、高齡人力再運用

1. 運用現有政府及民間職業訓練設施，擬訂退休老人再就業的服務計

畫，針對社會需求及健康退休老年人的興趣、專長、需要，提供相關訓練。南投縣以農耕為主，可針對現代人對休閒之需求，設計以農耕田園為主的就業機會，一來發揮老人所長，二來可增加老人之收入，充實生活之意義，並發揮具有生態特色的休閒產業。

2.目前「年輕老人」居多，而且可以自己照顧自己，因此可運用「年輕老人」或身體健康的老人人力資源，參加社區或廟口的活動外，還可以引導他們參加社區志願服務，關懷社區行動不便或較高齡的老人。

第五節　結論：依有限資源排定老人需求之優先順序

經濟和醫療常是老人最迫切之福利需求，而福利服務之需求又有規範性需求、感覺（受）性需求、表達性需求、比較性（相對性）需求四種不同的概念（Bradshaw, 1972），因此，任何福利需求調查或評估，最基本且最重要的是，必須先認定「高危險人口群」或「高風險家庭」為老人服務提供之優先，再依財政經費、資源，排定福利服務需求之優先順序，由最需要幫助者開始再擴展至一般人口群，才能使福利資源和服務機能產生最大效益。經濟安全、健康醫療和社區照顧是三位一體的老人福利基礎架構，老人福利政策或服務輸送必須就此三大層面同時考量，才能建構完善性和前瞻性之服務方案。「家有一老，如有一寶」，如何讓長輩們「活得老，又活得好」，是每位老人的盼望，雖然我們沒有辦法阻止老化，但我們可以透過適當的家庭及社會照顧，讓家中老人活得有尊嚴、有品質。

「憂憂」歲月 顧公婆我感恩

看到這些媳婦照顧婆婆的負面文章後，我的心是如此沉重。

我很感恩一路互相扶持的先生。記得要嫁他時，媽媽說：「嫁給獨子壓力很大。」我說：「若有兄弟、妯娌之間不和，那不更頭痛？」

身為唯一的媳婦，我曾集三千寵愛於一身。入夫家的門，公婆料理好三餐，我只負責上班和傳宗接代！當時姑媽來家裡小住幾天，就對公婆說：「哪有這樣疼媳婦的！」婆婆回答．「年輕人要上班，我兩老還能做就加減做。我相信我們老了，媳婦會照顧我。」

婚後第六年，老二出生，婆婆因帕金森氏症手腳出現僵硬，所以我辭職了，接手照顧家裡，操持家務，我把婆婆當女兒疼。婆婆完全無法自理的時間有六年之久，她往生後的第四個月，我公公也臥床，而且是重度失智症，他們都是靠鼻胃管餵食的病人，且公公還有嚴重的氣喘。

十幾年來，幸好大愛劇場陪我走過「憂憂歲月」，我也懂得利用網路，尋求資源。就在四年前，我申請到居家照顧服務，讓我和先生、孩子得以在假日一起出去透透氣；也很慶幸湖口仁慈醫院的醫療團隊對我的幫忙與照顧，讓我一路走來只有感恩，沒有做傻事。

記得曾聽過一句話：「上天會給你的考驗不知是什麼時候；但是他也會對你有所回饋的。」這句話在婆婆往生後，我默默的領悟到，很多事情就順理成章的發生了，而且都能否極泰來。

重點是：要懂得「自助、人助、天助」，先有德才有得。

政府也都有一些照顧的資源可以利用，希望政府能多加宣導，因為有很多的照顧者都不知道有這些福利。當然最重要的是「要照顧好自己的心」，還有家庭扶持的愛。

資料來源：郭春美（2009）。《聯合報·民意論壇》。2009年2月18日報導。

問題與討論

一、高齡化社會的老人需求可歸納為哪六項？

二、老人福利服務的主要內涵有哪些？

三、高齡化社會的老人福利需求可歸納為哪幾項？

四、政府所提供的老人福利服務中，老人最需要何種供給？其主要原因為何？

五、福利服務之需求可分為哪四種層次性的需求？所進行的需求調查或評估的優先順序為何？為什麼？

六、您認為城鄉老人的福利需求有何不同？服務供給者提供服務方案時應考慮哪些因素？

參考文獻

一、中文部分

內政部統計處（2009）。《各縣市人口年齡結構重要指標》。台北：內政部社會
　　司。

李明政（1991）。〈社會福利領域中有關需要的概念及其判斷之探討〉，《思與
　　言》，第29卷第3期，頁153-174。

南投縣政府主計室（2008）。〈南投縣96年人口統計分析〉。南投；南投縣政
　　府。

徐立忠（1989）。《老人問題與對策》。台北：桂冠。

郭春美（2009）。〈「憂憂」歲月　顧公婆我感恩〉，《聯合報》，2009年2月18
　　日，民意論壇報。

陳燕禎（2006）。《建構本土居家服務模式之研究》。財團法人彰化縣珍瑩老人
　　福利機構95年研究發展計畫。

陳燕禎（2008）。《老人福利理論與實務：本土的觀點》（三刷）。台北：雙葉
　　書廊。

陳燕禎、黃志忠（2006）。《南投縣老人生活狀況及福利需求調查》。南投縣政
　　府委託研究計畫。

陳燕禎、謝儒賢、施教裕（2005）。〈社區照顧：老人餐食服務模式之探討與建
　　構〉，《社會政策與社會工作學刊》，第9卷第1期，頁109-140。

黃源協（2000）。《社區照顧：台灣與英國經驗的檢視》。台北：揚智。

黃耀榮（1997）。〈老人休閒環境特性與需求之城鄉差異探討〉，《中華民國建
　　築學會建築學報》，第21期，頁1-20。

楊桂鳳、劉銀隆、于漱（2004）。〈「老年人的形象：世代間的比較」研究〉，
　　《醫護科技學刊》，第6卷第4期，頁371-384。

萬育維（1998）。《社會福利服務：理論與實踐》。台北：三民。

熊智銳（2006a）。〈老人安養機構問題：安養機構的形貌與設施〉，《健康世
　　界》，第241期，頁94-97。

熊智銳（2006b）。〈老人安養機構問題：安養機構的理想與現實〉，《健康世

界》，第243期，頁95-97。

蔡美華（1995）。〈台灣地區老人社會福利需求之綜合研究〉，《社會發展研究學刊》，第2期，頁199-223。

謝高橋（1994）。〈老人需求與老人福利措施〉，《全國社會福利會議：邁向二十一世紀社會福利之規劃與整合會議手冊》，頁425-458。台北：內政部。

謝登旺、陳芬苓（2004）。《桃園縣老人福利需求調查研究計畫》。桃園縣政府委託研究計畫。

謝穎慧、邱亨嘉、毛莉雯（2002）。〈社區老人實際服務利用與自覺需要：1994-1998世代追蹤研究〉，《台灣公共衛生雜誌》，第21卷第6期，頁411-419。

二、英文部分

Andersen, R. M. (1968). *A Behavioral Model of Families Use of Health Services*. Research Series No. 25. Chicago, IL: Center for Health Administration Studies, University of Chicago.

Andersen, R. M. (1995). 'Revisiting the behavioral model and access to medical care: Does it matter'. *Journal of Health and Social Behavior, 36*, 1-10.

Bradshaw, J. R. (1972). 'The concept of social need'. *New Society, 496*, 640-643.

Doyal, L. and Gough, I. (1995). 'A theory of human needs'. *Critical Social Policy, 10*, 6-38.

McKillip. J. (1987). *Need Analysis for the Human Services and Education*. Newbury Park, Cali.: Sage.

Smith, M. J. (1980). 'The social consequences of single parenthood: A longitudinal perspectives'. *Family Relations, 29*, 75-81.

Chapter *12*

施麗紅

老人長期照顧機構之照顧服務

■ 前　言

■ 老人長期照顧機構的現況

■ 老人長期照顧的需求

■ 老人長期照顧機構服務內容

■ 老人長期照顧機構中的社會工作

■ 結　論

施麗紅　東海大學社會工作研究所博士生

第一節　前言

　　無論國內外老人機構的發展歷史，均提到其設立與貧窮脫離不了關係，幾乎是家庭系統完全無法發揮功能的前提下，才到機構進行收容安置，然而當時人們對於居住老人院的想像，認為那裡是不人道、成為一位依賴者、與外界生活隔絕、沒有希望的地方（村岡裕，2008；林玉子，2007；張雪真，2004；王玠、王美懿，1996；Booth, 1985，引自Baldwin, Harris and Kelly, 1993）。隨著時代變遷，老年人口的增加，在1997年第一次老人福利法修法之前，國內因應老人的照顧需求，社區充滿許多未立案機構，這些機構很多是鐵皮屋改建，不僅居住擁擠，居住環境充滿尿騷味，甚至引發火災公共安全的問題（李美玉，1998；呂寶靜，1994；黃松林、劉阿琴，1993）。故1997年老人福利法進行修正，針對老人機構的類型與輔導措施做更進一步的規範。

　　台灣老年人口占總人口比例的10%，未來提升至20%所需的時間預估是二十一年，這樣的數據將超越日本，成為全世界第一（陳燕禎，2008）。面對老化社會所帶來各種福利需求，政府在2007年再次修訂老人福利法，同年在行政院大溫暖社會福利套案中，將建構長期照顧體系十年計畫列為旗艦計畫，而在有關長期照顧服務資源發展之規劃方向上，針對機構式服務方面，提到老人機構量與質的提升，在服務數量匱乏之縣市列為補助優先對象，而對於資源不虞匱乏之地區，則以提升機構式服務品質為重點工作。

　　不論老人長期照顧機構之發展狀況為何，最終都是希望居住在裡面的住民能過著妥適、有尊嚴的生活。因此，本章主要討論老人長期照顧機構的照顧內容；並以「社會工作」專業角度探討老人長期照顧機構的照顧實施，包括社會工作者在老人長期照顧機構的功能、角色、可能的困境與出路等。以下先就老人長期照顧機構的現況、照顧需求等先做說明，接著探

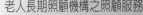

討老人長期照顧機構的工作內容，最後探討社會工作的實施。

第二節　老人長期照顧機構的現況

目前討論老人長期照顧機構主要分成社會行政與衛生行政系統，分別敘述如下：

一、社會行政系統

根據2007年新修訂的「老人福利法」第三十四條：「老人福利機構設立標準」第二條中談到，老人福利機構以二十四小時照顧機構分類，分成長期照顧機構與安養機構，定義如下：

1.長期照顧機構指下列辦理老人照顧服務之機構，分成三大類型：
 (1)長期照護型：以罹患長期慢性病且需要醫護服務之老人為照顧對象。
 (2)養護型：以生活自理能力缺損需他人照顧之老人，或以需鼻胃管、導尿管護理服務需求之老人為照顧對象之機構。
 (3)失智照顧型：以神經科、精神科等專科醫師診斷為失智症中度以上、具行動能力且需被照顧之失智症老人為照顧對象。
2.安養機構指以需他人照顧，或以無扶養義務親屬或扶養義務親屬無扶養能力，而日常生活能自理之老人為照顧對象之機構。

二、衛生行政系統

根據2007年新修訂的「護理人員法」第十四、十五條規定，護理之家成立背景與服務對象如下：

1. 第十四條：為減少醫療資源浪費，因應連續性醫療照護之需求，並發揮護理人員之執業功能，得設置護理機構。

2. 第十五條：護理機構之服務對象，包括：罹患慢性病需長期護理之病人、出院後需繼續護理之病人、產後需護理之產婦及嬰幼兒。

事實上，行政院衛生署所管轄的護理之家與內政部所管轄之老人長期照顧機構，所照顧之對象類似。在老人福利法第三十四條特別針對老人長期照顧機構中，涉及醫療或護理服務，應依醫療法、護理人員法或其他醫事專門職業法等規定辦理；在護理機構所照顧之對象，除了產後需要護理之產婦與嬰幼兒之外，其他兩項照顧對象與老人長期照顧機構幾乎無差異，只是老人機構限定在老年人口群，而護理機構則可能包含各類需要被照顧的人口群（0歲以上都可以）。

此外，養護型機構與長期照護型機構（護理之家）最大的差異何在？在2007年老人福利法修訂之前，養護機構所照顧的對象並不涉及技術性護理，只能照顧身體機能有缺損者。在2007年之後，兩者之差異則在「技術性護理」程度，「老人福利機構設立標準」第十九條規定：「養護型機構收容需鼻胃管、導尿管護理服務需求老人者，應報主管機關許可；其人數不得逾原許可設立規模二分之一」；然而，倘若被照顧者需要「氣切」的護理照顧，則只能在長期照護型機構或護理之家接受照顧。

談論老人長期照顧機構，實際上是以可能服務老年人口群之機構為討論對象，目前在國內所有老人二十四小時照顧機構，涵蓋長期照護型、養護型機構、護理之家；除此之外，安養機構雖然在定義及實際照顧與其他類型機構不同（安養機構的服務對象為生活尚能自理者），但其數量占少數，且其中安養機構設有養護床位，故在此仍放入討論；再者，內政部的老人機構統計中亦將社區安養堂、老人公寓放入，在**表12-1**的討論中以「其他」表示之；最後，則談論老人機構還有行政院退除役官兵輔導委員會所管轄之榮民之家。

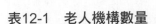

表12-1　老人機構數量

年份		總計	內政部				退輔會
			長期照護	養護	安養	其他	榮民之家
2005	家數	944	27	838	65	14	18
	床位數	59,006	1,499	23,783	23,542	1,139	12,209
2006	家數	977	32	869	61	15	18
	床位數	60,409	1,771	26,674	21,583	1,205	11,525
2007	家數	1,034	37	922	61	14	18
	床位數	62,881	1,932	28,824	20,610	1,204	11,036
2000年 6月	家數	1,040	1,022				18
	床位數	63,238	51,825				11,410

資料來源：作者整理自內政部統計處（2008a、2008b、2008c）。

　　從**表12-1**可以看出我國老人長期照護、養護及安養機構（含榮民之家）之分布狀況，以2007年底為例子，其分布狀況如下：

　　在機構概況方面：2007年底止，我國老人長期照護、養護及安養機構計有1,034所，可供進住人數為62,881人，實際進住者有46,699人，使用率為74.27%。依機構類別分：以養護機構922家占89.17%最多，可供進住人數28,824人，使用率為73.65%；安養機構61家次之，可供進住人數28,824人，使用率78.57%；長期照護機構37家居第三，可供進住人數1,932人，使用率62.37%。

　　從**表12-2**可以看出國內護理之家之數量，到2008年6月底止總計是343家，許可床數為23,572床，從**表12-1**與**表12-2**的數量合併計算，則到2008年6月底為止，全國與老人相關的機構數量是1,383家（1,040+343），計有86,810床位（63,238+23,572）。然而，從這加總數量透露出的訊息是我們看機構數量特別需要留意之處：以養護機構的家數最多（至少922家），屬於長期照顧的家數看似最多（37+922+343=1,002），占整體機構數量72.5%；而實際上的床位數則為54,328床（占總床位數的62.6%），意味著許多安養機構、護理之家的規

表12-2　護理之家數量

年份	家數	許可床數	開放床數
2007年6月	308	21,421	17,290
2008年6月	343	23,572	19,871

資料來源：作者整理自衛生署護理及健康照護處（2007，2008）。

老人機構的外觀與社區的地貌結合就像是原本住家的樣子，讓老人多了熟悉感

照片提供：作者挪威參訪的照片。

模是較大型的，養護機構與長期照顧機構則是規模較小。

第三節　老人長期照顧的需求

　　美國老年人口約有36%，在晚年生活曾花一些時間住在長期照顧機構中，其中又以85歲以上的老老人在護理之家所占的比例最高（高達45%）；65歲至74歲老人在面臨沒有配偶同住、最近曾住過院、至少有一項日常生活基本能力（ADL）有問題和心智損傷者，有50%以上的機率會進住機構（王玠、王美懿，1996）。究竟台灣地區老年人需要長期照顧的需求如何？本章使用我國十年長期照顧計畫的推估方式，計算65歲以上老年人口需要長期照顧的數量（內政部社會司，2007a）：65歲以上老人ADLs失能人口數推估根據性別、老人年齡層、障礙率（ADLs的

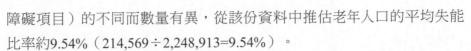

障礙項目）的不同而數量有異，從該份資料中推估老年人口的平均失能比率約9.54%（214,569÷2,248,913=9.54%）。

我國在2008年6月底的總人口數為22,994,262人，老年人口為2,367,652人，老年人口比率為10.30%。以2,367,652人進行失能人口推估，則為222,560人（2,367,652×9.4%）。**表12-3**預估了2020年為止的失能老人人口，從數據當中可看到隨著老年人口比例增加，女性失能老人所占的比例在2020年是男性的1.8倍，女性較男性活得長的事實，使得未來必須特別留意老年女性的照顧問題。

一般論及老人長期照顧需求的滿足，主要是以機構式、社區式、居家式的照顧方式（謝佳容，2007），無論國內外都可看出均以居家、社區照顧為主，在無法有前兩項選擇後，才會使用機構式照顧（周月清，2000；Higgins, 1989）。究竟機構式照顧的資源比例配置要多少？根據

表12-3　台灣地區未來65歲以上老人ADL失能人口推估

年份	統計	失能率 男	女
2008	222,560	--	--
2009（以下推估）	242,889	100,193	142,696
2010	249,607	101,202	148,405
2011	257,619	102,666	154,953
2012	266,630	104,615	162,015
2013	278,192	107,797	170,395
2014	289,524	111,326	178,198
2015	301,990	114,179	187,811
2016	316,727	119,260	197,467
2017	331,106	123,209	207,897
2018	343,508	126,724	216,784
2019	357,372	130,553	226,819
2020	370,256	134,044	236,212

資料來源：作者整理自內政部社會司（2007a）。

1996年行政院衛生署科技顧問會議中，專家學者討論認為，國內機構式資源與社區式資源，應為老人人口數的30%與70%（轉引自中華民國長期照護專業協會，2002）。若用此數據30%的比例推估至2008年6月為止，國內失能老人需要機構式服務者應為66,768人（222,560人×30%）。

從供給與需求的角度分析目前老人長期照顧機構，機構供給數量為86,810床（在2008年6月底包含社政、衛政以及退輔系統所有的床位數量），需求數量為66,678床，乍看之下，似乎是供給高於需求；但是實際上隱含各縣市資源分布不均之現象（內政部社會司，2007a）；再者，目前整體機構之入住率大約75%左右，並未到達百分之百的使用，此意味著我國的老人比較高比例能在家裡或社區獲得長期照顧？倘若如此，我們該感到慶幸！然而，還有一種狀況是這些老人其實有機構式照顧的需要，但不知是不願意或無能力使用該項資源，當這些有照顧需要的老人留在社區卻得不到服務的時候，恐成為老人保護的對象。

總而言之，老人長期照顧需求，會隨著世代、區域、性別、身心障礙程度不同而異，因此在考量機構式照顧資源配置時，也必須考量這些因素，且要留意服務需求有無被低估的狀況。

第四節　老人長期照顧機構服務內容

老人在長期照顧機構所需的服務內容，與老人本身之身心狀況有關，由於身心狀況之變化所涉及的多元照顧需求，必須由各種不同專業人員所組成之團隊共同提供。

老人長期照顧團隊的劃分方式，主要是根據老人的需求而來，從「老人福利機構評鑑及獎勵辦法」中將評鑑項目分成：行政組織及經營管理、生活照顧及專業服務、環境設施及安全維護、權益保障、改進創新、其他依老人福利相關法規規定，及經評鑑小組決議評鑑之項目（內

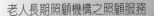
政部社會司，2007b）。在此以老人為核心，分成生活照顧；醫療、專業照顧；行政管理三方面所涉及的專業團隊人員，分別說明如下（杜敏世，2002；謝佳容、蕭仔伶、劉淑娟，2007）：

一、生活照顧需求

以下從食衣住行育樂六方面來看，其中「照顧服務員」是「隨時陪伴」在老人身邊的第一線人員，任何時候都是不可或缺的一分子，其主要執行與醫療服務相關的各項日常生活與身體照顧服務，如：餵食、更衣、如廁、洗澡、翻身、拍背、被動肢體活動等，因此，第一線人員如何協助執行與貫徹專業人員所設定之照顧計畫，對於老人照顧的品質有關鍵性影響。

(一)食

食的部分，指「營養師」、「廚師」等角色。長期照顧機構並非是急性醫療照顧的場所，營養飲食提供的目標不在於疾病治療；而是除了專業上為了老人疾病、健康的考量之外，必須能顧及老人的習慣與個別化的需求，要滿足老人在飲食上色香味的感受平衡。長期照顧機構中營養師的角色功能：評估營養狀態、決定營養診斷、營養介入、監督服務與評估成效；針對老人身體（身高、體重、罹患之疾病類型、咀嚼功能等）擬定飲食計畫，包括各種營養素攝取、合適的飲食類別；當然為了顧及不同的食物變化、老人個人喜愛選擇，有所謂的「循環菜單」、每週一或二次的「快樂餐」選擇。在長期照顧機構中，營養師必須監督飲食製作、儲放過程、環境衛生之維護與確保，負責指導廚師烹煮料理之責任；故即使有了營養師擬定的飲食計畫與內容，也要有廚師按照這個處遇內容確實執行，且能在烹煮的技巧發揮巧思，引發老人在視覺、嗅覺上的感受，如此老人的飲食才能得到真正的營養與健康。

(二)衣

衣的部分，指「照顧服務人員」、「洗衣人員」等。在穿著保暖方面，需要「照顧服務員」隨時為老人保持衣服清潔，尤其是身體不便的長者，在更換衣服時需要受過訓練的服務員提供協助；老人的感覺器官因老化之故，對於氣溫的敏感度較弱，需要照顧者協助其增添衣物，避免過熱或過冷；再者，在衣服選擇方面，應以老人原本平日穿著的衣服為主，避免因為統一管理的便利性，而將老人視為病人，不要過度機構化意象，應尊重老人個別化之選擇，所以從一開始入住時衣服的保管，就必須能夠辨識老人之衣物（繡上名字）；在洗滌方面，必須注意分類清潔與消毒問題，針對有特殊皮膚問題之老人衣物應分開清洗，尤其是罹患「疥瘡」之衣物，必須隔離，確實按照皮膚病處理流程給予清潔消毒，以免造成全院老人皮膚感染。

(三)住

住的方面，指「建築師」、「消防管理人員」的規劃、安排。安全的居住環境，基本的要求是無障礙空間，房間之設計避免彼此干擾、空間的規劃能設計出有家的小群體空間，增進老人之間的互動；此外，護理站之設計對於老人而言，必須具有可近性。建築空間的防火、逃生安全，在機構照顧環境（尤其是行動不便的老人）是非常重要的基本要求，對於火災之意外，不怕一萬只怕萬一。故「建築師」、「消防管理人員」在機構規劃之初就必須積極介入，因為好的硬體空間設計規劃，能讓身心有缺損的老人，降低對於環境適應的困難，在軟體服務規劃上容易達到事半功倍之效，例如若無障礙環境是較安全的，則能讓老人有較高的自主能力、避免老人跌倒，故在照顧上的壓力就能降低。在「消防管理」方面，機構全體工作人員應按照法規規定時間確實演練防範措施、逃生計畫等，以確保萬一在意外發生的時候，保障老人以及工作人

員之生命安全。

(四)行

行的方面，指「物理治療師」執行功能。其目的是維持老人最佳的行動功能，其在長期照顧機構角色功能有治療與諮詢兩部分：

1. 治療：指物理治療計畫、執行與療效評估；物理治療專業使用各類物理因子進行檢查、評估、鑑別老人的機能與障礙，治療神經、肌肉、動作感覺、心肺功能系統，尤其針對肌肉、關節活動度、行走、行動能力、平衡能力等方面，以達到消除障礙、恢復功能、促進健康、預防保健之目的。

2. 諮詢：主要針對照顧服務員或其他專業人員（護理人員）的溝通互動，如教育、監督簡單技巧的執行，行動能力或行動輔具之建議。在機構中，物理治療師必須決定老人所需要的技能性治療，包含評估老人、觀察其精神狀況、行為表現、入住理由等，找出能否經適當的介入改善身體機能。例如，中風的老人需要物理治療人員（或是復健師）訓練行走與移位的能力，倘若把握黃金時段給予治療，則對於老人往後生活品質的提升有重大影響，治療師可以擬定處遇計畫，教導老人或其照顧服務人員協助執行；針對長期臥床的老人，可教導照顧服務員執行被動肢體活動，避免老人四肢攣縮。

(五)育、樂

育、樂方面，有「社會工作師（人員）」、「職能治療師」的安排規劃。在國外有所謂的「娛樂治療師」，經過特殊訓練之後，專門負責老人育樂活動的安排，而國內可能由「社會工作師」結合社區資源，培訓志工，安排多元化的活動，滿足老人在機構內活動參與的需求；或由「職能治療師」協助規劃適合老人功能的活動，以增進老人生理、心理、社會層面功能，避免功能退化與社交萎縮。

二、醫療、專業照顧需求

(一)醫師

　　大部分老年人至少有一種慢性疾病需要長期服藥，故需要由醫師定期診治。一般而言，其角色功能包括：轉介、認可各項治療計畫、定期進行身體健康評估、執行各項醫療照護，以及評估各項治療計畫。國內的「護理機構」以及長期照顧機構「長期照護型」、「養護型」（照顧使用鼻胃管、導尿管之老人）則規定：對所照顧之老人，應由醫師予以診察，並應依老人照顧需要，至少每個月由醫師診察一次；對於轉診及醫師每次診察之病歷摘要，應連同護理記錄依護理人員法規定妥善保存（「老人福利機構設立標準」第十二條、第十三條規定）。醫院所附設的機構通常採用醫院醫師定期訪視提供服務；獨立型態者通常採用特約（契約）方式提供服務。

(二)護理人員

　　老人長期照顧機構均需有護理人員值班，處理突發的緊急狀況，監測老人的各種身體狀況，每日給藥，測量生命跡象，依據老人疾病的種類，監測病情的變化，必要時緊急與醫師聯繫，或緊急送醫。

　　護理人員主要提供的技術性護理服務的角色功能有：

1.執行有關醫療與技術性服務。
2.協助維持老人日常生活活動。
3.預防併發症。
4.協助老人疾病之適應。
5.提供老人與家屬健康以及心理諮詢。

　　再者有一重要的工作，就是考核與指導照顧服務員定時執行各項照顧工作。

(三)藥師

在長期照顧機構或許沒有全日制藥師的需求，但因為老人大都有長期服用藥物的習慣，根據過去作者的工作經驗，大部分機構中的老人每次服藥至少治療兩種以上的慢性疾病，約有10顆藥，故需要有專業藥師介入，以確保用藥安全。

藥師在長期照顧系統有四種角色：

1. 確認藥品調劑的重要性。
2. 管理急救及管制藥品之使用。
3. 評估老人藥物治療的合適性以及解決藥物治療問題。
4. 提供老人、家屬及其他醫療專業人員藥物資訊、會診服務及在職教育。

(四)社會工作人員

2007年新修訂的「老人福利機構設置標準」，相較於修法之前，社會工作人員之規定趨於嚴格，顯見社會工作專業在長期照顧機構的重要（詳細內容見下段的探討）。如果醫護等專業主要關注老人的生理功能，則社會工作關注的是老人心理、社會功能的提升，更關注具體服務（社會資源）的提供（謝秀芬，2006；林萬億，2006）；此專業所關注的焦點除了老人本身之外，還包含和老人相關的家庭、團體、組織、社區環境等微視與鉅視觀點，所以，其工作內容可能直接關心老人的心理情緒需求，老人與家屬、機構住民、工作人員之間有良好互動，為老人的權益進行辯護，設計適合老人參與的活動並鼓勵老人參與，連結志工資源協助老人活動，幫忙老人申請經濟補助，到社區宣導與辦理各項老化預防的活動，避免對於老人歧視等講座。若以直接、間接工作模式分類則為：

1.直接服務：著重於老人本身問題的解決，在提供服務的角色，可能是個治療者、照顧者、支持者、諮商者。

2.間接服務：是研究者、諮詢者、行政者、教育者、倡導者等。

三、行政管理支援

2007年制定之「老人福利服務專業人員資格及訓練辦法」第八、第九條，針對老人福利機構的院長（主任）負責人進行資格規定。除了須具備社會工作、護理人員背景之外，還必須有實務（臨床）經驗的累積，可見機構管理者的知識背景與機構管理的品質息息相關。老人機構要能維持高品質的服務，必須能依據機構宗旨、理念，發展出優良的行政管理系統、擬定各種人員的角色職責、建立合理的薪資與獎勵制度、持續且具有前瞻性的員工教育制度、完善落實的考核制度、建立各項工作標準、建立科學化電腦資料庫、健全的財務管理制度、品質促進制度之執行、定期統計與分析各項資料，作為改進的依據。

第五節　老人長期照顧機構中的社會工作

老人本身多元的需求，必須要由不同專業人員組成的團隊提供服務，由於過去老人的照顧過度強調生理醫療取向，而導致心理、社會層面的疏忽（Beaver and Miller, 1985；轉引自趙善如、趙仁愛，2001），所以社會工作的介入能補足此部分，故接下來將討論老人及其家屬對於機構式照顧的擔憂、社會工作的法定基礎、社會工作理論依據、社會工作的服務內容、社會工作的困境與限制。

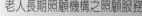

一、老人及其家屬對於機構式照顧的擔憂

雖然從歷史發展上來看，老人機構從像是一個乞丐寮、不人道的地方，到現在強調品質的發展，負面形象已大幅下降，但是老人及其家庭在面對需要入住機構時仍存有負面感受，老人的擔憂可能是：

1.無奈地和家人、朋友、熟悉的家庭環境隔絕，被迫與「陌生人」同住。
2.老人的生命被機構的工作人員「管理」。
3.隱私權與尊嚴的喪失，例如和不認識的老人同住，被不認識的人洗澡。
4.機構式照顧的花費昂貴。
5.害怕老死在陌生的環境。

此外，家庭成員通常會伴隨罪惡感：

1.將老年親屬送到機構，會被認為無法為老年人的生活福祉盡心力，無法好好照顧老人。
2.把老人送到機構居住，會被認為子女不孝順、配偶失職。

剛到新環境的老人面對物理環境改變、日常生活型態改變、社會網絡與社會支持的改變，必須重新適應環境，倘若加上健康狀況不佳，則會陷入生活危機（Lee, Woo, and Mackenzie, 2002）。故老人即使住到機構，也可以繼續擁有控制權和選擇權，也就是讓老人能主動選擇他們喜歡的作息安排、活動，而不是被動接受機構管理規定、各項生活安排，則比較可能創造心理健康的支持環境（謝佳容、蕭仔伶、劉淑娟，2007）。而蔡尚穎（2007）則論及機構住民的特性不同（背景、年齡、入住原因等）會導致不同的心理精神反應，只要是有部分心智功能的住民（也包含輕中度的失智症者），他們常見的心理反應有被拋棄感、被

拘禁感、無力感與無助感;「被拋棄感」來自害怕與家人、親人之間失去情感的連帶;由於機構內規律的作息與行動限制,更易與外界產生隔絕,像是「坐牢」般;「無力感」則是老人身體不便,必須住在機構讓人協助,且必須配合機構之規定,因而對自己生活自主權力喪失而導致的無力、憤怒;「無助感」是因為工作人員幫住民執行所有日常生活細節,反而對個人自主能力產生嚴重剝奪,導致其行為更加退化,覺得自己生活只能完全由別人控制,更加深依賴行為,形成強烈的無望、無助感。

因此,Mercer和Kane表示,當給予老人有選擇的機會,與行使一些支配他們日常生活的權力時,則無助與無望感可以降到最低,而這個部分是社會工作人員可以提供他們寶貴的貢獻,進而改善老人的生活品質的地方(轉引自趙善如、趙仁愛,2001)。同樣地,Silverstone和Burack-Weiss(1982)表示:「雖然在機構中社會工作服務的重要性,習慣被放在護理與醫療之後;但是,從協助老人適應不同生活方式的觀點,並確保輔助功能實施的角度來看,對於脆弱狀態的老人而言,社會工作服務的重要性勝過一切。」

總而言之,有品質的照顧環境能夠尊重住民本身的選擇與自主性。不可否認,有些人在換到新環境的時候難免會有失落、被拋棄的感受,故需要家人、親人的持續關心;再者,工作人員可以在陪伴照顧的過程鼓勵長輩參與,增加對自己生命的掌控感;最後,適度的與外在環境做交流互動,似乎也能避免住民被隔離在機構內的負面感受。

二、社會工作人員提供專業服務的法定基礎

目前台灣超過1,000家的老人機構中,聘用社會工作人員的狀況為何?根據楊培珊(2005)的觀察:認為在台灣機構照顧之社工人員,就業出現階層化選擇現象,首選的地點是考取公務人員任用資格,進入公

家單位工作，薪資與福利均較佳；其次選擇財團法人的機構，因為這些機構可能得到政府部門或是聯合勸募協會的補助；最後，全台最高比例的私立小型機構晉用社會工作人員的條件較差，而且機構負責人常常因為營運成本的考量，不積極晉用。法規不支持社會工作者是長期照顧機構的必要人力，因此，小型照顧機構成為社工職場中最弱勢的地方。

然而以上的狀況，在2007年第二次「老人福利法」全面修法後有了些許改變，在社福團體努力之下，相較於過去更明確規定「社會工作人員」的人數配置，尤其在針對小型機構採用特約方式辦理社工服務時間。某種程度就是希望能改善小型照顧機構的社會工作實施，讓它不再成為社工職場中最弱勢的地方。

(一)設置比例

在「老人福利法」第二十條提到：「居家式服務、社區式服務與機構式服務提供者資格要件及服務之準則，由中央主管機關會同中央各目的事業主管機關定之」。而「社會工作人員」就是其中之一的專業人員，讓社會工作者在老人機構式照顧提供服務奠立法定基礎，在「老人福利機構設置標準」相關規定包括：社會工作人員必須是專任；照顧未滿一百人者，至少置一人；一百人以上者，每一百人應增置一人。但四十九人以下者，以專任或特約方式辦理，採特約方式辦理者，每週至少應提供二天以上之服務（「老人福利機構設置標準」第八條、第十一條）。

(二)資格條件

在「老人福利服務專業人員資格及訓練辦法」第四條提到，社會工作人員應具下列資格之一：領有社會工作師證照；高等考試或相當高等考試之特種考試以上社會行政職系考試及格；普通考試或相當普通考試之特種考試社會行政職系考試及格，並領有照顧服務員訓練結業證明書；具專門職業及技術人員高等考試社會工作師考試應考資格。

三、社會工作理論依據

　　人和環境的互動關係是錯綜複雜的，個人會產生適應的問題絕非單一因素造成，故採用交互反應關係的預估（transactional assessment），能相對釐清服務對象的問題，是在哪些不同系統牽引之下產生的結果（謝秀芬，2006）。也就是說生態系統觀點，提供一個多方面、多元系統的全人概念，來理解個人的社會生活功能，根據此觀點，個人行為的發展與成長受到其與環境間互惠性交流歷程的影響，其生活的健康與否並非個人特質或病態因素的歸因，而是個人適應環境的順利與否，也就是取決於個人與其環境間能否維繫適應良好的調和度（鄭麗珍，2002）。

　　根據Abrahamson（1988）的看法，機構式照顧的社會工作要重視以下觀點（趙善如、趙仁愛譯，2001）：

1.照顧的心理層面與照顧的個別化。
2.視為一個系統的家庭和家庭資源。
3.視為一個系統的社區與社區資源。
4.老人與其家庭、同儕、工作人員和社區均有互動。
5.老人透過持續照顧所產生的轉變。

　　老人機構中的社會工作是以社會心理模式為基礎，此模式就是立基於承認人和環境複雜交互作用的觀點，尤其在對於「能力」的看法上，能力是一種互動交換的概念，是人與環境互動的表徵，當環境設計不當的時候，會減弱人的能力（Maluccio, 1981；引自王玠、王美懿，1996）。社會工作者強調培養人潛在的力量，而不是他們的不足（相較於醫療模式強調根絕疾病，認為一個人生病必定是有某些缺陷）。在機構中，社會工作人員認為即使是能力缺損的老人，接受服務後，仍可保留其剩餘能力（residual ability），照料他們的社會心理需求如同照顧其身體需求一樣；老人為了自身的權益，被認為有能力做一些有意義的動

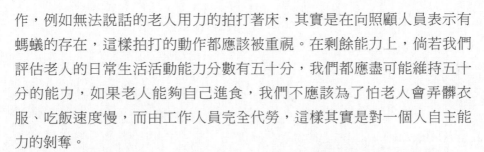

作，例如無法說話的老人用力的拍打著床，其實是在向照顧人員表示有螞蟻的存在，這樣拍打的動作都應該被重視。在剩餘能力上，倘若我們評估老人的日常生活活動能力分數有五十分，我們都應盡可能維持五十分的能力，如果老人能夠自己進食，我們不應該為了怕老人會弄髒衣服、吃飯速度慢，而由工作人員完全代勞，這樣其實是對一個人自主能力的剝奪。

除了從生態觀點來看待機構老人之外，**充權觀點**（empowerment-oriented）的實務取向，也是社會工作者所重視的，由於住進機構之後，對於自己生命失去控制的感覺，讓老人住民顯得無力沮喪，因此照護文化中強調平等的對待，專業人員平等對待老年人和家屬，老年人和家屬之間平等對待，社會大眾對於機構中的工作人員也應該尊敬和平等對待（萬育維，2004）。因此，此實務取向重視與老年住民發展夥伴關係，鼓勵老人盡可能參與與其本身問題有關、所有問題解決的活動，包含政治層次增強老人的自主權。提倡居住老人機構中住民生活應有的權利，以及爭取組織與社會的改變，支持此志向和努力，是老人住民與其家庭的權能增強取向之社會工作的精髓。機構住民擁有的權利至少有（趙善如、趙仁愛譯，2001）：

1.被完全告知。
2.參與自己的照顧。
3.依照自己的意願來做選擇。
4.擁有隱私權和被保密權。
5.享有尊嚴、尊重和自由。
6.財產受到保障。
7.停留在機構中。
8.訴怨。

有關老人住民在機構的權利部分，在「老人福利機構評鑑及獎勵

辦法」第五條明確指出，老人福利機構的評鑑項目中「權益保障」是五大評鑑項目之一，例如：機構訂有院民（家屬）申訴辦法、尊重院民宗教信仰、機構訂有生活公約或權益規範、對需要約束之院民應取得本人或家屬同意、分別訂有院民財物保管及死亡遺產處理措施等；在2007年「台閩地區老人福利機構評鑑指標」中，占總體成績之20%，其重要性可見一斑。

四、社會工作服務內容與困境

(一)老人福利機構評鑑指標的內容

以2007年「台閩地區老人福利機構評鑑指標」的內容為例，屬於社會工作專業內容，主要在「生活照顧及專業服務項目」有關社會工作以及「權益保障」兩大部分，此外有關「意外預防及緊急事件處理」，也是社會工作者可以協助之處。

　　1.社會工作專業服務方面：
　　　(1)機構對新進院民提供環境、人員、權利、義務之說明及適應輔導措施。
　　　(2)有社工個案記錄、個案服務計畫與個案資料管理。
　　　(3)有社會工作人員辦理或參與特殊院民個案研討。
　　　(4)舉辦文康活動、團體工作，增加院民人際互動。
　　　(5)機構能善用社會資源及志工服務。
　　　(6)院民住醫院或請假外出期間與其親友聯繫服務。
　　　(7)機構提供相關福利諮詢服務。
　　　(8)機構提供院民參與社區活動。
　　2.權益保障部分：
　　　(1)機構收容人數依設置標準規定。

(2)機構收容個案依設置標準規定。

(3)與入住院民訂立契約情形。

(4)收費標準依規定向主管機關核備，對中低收入戶並有優惠。

(5)依院民的個別需求，協助或提供轉介適當之服務。

(6)機構訂有院民（家屬）申訴辦法。

(7)對出現情緒不穩現象的院民有適當處理。

(8)機構與家屬（親友）的互動。

(9)尊重院民宗教信仰。

(10)機構訂有生活公約或權益規範。

(11)對需要約束之院民應取得本人或家屬同意。

(12)機構設立膳食委員會並有院民（家屬）參與。

(13)分別訂有院民財物保管及死亡遺產處理措施。

(14)提供院民臨終關懷照顧及協助處理後事。

(15)定期辦理院民或家屬滿意度調查。

3.意外預防及緊急事件處理方面：

(1)機構對意外或緊急事件訂有處理聯絡網。

(2)工作人員受過急救訓練並定期實習演練。

(3)意外或緊急事件有處理記錄。

(二)從服務輸送過程檢視社會工作服務

　　針對老人長期照顧機構的社會工作實施，參考國內外之資料，以服務輸送的過程分成入住之前、入住許可、入住中、出院轉介或死亡等四部分，按照社會工作者所扮演的角色、工作對象、工作內容整理如**表12-4**，並說明如下（王玠、王美懿，1996；楊培珊，2000；趙善如、趙仁愛譯，2001；中華民國長期照護專業協會，2002；萬育維，2004；中華民國老人福利推動聯盟，2004；楊培珊、王潔媛、江明璇，2005）：

老人服務
與社區照顧

表12-4 從老人機構式服務輸送過程檢視社會工作服務

	角色	工作對象	工作內容
入住之前	教育者 引導者 諮詢者	一般社會大眾（社區）社區老人以及家屬	1.外展服務：針對所在社區老人提供預防性服務方案——老化知識、老年歧視、健康照顧等議題 2.外界的參訪接待 3.機構刊物、介紹表單的編輯
入住許可	諮詢者 教育者 評估者 諮商者 支持者 轉介者	入住機構老人以及家屬	1.老人本身參與入住過程的決定，以協助未來在機構的生活適應（安排訪視或機構參觀） 2.老人家屬事先瞭解機構並參與入住申請過程，能先給予詳細說明〔服務條件（必須繳交的證明文件等）、各項日常生活照顧的安排、收費狀況等〕 3.老人或家屬讓其有足夠的心理準備，以因應住到機構可能產生的害怕、挫折和憤怒 4.蒐集老人的資料，著重個別化資料，尤其是社會心理層面的資料，如：老人的分辨能力、特長、能被培養的能力
入住中	支持者 諮商者 引導者 教育者 溝通協調者 資源連結者	老人以及其家屬 機構工作人員	1.協助老人、家屬因應改變（住到機構）所需要的服務 2.個案工作：老人的生、心理、社會適應、抱怨、危機（意外）處理 3.團體工作：各項團體活動增進老人之休閒娛樂與社會參與、小團體工作（肢體、感官活動、生命回顧、懷舊團體等） 4.家屬支持團體：分享將長輩送至機構的心路歷程以協助降低其可能的負面情緒、討論其對長輩功能退化的擔憂、探訪品質的增進等 5.員工教育訓練：特別針對第一線照顧人員，協助其認識老人之心理、社會需求（尤其是實際的案例討論） 6.跨專業合作：與醫療、護理、復健、營養等不同專業人員共同為老人服務（社會工作者可能是個案管理者，也可能由護理人員擔任），召開個案討論會議 7.老人與機構外（社區）資源的連結者：引入志工、社團資源到機構關心老人；或是引入社會福利、心理衛生或醫療的服務等

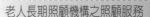

（續）表12-4　從老人機構式服務輸送過程檢視社會工作服務

	角色	工作對象	工作內容
出院轉介或死亡	諮詢者 教育者 支持者 資源連結者	老人以及其家屬 機構工作人員	1.需要轉介或出院之老人、家屬再次面對變動的壓力（失落或害怕），必須協助其為改變做預備 2.說明轉介原因 3.老人與家屬參與出院準備服務（轉到其他機構或是轉回家中），必須先與老人所需要的社區資源進行連結 4.協助老人以及家屬面對死亡（可能是漸進式的，也有可能是突發的狀態，社會工作者處理的方式會有不同） 5.協助機構的其他老人面對自己同儕死亡（恐懼、悲傷、說再見等） 6.協助機構的工作人員面對死亡議題、處理老人的死亡

■入住之前

　　通常老人住到機構之前是住在家裡，一般是在不得已的狀況下入住機構（身體太虛弱、無人或無能力提供照顧等），此時的身體面臨老化與疾病的困擾，故老人機構有必要在社區擔任教育、指導的角色，提供預防式服務方案，內容有關老化的知識、健康促進活動、健康照顧議題、對於「老」正確的認識、與老人相關的社會福利資源探討等。而這些居住在社區的老人及家屬，有可能成為日後需要使用機構式照顧資源的潛在服務對象。

　　此外，為了強化機構與社區融合的實際意涵，避免機構成為社區的孤島，於平日就應與社區建立關係，包含開放一般大眾、相關社會福利團體、教學單位參訪，讓民眾對於機構有正確的瞭解；而機構的刊物（活動報導、接受捐贈徵信等）、宣傳資料則提供另一種管道讓大家認識機構。機構持續與所在的社區互動交流是不斷進行中的活動，事實上在老人住到機構到離開為止，社會工作者都必須協助其與社區有交流互動。

■入住許可

　　入住到新環境是一個讓人情緒複雜和痛苦的過程。針對居住的老人而言，是一個多重失落的過程，一方面是自己的健康惡化、照顧能力變弱而必須仰賴他人的協助；另一方面，必須面對離開自己原本熟悉的家庭，到另外一個陌生的環境與其他人共同居住，這樣的多重失落讓老人搬遷到機構的轉變適應更加困難。有很多的家屬在考慮讓長輩住到機構時是一個困難的決定，有時候家屬會擔心長輩不願意前往機構加上自己無能力照顧，而以善意的謊言讓長輩住到機構，這樣的方式反而加深老人的無力與無助感。因此，在一開始的入住諮詢中，倘若老人本身是有意識的，社會工作者必須教育家屬，讓其瞭解老人參與自身入住機構的決策歷程，對於往後的生活適應有很大的幫助。

　　由於入住機構的過程中，可能是有充分的預先準備；也可能是突然生病住院之後緊急出院的安置，老人與家屬在無可奈何之下選擇住到老人機構，因此社會工作者是一個支持者的角色，支持其入住的選擇或往後生活適應之關鍵，讓老人與家屬能夠處理這一連串因緊急事件還來不及消化的害怕、擔憂等情緒。當然，即使已經做好心理準備，仍必須關心其因為預期與實際狀況不一致所產生落差情緒的處理，包括：對機構各項的照顧安排不瞭解、無法適應（洗澡、用餐安排、家屬探訪等）、對於照顧人員不熟悉、與室友的生活習慣不合等，這些是社會工作者在一開始與老人及其家屬見面時，於建立關係的初期，就必須給予協助溝通的部分。

　　另一方面，在老人個別化資料的蒐集上，護理人員關注生理功能評估，而社會工作者對其心理社會功能評估則格外謹慎，尤其是從正向觀點預估老人住到機構之後，仍可被維持、增強的能力。再者，老人個人的特殊習慣與嗜好，應特別給予記錄，這些將成為住到機構之後生活適應不可或缺的部分，也是社會工作人員必須與照顧團隊人員共同溝通照顧老人的部分，例如：一個老奶奶從年輕到老都住在山區，在她的飲食

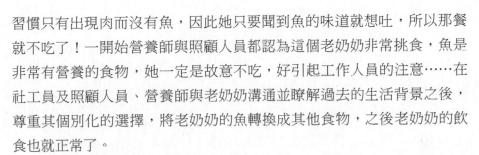

習慣只有出現肉而沒有魚，因此她只要聞到魚的味道就想吐，所以那餐就不吃了！一開始營養師與照顧人員都認為這個老奶奶非常挑食，魚是非常有營養的食物，她一定是故意不吃，好引起工作人員的注意⋯⋯在社工員及照顧人員、營養師與老奶奶溝通並瞭解過去的生活背景之後，尊重其個別化的選擇，將老奶奶的魚轉換成其他食物，之後老奶奶的飲食也就正常了。

老人的家屬可說是機構的服務對象也是老人資源之一。在台灣的機構，自費入住機構的老人，繳費仍由家屬出面處理，在面對自己的長輩必須住到機構的歷程，內心受煎熬且容易產生罪惡感，一方面他們希望長輩能得到妥善照顧而選擇入住機構，另一方面，卻擔心背負不孝之名或是機構無法有良好的照顧，面對多元、複雜、矛盾的情緒，家屬產生過度投入老人在機構的生活，或是選擇與老人逐漸疏遠。因此，社會工作者必須協助家屬處理矛盾的情緒，並教導家屬在老人入住機構後，與老人維持適度緊密的關係，畢竟親情是永難割斷的，即使住到機構有專人照顧，工作人員終究無法取代人倫親情。

在本階段一開始就必須討論居住的長期或短期，長期入住與短期入住的服務目標並不相同，需要做改變的程度也不一，如果是從醫院入住的生活復健者，短期居住的目標是希望能達成老人自我照顧能力的恢復，故社會工作者在此階段屬於諮詢、教育、支持的角色，協助老人與家屬做出較為合宜的決定。

■入住中

當老人居住到機構中，需要社會工作服務的關鍵要素是因為「改變」。老人必須面臨與家屬的關係改變，家屬探訪從家裡轉變到機構，老人有新室友、新朋友，也要接受機構工作人員（陌生人）照顧自己的身心健康。因為是個轉變的階段，社會工作人員必須運用個案工作的技巧，協助老人心理、社會適應、抱怨、危機（意外）處理。

　　此外，住到機構的環境相較於靜默的呆坐在家裡，機構當中規劃各式各樣適合老人參與的團體活動（例如配合國人的節慶舉辦重陽敬老、春節、端午節、母親節等活動），以增進老人之休閒娛樂與社會參與；配合少數人的共同需要，辦理各種小團體工作（例如肢體、感官治療團體、生命回顧、懷舊團體）等。

　　老人的家屬也是機構所特別要關心的一群人，轉換到機構之後與自己長輩持續互動，面對長輩對於機構的照顧有所抱怨的處理，或者面對長輩日漸退化的身體怎樣才能解決內心的不安，這不是每位家屬個別的問題，可能是多數家屬共同的關心，因此辦理家屬支持團體，讓這樣的連結成為一個支持網絡，讓家屬們彼此分享將長輩送至機構的心路歷程，以協助降低其可能的負面情緒、討論其對長輩功能退化的擔憂、探訪品質的增進等。特別針對新進住民的家屬所辦理的團體，對於家屬會有很大的幫助。

　　在老人機構中數量最多的工作人員是第一線的照顧服務員，因此如何讓直接接觸長輩的第一線員工，能夠認識老人的心理、社會需求，並請其協助執行心理、社會層次的照顧，相較於社會工作者以一己之力去執行，會較為快速且有效，故社會工作者在員工教育訓練方面扮演非常重要的角色，一方面必須為老人以及家屬的心理、社會、權益需求等進行內部引導；一方面得教育第一線照顧人員，認識老人之心理、社會需求以及如何因應處理；平日機構常會有老人以及家屬的照顧問題或意見反應，都是最好的案例討論題材，能夠藉由討論演練立即改善問題。

　　老人照顧工作因為涉及多元且複雜的需求，故需要由不同的專業人員一起提供服務滿足需求，在跨專業領域合作中涉及醫療、護理、復健、營養等不同專業人員共同為老人服務，社會工作者常扮演個案管理者的角色（有些機構是護理人員或是經理人），媒合與監督各項專業服務是否有效處理老人之需求，在特殊狀況下，也要請機構內部相關專業人員或是聘請外部專家學者，共同召開個案研討會議，以利進行老人需

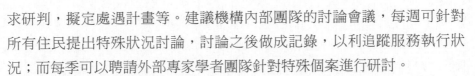

求研判，擬定處遇計畫等。建議機構內部團隊的討論會議，每週可針對所有住民提出特殊狀況討論，討論之後做成記錄，以利追蹤服務執行狀況；而每季可以聘請外部專家學者團隊針對特殊個案進行研討。

　　老人居住在機構裡，並不表示須與原本生活的社區隔絕，故如何打破機構和社區的藩籬，從社區引進資源就顯得格外重要，例如，引入志工、社團資源到機構關心老人；社區的學校進行戶外教學的場所，探訪住在機構的老人；或是外出到社區的商店購物、參與社區的慶典活動等，倘若老人原本就居住在老人機構所在的社區，持續與原本的生活社區有互動，不因為居住機構而中斷，如此機構不是全然陌生的環境，而是人親、土親生活的好地方。

　　總之在老人居住到機構之後，社會工作者扮演了最重要的溝通連結角色，就像是一座橋樑，連結了老人、家屬、工作人員，讓老人及其家屬的需求與心聲能夠得到最佳的照顧，因此確切的掌握老人的心理、社會需求，適時的提供個人或是團體的活動，並盡可能與社區的生活空間有接觸。

■出院轉介或死亡

　　住在機構的老人，在怎樣的狀況下會終止服務，有可能是短期居住者，在身體功能逐漸恢復、家裡有其他人可以照顧，所以選擇回家居住；或者原本機構不適合繼續居住而轉到其他機構；或是因為死亡等而必須予以結案。

　　針對不同原因終止服務的老人及其家屬所需要的服務也不相同，若需要轉介或出院之老人及其家屬，會再次面對「變動」的壓力（失落或害怕），必須協助其為改變做預備；其中必須說明轉介原因，特別是針對已經居住在機構中多年，與工作人員建立良好關係之對象，讓其有心理準備，如果能讓其先對於所必須轉介的機構能有詳細的瞭解，事先的參觀是比較好的狀況；如果是轉回家裡，則必須給予評估是否需要事先

轉介居家式或社區式服務單位，當然，過去住在機構者一般能得到較多服務，回到家裡也可能擔心照顧會減少、居家環境必須調整成無障礙空間，甚至主要照顧者可能擔任過多的照顧壓力，例如：王奶奶因為輕度中風導致左半邊肢體麻痺，在醫院治療兩週之後住進機構，由於是輕度中風導致左側肢體無力，短時間自我照顧出現困難，預計在機構調養身體、進行復健到可以使用助行器時打算返家居住，初步估計須居住三個月的時間，在這段時間內，社會工作人員必須協助家屬瞭解居家環境要能在一樓、有無障礙空間、浴廁使用的便利性等；再者是否需要居家服務人員到府協助洗澡或其他家事服務，或者是復健師協助其居家復健；甚至，考慮使用老人日間照顧中心的服務等。社會工作人員在出院評估時需要提供諮詢、支持與資源轉介。

　　老人死亡的狀況有些是漸進式的，有些是突發的。針對漸進式的死亡，通常是老化加上各種慢性疾病導致器官衰竭，若老人本身意識是清楚的，如何協助老人以及家屬面對死亡，涉及悲傷的情緒、預立遺囑、病況告知等。目前國內的安寧照顧主要針對癌症末期的病人，然而在國外老人領域有所謂的善終服務，落實尊嚴死亡，當健康已經無法恢復，痛苦有增無減的狀況下，基於生活品質的觀點，某種程度同意出自善意的停止或不予治療，而此決定的關鍵在於醫療人員，但是家屬的角色更應被凸顯與尊重，家屬必須有充分資訊瞭解死亡過程，並且得到社會工作者的支持，面對此困難時刻。如果老人意識清楚，則必須商量是否告知、如何告知；而意識不清之老人，則有賴家屬對於老人先前的瞭解，或是老人之前已經有事先交代或預立遺囑；達到尊重當事人（老人）與家人，落實尊嚴死亡（李開敏，1996）。故即使老人機構服務社會工作者，也必須對於死亡的議題有更多的知識與瞭解（其中涉及預立遺囑的法律問題、面對死亡的恐懼與害怕情緒的同理與支持、死亡來臨時的處理過程等），以便讓老人與家屬面對人生最後階段時，能沒有遺憾、圓滿地說再見。

　　另一種死亡的狀況是突發的，突發死亡對於家屬與工作人員都是很大的悲傷與壓力事件，除了家屬的通知與情緒安撫之外，必須告知死亡的原因，然而，有一些狀況可能涉及照顧不當（疏忽）所引發的死亡，倘若有所爭議，則可能尋求法律、司法途徑解決，此時社會工作者可能會面臨要為誰的立場進行辯護的兩難，是站在老人與家屬的立場或是機構的立場？當然，平日員工的教育訓練就必須加強對於死亡議題的討論，事先預防產生突發死亡的意外狀況，是避免產生危機事件的首要條件，而平日就要努力增進照顧服務品質；當意外突發狀況來臨時，確實將事件過程詳細的調查、記錄，以作為仲裁之參考。

　　生離死別對人而言都是一種失落經驗，當機構的其他老人面對自己同儕的離院或死亡，會產生不同的情緒與壓力反應，尤其是死亡的事件，恐怕讓老人有更多傷感，甚至聯想到下一個會不會是我的擔憂。因此，當機構有人過世，社會工作者必須能協助其他老人表達悲傷、擔憂，並有機會說再見，例如參加告別儀式等。每一位老人對於死亡的態度是不同的，有人可以公開討論，有人則隱晦擔憂，社會工作者與其他工作人員在處理相關議題時，仍必須考量老人的個別差異，而非有一個統一的唯一標準。

　　年老與死亡通常會被畫上等號，擔任老人長期照顧機構的工作人員在工作中，必定會面臨老人死亡的事件，死亡的議題在我們的社會仍有頗多的禁忌，因此社會工作者在教育訓練的安排上，必須有死亡、臨終的關懷服務議題，包含對於死亡的知識瞭解、辨別、臨終照顧的技巧、不同宗教背景對於死亡的態度等，探討工作人員（尤其是第一線的照顧服務員）自己對死亡的認識與態度，才不會因為提供服務過程造成對於死亡的陰影、甚至是職業傷害，也能協助老人與家屬更能安然面對每個人必走的人生旅途。

(三)對於長期照顧機構的服務困境與省思

在上述的討論比較，可說是從一個理想型（ideal type）的角度，探討社會工作在老人長期照顧機構可以著力之處，然而，在實務情境中常存在某些變數，導致社會工作專業無法真正發揮對於服務對象的照顧，以下將討論老人長期照顧機構所面臨的幾項議題與困境。

■社會工作者協助照顧團隊瞭解失智症者及其家屬之需求

根據台灣失智症協會2004年接受行政院衛生署委託，辦理台灣地區社區及長期照護機構失智症盛行率調查資料顯示，台灣地區65歲以上人口失智症之盛行率在機構方面，安養機構為24.54%、養護機構為61.17%、護理之家為65.70%（內政部社會司，2007c）。此意味著在全國的老人機構中，即使沒有規劃失智老人的床位，但實際上也照顧失智老人，或是不確定其就是失智老人；倘若以2007年12月底為止，全國1,002家合法立案的老人機構（其中養護機構為多數外，尚包括安養、長期照顧機構、老人公寓、社區安養堂），服務36,651位入住者（總床位50,641，平均入住率72.4%）（內政部統計處，2008a），以15.5%至61.17%進行推估，則約照顧5,861至22,420位失智老人。換句話說，失智老人雖然不是住在專門機構，但卻在一般的老人機構接受照顧，且大部分是在49床以下的小型老人機構。

行政院衛生署、內政部過去有委託研究，報告中提到有關失智症機構設立的迫切性，以及失智症建築設計與照護環境的建構等（黃耀榮，1999、2000；中華民國長期照護專業協會，2002）；行政院2006年9月20日第3007次會議通過「大溫暖社會福利套案」，其中建構長期照顧體系十年計畫提到：利用現有福利機構空間增設失智症老人照護專區。2007年，內政部正式推出老人福利機構失智症老人照顧專區試辦計畫，其內容論及相關的照顧人員配置、建築空間等，但最主要的理念，乃參照日本在2000年後在機構革新上推動的「團體家屋」（group home）、「單元

照顧」（unit care）的做法，建構理想的老人照顧環境——像「家」的生活場所，而不是收容性場所。在2007年初老人福利法部分條文修正案，在修法通過時提出附帶決議要求：「因國外先進國家如北歐、日本，對於失智症老人的家屬在長期照護的過程中，經常面臨生理、心理、經濟、家庭、社會關係等多重壓力甚至瀕臨崩潰，進而發展出團體家屋（group home）之社區服務模式，提供失智症老人非機構式的日常生活照顧、必要性照護、治療及訓練等如『家』的服務」。

由於失智症（dementia）幾乎是不能恢復的疾病，是一種腦部功能退化的疾病，並以記憶力損傷為主要症狀的症候群。心智能力在許多方面的退化，嚴重影響一個清醒而專心的人之日常生活功能，此退化狀態表現在數學能力、字彙、抽象思考、判斷力、說話或是身體協調等方面能力的喪失，有時也包括性格的改變（劉景寬，1997；劉秀枝，1997）。由於其真正病因未明，今日醫療科技尚無突破性治療之方法，故比較好的狀況是對其做好照顧、穩定，並控制症狀避免惡化，也就是在照護與環境評估、設計、安全、限制、防範、輔助、教育、訓練、專業諮詢上著力（李世代，2000）。

隨著高齡化社會來臨，機構照顧失智症者的比例將越高，由於為不可逆的疾病，因此照顧環境的調整、照顧技巧顯得更為重要，倘若真要在機構區隔出照顧單位，則工作人員必須接受照顧失智症的特殊訓練，幫助其瞭解老人的需求。在某些護理之家，為了提升對失智老人的照護品質，而需要特殊的照護環境和受過訓練的工作人員，因此機構內部會成立一些特殊單位，以防止失智老人過度刺激或是刺激不足，協助其適應環境（Peppard, 1985, 1986；王玠、王美懿，1996）。無論在國內外，大多數探討失智老人的照顧安排、設計等文獻幾乎都提到環境的調整（陳明珠，1991；曾思瑜，1999；黃耀榮，2000；Reader and Hoeffer, 1991; Peppard, 1991; Cohen and Weisman, 1991; Norris-Baker, Weisman, Lawton, Sloane and Kaup, 1999），從生態觀點正可以說明失智老人因為

本身的生理功能受限、認知能力缺損,所以比較難從改變個人特質來適應環境,而是必須增強環境的安全以及可接近性等面向的調整,使得其生活適應較佳(Lawton, 1980)。故社會工作者在老人、家屬與工作人員之間扮演溝通的重要角色,同時也力求環境上的調整,成為適合照顧失智症者的設施(setting)。

■社會工作仍停留在評鑑、行政工作,專業服務尚待努力

目前台灣的老人長期照顧機構以私立小型的機構數量最多,一般社會工作系畢業的學生進入老人機構,以公立、大型私立財團法人機構為主,私立小型機構因為經費考量且法規無強制規定,故聘用社會工作者並不多見,而即使想聘用社會工作人員也會遇到阻力,包括薪資結構不佳、專業工作不被重視、工作內容繁雜、流於行政事務等(楊培珊、王潔媛、江明璇,2005)。在台北市推動「小型老人養護機構社工服務方案」經驗中,採用與小型機構訂定服務契約方式提供社會工作服務,從方案執行的初步結果顯示,社會工作人員的工作停留在比較表面的業務,例如評鑑、行政工作、辦理活動、與老人會談等服務內容;然而,在個案照顧計畫、服務處遇、家屬團體經營、社區關係經營等更專業、更深入的服務仍屬少見(楊培珊,2005)。

老人機構是二十四小時全年無休的照顧住所,社會工作人員以兼職或特約的方式,要在每週二至三天與老人家屬建立信任關係,實屬不易,況且家屬最常探訪老人的時間通常是在休假日,認真而言,在小型機構當中,老人與家屬最熟悉的應該是機構負責人、照顧服務員,因為二者長時間在機構當中,故與老人及家屬有機會建立專業關係,在這樣的基礎上,深入輔導特殊狀況老人以及配合家屬的需要。而在團隊工作中扮演部分溝通協調的角色,也要獲得機構管理者的信任,才有可能推動各項服務方案。

話說回來,社會工作在台灣仍是一門不斷發展的專業,在老人長期

照顧領域可說是在起步階段,目前由於「老人福利法」規定加上機構的評鑑制度,使得機構有引入社會工作人力的動機,一開始可能是評鑑引導專業執行,甚至被質疑是paper work而不是people work。但是從另一個角度來說,服務的提供不是紙上作業應付評鑑,而是評鑑的指標能夠引導機構往更高的照顧服務品質邁進,盼望一方面從法規的強制介入,一方面在社會工作專業上不斷的努力深耕,能確實展現服務效果與效能。

■平衡社會工作直接與間接服務角色

討論社會工作的傳統三大方法,是以個案工作、團體工作、社區工作進行分類,而論及社會工作者的角色,可以從直接、間接角色進行區分。過去我們都容易落入一個迷思中,以為一定要和服務對象面對面才是從事社會工作,嚴格說起來這只是社會工作的一個面向,社會工作關注個人與環境的雙重焦點,從事環境的調整是另一個重要面向。倘若以一個社會工作的人力(很多時候是不到一個),在老人機構要囊括所有的個案、團體、社區工作,還必須做得很深入,老實說有點強人所難。認真而論,在老人機構的第一線工作者是照顧服務員,而非護理人員,也非社會工作人員,作者過去曾打趣地說:「長輩可以沒有護理師、社會工作師,但是不可以沒有照顧服務員的陪伴與照顧。」

作者過去在機構因為是全職人員,嘗試把社會工作理想型分類付諸實踐(個案、團體、社區以及評鑑工作等),每週工作時數超過六十小時是常有的事情,但是老人與家屬的需求仍是源源不絕,到最後不禁問自己,即使累垮了,個案的問題也永遠解決不完。故逐漸把社會工作的角色著重在教育、倡導的工作,許多基本老人之心理與社會需求,由第一線照顧人員先給予處理(最好是本國的照顧服務員,不是外籍人士),社會工作者針對有特別狀況的老人給予輔導、關懷,平日的工作著重在專業團隊中的溝通協調,尤其是服務輸送過程的順暢,確保顧及老人最大可能的獨立與利益。換句話說,社會工作者以間接第二線工作

辦理社區或機構內的老人活動，增加老人活動力與社會參與

照片提供：財團法人中華基督教福音信義傳道會，附設中縣
私立信義老人養護中心。

為主，第一線直接服務工作為輔。把這樣的經驗放入小型機構當中，可
以選擇不同的工作策略，而不會總是落入社會工作者無法深入處理個案
問題的迷思。

第六節　結論

　　台灣地區早已邁入高齡化社會，隨著老年人口的增加，相關的老人
福利、長期照顧政策在近五年有快速的改變。其中有關老人長期照顧機
構的部分，因為2007年老人福利法全面進行修正，所有修法之前已成立
的老人長期照顧機構必須在法令通過五年之後，依據法令進行硬體、軟
體服務的重新調整。這樣的舉動彰顯政府對於老人長期照顧機構品質之
重視，期望站在以服務老人的最佳利益觀點進行服務調整；當然，站在
機構管理者的立場，這樣的調整卻加重了機構的營運成本；但是，千萬
別忘了有一天我們都將面臨老化，也有頗高的比例面臨需要接受他人照
顧的風險，倘若現在不做一些努力，未來面臨的困境將由我們自己來承

擔後果。面對老人老化所帶來多元、複雜的需求，絕非是單一專業人員可以提供其需求之滿足，故老人長期照顧機構之照顧服務必須是跨專業的工作團隊。從最貼身的照顧服務員到各種專業人員，醫師、護理師、社會工作師、營養師、物理治療師、藥師等，再加上好的行政管理團隊，大家各司其職，才能讓老有所安、老有所養，享有一個即使是需要被人照顧，再轉換到機構生活之後，仍是有尊嚴的晚年生活。

問題與討論

一、老人長期照顧機構的現況為何？

二、目前國內老人長期照顧的需求為何？

三、老人長期照顧機構服務內容包含哪些照顧團隊？不同的專業人員各負責哪些照顧內容？

四、老人及家屬對於機構式照顧的擔憂有哪些？

五、從服務輸送的角度來看，老人社會工作的服務內容有哪些？

六、從社會工作的角度觀察，對於長期照顧機構的服務困境與省思為何？

參考文獻

一、中文部分

「老人福利服務專業人員資格及訓練辦法」（2007）。內政部社會司網站：http://
www.moi.gov.tw/dsa/。上網檢索日期：2008年12月25日。

「老人福利法」（2007）。內政部社會司網站：http://www.moi.gov.tw/dsa/。上網
檢索日期：2008年12月25日。

「老人福利機構設立標準」（2007）。內政部社會司網站：http://www.moi.gov.tw/
dsa/。上網檢索日期：2008年12月25日。

「護理人員法」（2007）。行政院衛生署網站：http://www.doh.gov.tw/dsa/。上網
檢索日期：2008年12月25日。

中華民國老人福利推動聯盟編印（2004）。《老人安養護、長期照護機構社工人
員操作手冊》。台北：中華民國老人福利推動聯盟。

中華民國長期照護專業協會（2002）。《建立台閩地區失能老人機構照護供需資
源分布現況：先驅性研究》。內政部社會司委託研究報告。

內政部社會司（2007a）。「我國長期照顧十年計畫：大溫暖社會福利套案之旗艦
計畫」（核定本）。內政部社會司網站：http://www.moi.gov.tw/dsa/。上網檢
索日期：2007年6月6日。

內政部社會司（2007b）。「96年度台閩地區老人福利機構評鑑指標」。內政部社
會司網站：http://www.moi.gov.tw/dsa/。上網檢索日期：2008年12月25日。

內政部社會司（2007c）。「老人福利機構失智症老人照顧專區試辦計畫」。內政
部網站：http://www.moi.gov.tw/dsa/。上網檢索日期：2007年12月15日。

內政部統計處（2008a）。「福利機構資源分布表」（資料截止日期：2008年2月
18日）。內政部統計處網站：http://www.moi.gov.tw/stat/。上網檢索日期：
2008年5月21日。

內政部統計處（2008b）。「內政部統計通報94年第四十九週94年10月底老人長
期照護、養護及安養機構概況」。內政部統計處網站：http://www.moi.gov.tw/
stat/。上網檢索日期：2008年5月21日。

內政部統計處（2008c）。「內政部統計通報96年第十四週95年底老人長期照護、養護及安養機構概況」。內政部統計處網站：http://www.moi.gov.tw/stat/。上網檢索日期：2008年5月21日。

王玠、王美懿譯（1996）。〈長期照顧機構〉，載於李開敏、王玠、王增勇、萬育維等譯，《老人福利服務》，頁555-576。台北：心理。

呂寶靜（1994）。〈提升老人長期照顧品質之探討〉，《社會建設季刊》，第83期，頁80-85。

李世代（2000）。〈失智症治療與照護的後續研究議題〉，《應用心理研究》，第8期，頁11-19。

李美玲（1998）。〈台灣省輔導未立案老人照顧養護機構之問題、對策與未來〉，《社區發展季刊》，第83期，頁255-262。

李開敏譯（1996）。〈臨終服務〉，載於李開敏、王玠、王增勇、萬育維等譯，《老人福利服務》，頁633-650。台北：心理。

村岡裕（2008）。〈日本高齡者的照護：昔日與今日、介護保險與新型態高齡者福祉的現狀與今後的課題〉，資料發表於財團法人私立天主教中華聖母社會福利慈善事業基金會主辦，「97年度失智症團體家屋：中日實務經驗分享交流研討會」（2008年4月8日）。嘉義：聖馬爾定醫院大雅院區國際會議廳。

杜敏世（2002），中華民國長期照護專業協會編印。〈緒論〉，《老人安養護、長期照護機構營運指南》，頁11-13。台北：中華民國長期照護專業協會。

周月清（2000）。《英國社區照顧：緣起與爭議》。台北：五南。

林玉子（2007）。〈日本失智症老人團體家屋之取向〉，資料發表於中華民國老人福利推動聯盟主辦，「96年度團體家屋教育訓練課程」（2007年11月14日）。台北：台灣師範大學綜合大樓。

林萬億（2006）。《當代社會工作理論與方法》。台北：五南。

張雪真譯（2004），日本東京大學社會保障研究所著。《瑞典的社會保險制度》。台北：行政院衛生署。

陳明珠譯（1991）。〈日本特別養護老人復健及空間設計〉，《社區發展季刊》，第55期，頁178-195。

陳燕禎（2008）。《老人福利理論與實務：本土的觀點》。台北：雙葉書廊。

曾思瑜（1999）。〈癡呆症老人居住設施〉，《空間雜誌》，第119期，頁65-69。

黃松林、劉阿琴（1993）。〈社區中未立案養護機構探討：中部五縣市三十個未立案社區老人安養中心與全省十個已立案養護中心之比較〉，《社區發展季刊》，第64期，頁50-65。

黃耀榮（1999）。《失智者照護環境設施現況與問題之調查研究》。衛生署委託研究報告。台北：研究者自印。

黃耀榮（2000）。《失智者照護機構建築計畫及設計指引之研究》。衛生署委託研究報告。台北：研究者自印。

楊培珊（2000）。〈機構式失智症照顧中社會工作的執行〉，《社會政策與社會工作學刊》，第4卷第1期，頁199-236。

楊培珊（2005）。〈老人長期照護機構及社工專業的現況與展望〉，《台灣社會工作學刊》，第4期，頁147-169。

楊培珊、王潔媛、江明璇（2005）。〈推動「小型老人養護機構社工服務方案」經驗分析〉，《社區發展季刊》，第110期，頁321-339。

萬育維譯（2004）。《老人照護工作：護理與社工的專業合作》。台北：洪葉。

趙善如、趙仁愛譯（2001）。《老人社會工作權能激發取向》。台北：揚智。

劉秀枝（1997）。〈老年癡呆阿茲海默氏症〉，《健康世界》，第140卷第260期，頁79-81。

劉景寬（1997）。〈忘了我是誰：失智症及其在台灣的現況（上）〉，《健康世界》，第142卷第262期，頁123-124。

蔡尚穎（2007）。〈長期照護機構住民的精神層面議題〉，《長期照護雜誌》，第11卷第2期，頁116-124。

衛生署護理及健康照護處（2007）。「台閩地區護理機構家數及病床數一覽表」（資料截止日期：2007年6月30日）。行政院衛生署網站：http://www.doh.gov.tw/dsa/。上網檢索日期：2007年7月27日。

衛生署護理及健康照護處（2008）。「台閩地區護理機構家數及病床數一覽表」（資料截止日期：2008年6月20日）。行政院衛生署網站：http://www.doh.gov.tw/dsa/。上網檢索日期：2008年12月25日。

鄭麗珍（2002），〈生態系統觀點〉，載於宋麗玉、曾華源、施教裕、鄭麗珍著，《社會工作理論：處遇模式與案例分析》，頁251-284。台北：洪葉。

謝秀芬（2006）。《社會個案工作理論與技巧》。台北：雙葉書廊。

謝佳容、蕭伃伶、劉淑娟（2007）。〈老年住民在長期照護機構中的心理健康促
進與情緒調適〉，《長期照護雜誌》，第11卷第2期，頁132-140。

謝佳容（2007）。〈特定族群之照顧〉，載於劉淑娟等編著，《長期照護》，頁
239-286。台北：華杏。

二、英文部分

Baldwin, N., Harris, J. and Kelly, D. (1993). 'Institutionalisation: Why blame the institution?' *Ageing and Society, 13*, 69-81.

Cohen, U. and Weisman, G. D. (1991). *Holding on to Home: Designing Environments for People with Dementia*. Baltimore: John Hopkins University Press.

Higgins, J. (1989). 'Defining community care: Realities and myths'. *Social Policy & Administration, 23(1)*, 3-16.

Lawton, M. P. (1980). *Environment and aging*. Monterey, CA: Brooks/Cole.

Lee, D. T. F., Woo, J. and Mackenzie, A. E. (2002). 'A review of older people's experiences with residential care placement'. *Journal of Advanced Nursing, 37(1)*, 19-27.

Norris-Baker, C., Weisman, G. D., Lawton, M. P., Sloane, P., and Kaup, M. (1999). 'Assessing special care units for dementia: The professional environmental assessment protocol'. In E. Steinfeld and G. C. Danford (eds.), *Enabling Environments: Measuring the Impact of Environment on Disability and Rehabilitation*. New York: Kluwer Academic / Plenum Publishers.

Peppard, N. H. (1985 / 1986). 'Special nursing home units for residents with primary degenerative dementia: Alzheimer's Disease'. *Journal of Gerontological Social Work, 9 (2)*, 5-13.

Peppard, N. R. (1991). 'Setting up a special needs dementia unit in a long-term care setting'. In M. S. Harper (eds.), *Management and Care of the Elderly: Psychosocial Perspectives*. Newbury Park, CA: Sage.

Reader, J. and Hoeffer, B. (1991). 'Caring for persons with Alzheimer's disease'. In M. S. Harper (eds.), *Management and Care of the Elderly: Psychosocial Perspectives*. Newbury Park, CA: Sage.

Silverstone, B. and Burack-Weiss, A. (1982). 'The social work function in nursing homes and home care'. In G. S. Getzel and J. M. Mellor (eds.), *Gerontological Social Work Practice in Long-term Care*. New York: Haworth.

老人服務叢書

老人服務與社區照顧：多元服務的觀點

作　　者／陳燕禎

出　版　者／威仕曼文化事業股份有限公司

發　行　人／葉忠賢

總　編　輯／閻富萍

地　　址／台北縣深坑鄉北深路三段 260 號 8 樓

電　　話／(02)8662-6826　8662-6810

傳　　真／(02)2664-7633

網　　址／http://www.ycrc.com.tw

　E-mail ／service@ycrc.com.tw

印　　刷／鼎易印刷事業股份有限公司

ISBN ／978-986-84317-8-2

初版二刷／2011 年 3 月

定　　價／新台幣 480 元

國家圖書館出版品預行編目資料

老人服務與社區照顧：多元服務的觀點＝Senior
service and community care: from the view of
multi-services / 陳燕禎著. --初版. -- 臺北縣
深坑鄉：威仕曼文化, 2009. 11
　　面；　公分. --（老人服務叢書）
含參考書目
ISBN　978-986-84317-8-2 (平裝)

1.老人福利　2.老人養護　3.社區照護服務
411.3　　　　　　　　　　　98016812